UNIVERSITÉ DE PARIS. — FACULTÉ DE DROIT

DES TRAITES DOCUMENTAIRES

DROITS ET DEVOIRS DU PORTEUR

THÈSE POUR LE DOCTORAT

Présentée et soutenue

le mardi 24 janvier 1899, à deux heures et demie

PAR

P. JONQUIÈRE

AVOCAT A LA COUR D'APPEL.

PARIS
LIBRAIRIE NOUVELLE DE DROIT ET DE JURISPRUDENCE
ARTHUR ROUSSEAU, ÉDITEUR
14, RUE SOUFFLOT ET RUE TOULLIER, 13

1899

THÈSE DE DOCTORAT

La Faculté n'entend donner aucune approbation ni improbation aux opinions émises dans les thèses ; ces opinions doivent être considérées comme propres à leurs auteurs.

UNIVERSITÉ DE PARIS. — FACULTÉ DE DROIT

DES TRAITES DOCUMENTAIRES

DROITS ET DEVOIRS DU PORTEUR

THÈSE POUR LE DOCTORAT

L'acte public sur les matières ci-après sera soutenu
le lundi 24 janvier 1899, à 2 heures 1/2

PAR

PAUL JONQUIÈRE

AVOCAT A LA COUR D'APPEL.

Président : M. RENAULT.

Suffragants : MM. LYON-CAEN, THALLER — *Professeurs*

PARIS

LIBRAIRIE NOUVELLE DE DROIT ET DE JURISPRUDENCE

ARTHUR ROUSSEAU, ÉDITEUR

14, RUE SOUFFLOT ET RUE TOULLIER, 13

—

1899

BIBLIOGRAPHIE.

Alauzet. Commentaire du Code de Commerce, 8 vol., 2e édition.
Aubry et Rau. Code Civil, 4 Édition, 1869, 78, 8 vol.
Baudry Lacantinerie. Précis de Droit civil, 4e édition, 3 vol.
Baudry Lacantinerie et de Loynes. Du nantissement, des privilèges et hypothèques, 3 vol.
Barclay et Dainville. Les Effets de Commerce dans le droit anglais.
Bédarride. 1884, gr. in-8°.
— Lettre de Change, 1877, 2 vol.
— Commerce maritime, 1876, 5 vol.
Bodin. De la compétence des Tribunaux français entre étrangers, thèse Paris, 1897.
Boistel. Précis de droit commercial, 2e édition.
Boulay-Paty. Cours de droit maritime, 2e édition, 4 vol., 1834.
Caumont. Dictionnaire universel de droit maritime, 1 vol. gr. in-8°.
Cauvet. Traité sur les assurances maritimes, 2 vol. 1862.
Demolombe. Cours de Code Napoléon, 31 vol., in-8°.
Desjardins. Traité de Droit commercial maritime, 9 vol., 1878-1890.
Droz. Traité des assurances maritimes, du délaissement et des avaries, 2 vol. 1881.
Fiore. Droit International privé. Traduction Antoine, 2 vol.
Laurin sur Cresp. Cours de Droit maritime, 4 vol.
Leggett's Treatise on the law of Bills of Lading, 1 vol.
Lepeltier. Le *Portefeuille,* 1 vol. 8.
Lyon-Caen et Renault. Manuel de Droit commercial, 1 vol.
— — Précis de Droit commercial, 2 vol.
— — Traité de Droit commercial, 7 vol.
Marais. Du gage maritime, thèse Paris, 1893.

Massé. Droit commercial, 4 vol. 1874, 3ᵉ édition, 93.
Nouguier. Des lettres de Change, 1875, 2 vol.
Pandectes françaises. Répertoire général de Jurisprudence Vᵗⁱˢ Assurances. Effets de Commerce.
Pont. Petits Contrats, 2ᵉ édition, 1877-78, 2 vol.
Renouard. Traité des Faillites et Banqueroutes, 2ᵉ édition 1844, 2 vol.
Story. Commentaris on the laws of Bailments, 1 vol.
Thaller. Traité élémentaire de Droit commercial, 1 vol., 1898.
De Valroger. Droit maritime, 5 vol., 1883-86.
Weiss. Traité élémentaire de Droit international privé, in-8°.

PÉRIODIQUES.

Journal des Faillites, 1882-1868.
Journal du Droit international privé, 1874-1898.
Jurisprudence du Port d'Anvers, 1856-1898.
Jurisprudence commerciale et maritime du Havre, 1855-1898.
Jurisprudence commerciale et maritime de Marseille, 1852-1898.
Jurisprudence Commerciale et maritime de Nantes, 1859-1895.
Revue Algérienne, 1885-1898.
Revue internationale du Droit maritime, par Autran, 1885-1898.

DES TRAITES DOCUMENTAIRES

DROITS ET DEVOIRS DU PORTEUR

INTRODUCTION

En 1804, le Code civil détermine les règles générales du contrat de nantissement et l'article 2.084 renvoie aux dispositions spéciales des lois commerciales pour le gage en matière de commerce.

Et cependant, en 1807, le Code de commerce, garde un silence absolu sur un sujet de cette importance.

Cette lacune de la législation a pu être tolérée pendant un demi-siècle. La France, pays essentiellement agricole, ayant perdu presque toutes ses colonies, n'a vu son industrie et son commerce extérieur se développer qu'avec lenteur, surtout dans ses rapports avec les pays étrangers, et elle n'a reconstitué que de nos jours son empire colonial. D'après les tableaux des douanes, le commerce général de la France, exportations et importations réunies, n'était, en 1810, que de 704 millions. Il est passé, en 1820, à 870 millions, en 1830, à 1.211 millions en 1840 à 2.063 millions et ne dépassait pas 2.555 millions en 1850.

Mais, à partir de cette dernière époque, un mouvement considérable s'est manifesté. Le chiffre monte à : 5.805 millions en 1860, 8.003 millions en 1869 (1), 10.725 millions en 1880 et se maintient encore, nonobstant le retour au protectionisme, à 10.292 millions en 1890 et à 9.509 millions en 1896.

Dès le début de cette période de fécondité, la nécessité d'une législation spéciale sur le gage commercial s'est fait vivement sentir. Il a fallu aviser. Malheureusement, les mauvaises méthodes de travail qui caractérisent notre régime parlementaire ont fait sentir, là comme ailleurs, les vices dont elles sont imprégnées. On aurait dû, tout d'abord, établir des principes généraux sur la constitution, les effets et la réalisation du gage commercial; puis édicter des règles spéciales, suivant la nature des opérations de nantissement les plus usuelles, qui ont pour objet des effets de commerce, des titres négociables compris sous la dénomination générique de « valeurs mobilières », des marchandises déposées en magasin, ou des marchandises en cours de route. On aurait pu avoir ainsi une législation harmonique dans toutes ses parties.

Ce n'est pas ainsi qu'il a été procédé.

Dans les moments de crise aiguë, il est intervenu des dispositions législatives isolées, soit pour exonérer les prêts commerciaux sur gages des charges fiscales (Loi du 8 septembre 1830), soit pour faciliter le nantissement des marchandises (Décret du 23 août 1848) (2).

(1) En 1870, le chiffre descend à 6.591 millions.

(2) Des règlements dont il est inutile d'indiquer ici la date, ont été faits pour les avances sur titres consenties par la Banque de France, par le Comptoir d'Escompte de 1848 et par le Crédit foncier de France.

Un premier progrès sérieux a été réalisé par la loi du 28 mai 1858, qui a réglé l'institution des magasins généraux, introduit l'usage des warrants et rendu aisément praticables les opérations de nantissement sur les marchandises arrivées en France et qui n'attendent plus qu'un acheteur.

Il eût été, assurément, plus logique, avant d'aborder cette matière spéciale importante, d'établir les principes généraux sur le gage commercial ; mais c'est seulement en 1863, que le législateur a réparé la lacune laissée dans son œuvre en 1807.

La même année, il a été rendu une loi sur les récépissés de chemins de fer (Loi du 13 mai 1863, art. 10). On ne parait pas s'être aperçu qu'une grande entreprise de transports, régie par un cahier des charges et placée sous le contrôle de l'État, constitue par elle-même en fait, pourrait et devrait constituer en droit, un véritable magasin général ; et aucune corrélation n'a été même indiquée entre les dispositions relatives aux récépissés et les règles sur le gage introduites dans le Code de commerce.

Enfin, près de 35 ans se sont écoulés, depuis 1863, sans que la France se soit occupée de mieux réglementer une matière dont l'importance a été de tout temps capitale et grandit tous les jours : le transport des marchandises sur des navires, et les avances consenties sur nantissement de ces cargaisons.

En résumé, nous avons, sur le gage commercial une législation incomplète, fragmentaire, et, dans certaines de ses parties, surannée.

Et cependant, la matière prend une importance chaque jour plus grande.

Cela ne résulte pas seulement de l'extension croissante du Commerce international, dans lequel un peuple qui veut vivre, doit se tailler une large part.

Il y a une autre raison.

Les affaires financières, ou pour parler avec plus de précision, l'industrie de la banque et plus particulièrement encore l'exercice de l'escompte des effets de commerce, ont subi une transformation radicale.

Jusqu'à une époque assez récente, l'escompte des effets de commerce était l'apanage, fort morcelé, d'un assez grand nombre de maisons de banque particulières. Toutes les places quelque peu actives possédaient une ou plusieurs de ces banques locales, qui répandaient autour d'elles l'argent confié à leurs chefs par les capitalistes de la région. A Paris même, ce régime a subsisté jusqu'en 1848; c'est seulement à cette date, qu'a été constituée la première Société anonyme vouée à l'industrie de la Banque et à l'escompte des Effets de Commerce, comme l'indiquait son nom de Comptoir d'Escompte.

C'était là une innovation, car l'institution déjà ancienne de la Banque de France, établissement privilégié, ne pouvait passer pour un précédent, et une innovation grave, qui ne tarda pas à porter ses fruits.

Dès 1852, le Gouvernement s'est relâché de sa sévérité et s'est montré plus facile pour autoriser la formation de Sociétés anonymes. En 1863, la liberté a été accordée, sous certaines restrictions. Cette étape intermédiaire a été vite franchie.

Par la loi du 24 juillet 1867, la nécessité de l'autorisation a été abolie et le développement des établissements de crédit a marché à grands pas. Leur importance est devenue telle, que les maisons de banque privées n'ont pu résister à leur concurrence.

Le relevé suivant fait sur les comptes rendus des quatre principales sociétés parisiennes, savoir : le Crédit Lyonnais, la Société Générale, le Comptoir d'Escompte, le Crédit Industriel et Commercial, donnera une idée de l'étendue de leurs opérations.

Au 31 décembre 1896, leurs dépôts de fonds à disponibilité s'élevaient à près de 1.614 millions.

Leurs opérations d'escompte d'effets de commerce, en 1896, présentent un total de plus de 46 millions d'effets et de 25 milliards 593 millions de francs.

L'escompte des effets mis en circulation par le commerce est donc, pour une très grande part, passé entre les mains des Sociétés anonymes. Il en est résulté une modification profonde des conditions dans lesquelles le crédit commercial est accordé.

Lorsque l'escompte était pratiqué, à peu près exclusivement, par des maisons de banque particulières, le crédit commercial était surtout personnel. Le banquier local était entouré de clients connus de lui, n'ayant généralement affaire qu'à lui, et dont il pouvait suivre de près la gestion. Il mesurait sa confiance à chacun d'eux et réglait sa conduite en raison de la valeur qu'il reconnaissait à chaque signature.

Les grands établissements de crédit se livrent, bien entendu, et avec le plus grand soin, aux mêmes appréciations. Mais, à cause de l'étendue de leur champ d'action et de la masse énorme des risques qu'ils assument, ils ont une tendance à matérialiser, en quelque sorte, le crédit, c'est-à-dire à développer l'usage de garanties réelles, qui viennent en aide au crédit personnel, par l'adjonction d'un gage à la simple signature des effets de commerce.

Tel qui débute, n'obtiendrait pas crédit sur simples signatures et trouve sur garanties les premières avances dont il a besoin. Il fait ainsi ses preuves et finit par se créer un crédit personnel. Après même qu'il y est parvenu, il lui est très utile encore d'offrir des garanties réelles, qui permettent au banquier d'augmenter ses avances. Enfin, le taux de l'escompte est d'autant plus réduit, que la sécurité de l'escompteur est plus grande. Le crédit matérialisé est meilleur marché que le crédit personnel.

Aussi, a-t-on recours de plus en plus à tous les procédés qui tendent à appuyer sur des gages l'escompte des effets de commerce: dépôt d'argent ou de titres négociables affectés à la garantie d'un compte courant d'escompte, nantissement direct de marchandises, négociations de récépissés et warrants sur magasins généraux, etc.

La marchandise en cours de transport se prête admirablement à la constitution du gage, grâce à la transmission, que l'expéditeur peut faire à un tiers bailleur de fonds, de la reconnaissance délivrée par le voiturier.

Ces opérations, usitées depuis longtemps dans le commerce maritime, ont pris, dans ces derniers temps, la plus grande extension.

En matière de transports terrestres, ces combinaisons, sans être inconnues, étaient autrefois peu pratiquées. Elles deviennent plus usitées et sont appelées à se développer encore.

La tendance générale que nous avons signalée se manifeste donc dans toutes les directions, Elle se prononce, et avec une grande énergie, même au-delà de la sphère du commerce. Le nantissement a, pour l'emprunteur, aussi bien que pour le prêteur, des avantages si évidents, il est si particulièrement propre à susciter le crédit et à en alléger les conditions, que l'on y a vu l'un des meilleurs moyens de conjurer la crise douloureuse de notre agriculture. Une loi sur les warrants agricoles a été votée le 18 juillet 1898.

Il nous reste un trait à ajouter à cette esquisse des phénomènes économiques et financiers de notre temps. La multiplicité des affaires, l'énormité des risques assumés par les grandes maisons, la rapidité des communications télégraphiques et des transports de marchandises, la solidarité qui en résulte pour tous les marchés du monde, ont rendu pour ainsi dire impossibles les prêts commerciaux consentis pour un long terme.

C'est pour les banquiers une nécessité absolue et d'où dépend leur existence même, que de pouvoir ressaisir, pour ainsi dire du jour au lendemain, les fonds par eux avancés au commerce, sans attendre l'échéance, quelque rapprochée qu'elle soit, et par un simple réescompte de leur portefeuille. Aussi, les opérations de nantissement ne se font-elles pas, d'ordinaire, sous la forme d'un prêt ou d'une ouverture de crédit, mais au contraire, sous la forme de la mise en circulation d'un effet négociable, qui est appuyé sur le nantissement.

Ces effets sont qualifiés « Warrants » par la loi elle-même, lorsque le gage a pour objet des marchandises déposées dans les magasins généraux. Ils sont dénommés, dans la pratique, « Traites documentaires », lorsque le gage a pour objet des marchandises en cours de transport.

Cet exposé nous a paru utile. En montrant que le contrat de gage a pris dans ces dernières années et prendra encore dans l'avenir une importance sans cesse grandissante, notamment dans sa corrélation avec la circulation des effets de commerce, nous avons par avance, justifié les vœux que nous formons pour le perfectionnement de la législation, et indiqué de quel esprit de progrès la jurisprudence doit, en attendant, s'inspirer pour l'interprétation des lois actuellement en vigueur. En cette matière plus encore qu'en toute autre, il ne faut pas oublier que les premiers besoins du commerce sont la mobilité des capitaux, la simplicité et la sécurité des opérations.

Nous ne saurions, dans ce travail, traiter complètement un aussi vaste sujet. Nous avons dû nous restreindre à l'étude spéciale des traites documentaires.

Les opérations dont elles servent à effectuer le règlement atteignent des sommes considérables. Mais à la différence du chiffre total de l'escompte pratiqué par les établissements de crédit et qui est indiqué dans leurs comptes rendus, le montant de l'escompte spécial sur effets documentaires ne peut être même approximativement donné, car les rapports de ces sociétés ne contiennent pas de rubrique particulière à cet égard.

On peut se faire néanmoins, indirectement, une idée assez exacte de l'importance des opérations sur effets documentaires en étudiant les relevés statistiques du commerce de la France, au point de vue des transports maritimes.

L'on sait que ces transports jouent un rôle prépondérant dans le commerce du monde et dans celui de la France en particulier. La proportion suivante, entre le commerce fait par les voies de terre et celui fait par voie maritime, est de nature à préciser les idées.

Le commerce maritime d'importation entre pour 70,62 0/0 dans le commerce total, alors que le commerce terrestre n'arrive qu'au chiffre de 29,38 0/0, proportion tirée des chiffres d'importation par mer comparés à ceux d'importation par les frontières de terre (1).

Le commerce spécial d'importation, c'est-à-dire comprenant les marchandises consommées en France (à la différence du commerce général qui indique les valeurs en transit) atteint pour les principaux ports les chiffres suivants :

PORTS	TONNES	VALEUR
Marseille	18.403.968	694.088.700
Le Hâvre	11.698.254	590.835.500
Dunkerque	14.992.686	469.091.700
Bordeaux	10.132.165	217.612.900
Rouen	12.654.850	170.462.300

Soit pour les cinq principaux ports seulement une valeur de 2.142.191.100 francs.

Les pays qui prennent la plus grande part à notre commerce maritime (commerce spécial seulement), comme importateurs, sont :

Angleterre.................	510.600.000
Amérique du Sud..........	437.800.000
États-Unis.................	313.800.000
Indes Anglaises...........	167.800.000
Chine et Japon............	142.000.000
Australie...................	76.900.000

(1) *Tableau général des Douanes pour 1896 :*

Importation par mer.....................	3.480.800.000
— terre.....................	1.448.000.000

Ces quelques chiffres ne nous paraissent pas déplacés au début d'une étude sur les opérations ayant pour aliment des marchandises transportées par mer. Nous n'avons signalé que les chiffres d'importation qui indiquent l'importance des sommes dont les tirés français se trouvent débiteurs envers des porteurs, étrangers ordinairement. C'est en effet les droits du porteur ou de son mandataire vis-à-vis d'un tiré français que nous étudierons.

Des derniers chiffres que nous avons donnés sur le montant des importations en France faites par les principaux pays ressortent les indications suivantes :

Les pays de langue anglaise, à eux seuls, sont importateurs pour plus de un milliard de francs (exactement 1.069.100.000 francs). Il est donc absolument indispensable aux banquiers français, de bien connaître la législation de ces différents pays et ses particularités, de savoir par exemple les inconvénients dérivant de l'existence dans un effet documentaire d'un Through Bill of Lading au lieu d'un connaissement ordinaire (1), de savoir également que les mots « à l'ordre de » ou tous autres équivalents ne sont pas, dans la législation anglaise, nécessaires pour permettre d'endosser le titre et qu'il faut au contraire la mention « non négociable » pour interdire l'endossement (2), etc., etc.

Les chiffres précédemment cités indiquent également un commerce considérable avec les pays du Sud-Amérique (437.800.000 francs). Il faudra encore connaître leurs diverses législations.

(1) V. *infrà*, ch. I, sect. II et ch. V, sect. II, art. 2.
(2) Art. 8, § 1. Act. du 18 août 1882.

Observons toutefois, qu'à la différence des pays anglo-saxons, lesquels ne possèdent pas à proprement parler de Codes, mais des lois éparses sur les diverses matières législatives, les nations latines de l'Amérique du Sud ont, pour la plupart, des Codes plus ou moins analogues à ceux de la vieille Europe. La connaissance de leur législation en sera facilitée.

Ces observations ont trait à l'examen par le banquier de la validité des documents qui lui sont transmis. S'il est simple mandataire, il ne supportera évidemment aucun préjudice au cas où l'irrégularité ou la fausseté des documents produiraient des conséquences fâcheuses; toute la perte qui pourra en résulter sera pour le bénéficiaire réel de la traite. Il n'en serait pas de même, si le banquier français était endossataire pour valeur fournie ; en ce cas, il agit dans son intérêt personnel. Il serait donc victime de son ignorance des législations étrangères ; le contrôle des documents qui lui sont offerts lui impose de les connaitre.

Il est de même tenu d'en bien posséder les particularités et de connaitre les usages des places, lorsqu'un bénéficiaire, français le plus ordinairement, lui remettra des effets à faire encaisser à l'étranger. S'il adresse à un de ses correspondants en Angleterre, par exemple, une traite dont l'endossement ne porte aucun prénom, la traite sera renvoyée comme étant irrégulière (1). Dans ce cas ou autres analogues, le banquier français pourrait se trouver soumis à des réclamations de la part du porteur, lorsqu'il ne lui aurait pas signalé les irrégularités de l'effet remis, à plus forte

(1) V. Lepeltier, *Le Portefeuille*, p. 383, *in fine*.

raison si, sur demande dudit porteur, il lui avait répondu que les documents étaient réguliers.

Nous n'insistons pas davantage ici sur ces diverses questions.

Un chapitre sera réservé à l'examen comparé de diverses législations étrangères relativement aux effets documentaires.

Nous abordons dès maintenant l'objet proprement dit de notre étude (1).

(1) On y trouvera un certain nombre de documents en langue anglaise. Nous avons cru devoir insérer les textes originaux qui seuls peuvent donner une base solide à tout ce qui n'est pas d'un ordre purement abstrait.

CHAPITRE I

DE LA TRAITE DOCUMENTAIRE EN GÉNÉRAL

SECTION I

APERÇU HISTORIQUE

Il est à peu près impossible de savoir à quel moment le commerce maritime a imaginé les effets documentaires. Leur création est, à n'en pas douter, le résultat d'une évolution qui a abouti après des perfectionnements successifs à la Traite documentaire telle qu'elle est pratiquée aujourd'hui. Son premier emploi est, par la force des choses, postérieur à la création du connaissement, qui est dérivé de l'ancienne coutume des maîtres de navire d'inscrire sur un registre la nomenclature des marchandises qu'ils recevaient (1) et qui paraît ne pas pouvoir remonter au-delà de la fin du XVe ou plutôt du

(1) Voir sur cette origine du connaissement : Alessandro Lattes. *Il diritto commerciale nella legislazione statutoria delle Città italiane. — Codice cartaceo del Secolo XV contenente le leggi doganale e marittime del Porto di Castel Genovese*. Cagliari 1859. Cf. Decisio CXXV Rotæ Genuæ.

commencement du XVIe siècle. Quant à la lettre de change, on a beaucoup écrit au sujet de la date de son apparition ; elle est restée incertaine (1).

A une époque où la lettre de change existait à peine et où le connaissement était inconnu, nous avons trouvé une pièce curieuse qui se rapporte d'une façon à peu près complète au gage documentaire, avec cette différence cependant qu'il n'y a qu'un effet négociable et pas de « documents » proprement dits.

Nous donnons ce document in-extenso (2). Il est daté de Marseille 2 avril 1227.

Alfaquin, musulman d'Alexandrie, déclare avoir acheté de Bernard de Manduel, diverses marchandises, au prix de 135 besants de millarès vieux et s'engage à payer cette somme, à Ceuta, à son créancier ou à son ordre, 20 jours après l'arrivée du navire *Le Faucon*.

« In nomine Domini, Anno incarnationis ejusdem MCCXXVII indictione XV, nonas aprilis. Notum sit cunctis, quod ego Alfaquin, confiteor et recognosco me habuisse et recepisse ex causà emptionis, a te Bernardo de Mandolio II quintalia de aloe cicotrino et I quintale et LXXX Lb. de cassalina et II centarios coralli pro quibus omnibus debeo tibi CXXXV bisantios bonorum millarensium veterum recti ponderis, renuncians inde ex certa scientia exceptioni non traditarum mihi rerum ; quos CXXXV bisantios b. m. v. r. p. mundos de duana et de omnibus avariis promito per stipulationem *tibi dicto*

(1) V. Debray. *La Clause à ordre;* Frémery. *Études de droit commercial,* donne la date de 1325; Lacroix, *Les Banquiers aux Croisades,* celle de 1207.

(2) V. Blancard. *Documents inédits sur le commerce de Marseille au moyen-âge*. t. I. p. 18.

Bernardo vel tuo certo nuntio persolvere et tradere in pace ad Ceptam, infrà spatium XX dierum postquam navis de Falcono ibi aplicuerit, *pro quibus obligo tibi nomine pignoris omnes supradictas res quas a te emi,* super quas dicti CXXXV bisantii debent ire et stare ad tuum resigumm et magis valentia ad meum ; ita *quod si ad statutum terminum non persolvi tibi* dictos CXXXV bisantios, deinde *liceat tibi tuà auctoritate vendere suprà dictum pignus* vel pignori obligare et inde facere tua voluntate donec tibi satisfactum erit. »

Il ressort de cette pièce, qu'à l'époque très ancienne où elle a été rédigée, les négociants avaient déjà une perception assez nette des exigences du commerce maritime.

Ce n'est pas le vendeur qui dans l'espèce rapportée par ce document tire une lettre de change en règlement de sa vente. C'est le débiteur acheteur des marchandises qui souscrit un billet à ordre. Ce titre forme ainsi le premier élément d'un effet documentaire. Il y a en outre constitution en gage des marchandises. Mais l'existence d'un connaissement n'est pas mentionnée. En effet, ce titre n'existait pas en l'année 1227. Eut-il existé d'ailleurs, que l'effet négociable étant ici un billet à ordre, le souscripteur n'aurait pû avoir à sa disposition pour le joindre à sa promesse écrite de paiement, le connaissement conservé comme sûreté par le créancier.

Remarquons enfin, que le gage est constitué par l'acheteur au profit du vendeur. Cette constitution de gage est impossible en droit romain, droit en vigueur à cette époque, tant que la tradition n'a pas été faite, car jusqu'à ce moment, le vendeur conserve sur la chose vendue tous ses droits qu'il s'est simplement engagé à transmettre à l'acheteur. Aussi, observons-nous, dans la pièce qui précède les mots « recognosco *habuisse et recepisse* » qui permettent de comprendre comment l'acheteur a valablement pu constituer un gage au profit de son vendeur.

SECTION II

DES OPÉRATIONS DONT LA TRAITE DOCUMENTAIRE EST L'EXPRESSION.

Ces notions historiques présentées, nous passons à l'étude de la traite documentaire telle qu'elle est pratiquée à l'heure actuelle.

Nous examinerons en particulier et dans la mesure qui sera utile, les divers éléments dont se compose la traite documentaire. Mais nous croyons devoir auparavant exposer la nature des opérations dont elle est l'expression et indiquer son utilité pratique. Cette vue d'ensemble est de nature à mieux faire saisir les développements dans lesquels nous aurons à entrer par la suite.

La traite documentaire se compose essentiellement de trois titres : une Lettre de Change, un Connaissement, une Police d'assurances. Considérant la lettre de change comme la partie principale, on réserve plus particulièrement le nom de documents aux autres titres qui l'accompagnent.

L'expression « Traites documentaires » est parfois remplacée par celle d'Effets documentaires. Cette dénomination plus large, a le mérite d'embrasser ainsi les différentes variétés d'opérations qui ont pour caractéristique l'adjonction à un effet négociable au profit du porteur, de titres dont nous aurons à préciser le rôle.

Lorsqu'une vente est faite et que le prix en est payé comptant, il ne peut être question pour le vendeur de tirer une lettre de change, documentaire ou non, sur son acheteur.

Si le vendeur concède un terme à son acheteur, mais que ce dernier ait déjà pris possession des marchandises, il peut tirer sur lui une traite et l'endosser à qui lui en paiera le montant. Mais la livraison ayant été effectuée, il ne saurait être question non plus de traite « documentaire ».

Enfin, la vente étant parfaite, mais la *livraison non encore effectuée*, le vendeur qui a accordé un terme pour le paiement peut tirer une traite et l'endosser, comme dans le cas précédent ; mais ici, les marchandises objet de la vente, n'étant pas encore en la possession de l'acheteur, un gage sur celles-ci pourra être établi par le tireur au profit de l'escompteur de la lettre de change, lequel devenu porteur de la traite et créancier gagiste, sera mis en possession par la transmission du connaissement à son profit.

Ce genre d'opérations est d'un usage courant et permanent. En effet, les ventes qui donnent lieu à ce mode de procéder sont presque toujours des ventes d'un chiffre relativement élevé, comprenant souvent le chargement total d'un navire. On comprend que dans ces conditions, le vendeur ne puisse attendre de longs mois avant d'être payé par son acheteur.

La traite documentaire, calquée sur les nécessités pratiques, sauvegarde tous les intérêts en présence. Le vendeur reçoit immédiatement le paiement des marchandises vendues ; l'acheteur se réserve d'accepter celles-ci et de ne payer qu'après vérification de l'expédition; le porteur qui fait une avance, est garanti contre les risques d'insolvabilité du tiré ou son refus d'accueillir favorablement la traite, par une garantie sur la cargaison elle-même.

Nous avons dit précédemment, que le cas le plus ordinaire de traite documentaire était le suivant. Le vendeur tire sur son acheteur et endosse la traite à l'escompteur. Celui-ci présente les documents au tiré ; si ce dernier accepte ou paie, il les lui remet et lui permet ainsi de prendre livraison des marchandises.

Mais les opérations documentaires sont beaucoup plus variées.

Nous allons tâcher d'en donner une idée sommaire.

Il peut arriver que l'émetteur de l'effet ne soit pas un négociant, mais le capitaine du navire lui-même. Voici dans quelles circonstances.

On sait que le capitaine, (art. 234, C. comm.) peut, si le besoin en est constaté, faire, en cours de route, des emprunts pour subvenir aux réparations que l'état de son navire nécessite, ou pour payer aux destinataires des « différences de frêt », au cas de colis manquants ou avariés. Dans un port où le capitaine n'est pas connu, s'il n'appartient à aucune compagnie, ou même dans ce cas, si le prêteur croit utile d'exiger une garantie, le capitaine est obligé de donner en gage son navire ou son fret (art. 191, § 7. C. comm.). Dans cette situation, il souscrit un Billet à ordre et constitue en gage son navire et son fret au profit du prêteur de deniers. La police d'assurances sur corps et sur facultés y est adjointe, ainsi que le connaissement des marchandises à la charge desquelles est fait l'emprunt (1).

Ce billet à ordre et les documents adjoints constituent un effet documentaire, au même titre que la traite documentaire ordinaire. Il est escompté par les banquiers chargés d'en opérer le recouvrement.

Nous donnons ici le document constatant l'opération (Certificate of Hypothecation) (2).

DISBURSEMENTS

L *481 : 6 : 3* Stg.

Galveston, Texas, *nov. 5th* **1897**

Three Days after arrival, or **Sixty Days** after date (whichever occurs first), or upon collection of the freight, if sooner made, of the........ *British S. S. Vala*.................. under my command, at the Port of....... *Havre, France*.................... or any other place at which her voyage may terminate,

I Promise to Pay to the order of.... *myself*.................. the sum of.... *Four hundred and eighty one pounds 6/3*................ British Sterling, in approved **BANKERS' DEMAND BILL** on **LONDON,** for value received, for necessary disbursements owed by my vessel at this port, for the payment of which I hereby pledge my vessel and her freight; and I hereby assign to the legal holder of this obligation all my lien and claim against freight, vessel and owners, with power to

(1) L'armateur aux termes de l'art. 216 C. comm. est tenu du montant intégral des effets souscrits par le capitaine, sauf son recours contre ce dernier s'il y a eu faute. V. *Anvers*, 4 mars 1898. *Rec. Anvers* 1898, p. 180. L'armateur jouit du reste en vertu du texte précité de la faculté d'abandon.

(2) Sur le *Certificate of hypothecation*. V. *infrà*, section III.

take in my name any and all steps necessary to enforce the same; and my consignees at Port of Discharge are hereby instructed to pay this obligation, and deduct the amount thereof from the freight due said vessel; in case of non-payment, the holder shall also be entitled to the benefit of all liens in law, equity or admiralty, which the master or owners of the vessel may be entitled to, against any part of the cargo or its owners, for freight, compress or other charges on cargo paid by the vessel or master at the port of loading.

This claim to have priority of payment over all others that may be presented against the said freight and vessel.

My vessel is now lying at the Port of **GALVESTON,** loaded with.... *Cotton*.................... and ready to sail for *Havre, France*..

Signed in Triplicate, one being accomplished, the others to stand void.

J. S...

Master of *S. S. Vala.*

Le capitaine peut également souscrire un billet à ordre pour une autre cause qui tient à une particularité des transports américains.

Il existe aux États-Unis un titre d'un usage universel, le Through Bill of Lading, dont l'emploi est le suivant. Par suite d'accords intervenus entre les Compagnies de chemins de fer et celles de navigation, il est délivré à l'expéditeur de marchandises, à Chicago par exemple, un Through Bill, lequel est à vrai dire un connaissement concernant le transport maritime à partir d'un port y déterminé, mais qui sert en même temps de feuille d'expédition par voie ferrée. Les Compagnies de transports terrestres et maritimes ayant établi pour le transport total et successif sur leurs itinéraires, des throughs rates(1), c'est-à-dire des tarifs globaux (directs), il est logique, pour la facilité de leur administration, qu'un titre unique constate la totalité de l'opération. Mais l'existence de ce titre unique ne va pas sans susciter dans l'application certaines difficultés.

La Compagnie de chemins de fer ne délivre au capitaine la marchandise indiquée au Through Bill of Lading, que moyennant le paiement de ce qui lui revient comme prix de transport, c'est-à-dire « l'inland freight » ou fret terrestre. Le capitaine peut se trouver obligé d'emprunter pour acquitter ces taxes. Le prêteur, agissant comme nous l'avons vu précédemment pour un emprunt destiné à un autre but, se fera souscrire un billet à ordre, accompagné des documents ordinaires et il y aura là encore un effet documentaire, suivant les règles normales.

Une difficulté particulière relative à la mise en possession du créancier gagiste, paraît s'élever, au cas de billets à ordre souscrits par le capitaine. Nous l'examinons, *Infrà*, Ch. IV, Sect. II.

On tend actuellement à adopter le système des effets documentaires, lorsque la marchandise vendue provient non d'un pays d'outre-mer, mais d'une contrée continentale éloignée et est transportée à destination par chemin de fer. Le vendeur, dans cette hypothèse, a en effet le même besoin de rentrer rapidement dans son découvert.

(1) Ces throughs rates et plus généralement les transports commerciaux ont donné et donnent encore lieu à des difficultés et à des réglementations fort intéressantes, mais que ce n'est point le lieu d'exposer dans ce travail.

La considération de la distance qui sépare les contractants, vendeur et acheteur et celle des délais qu'elle entraîne, n'est pas d'ailleurs un élément indispensable pour justifier l'adoption des effets documentaires. On concevrait parfaitement qu'une traite de cette nature fût émise de France sur France par exemple, même à trente ou soixante jours de vue. Peu importe le délai qui s'écoulera avant l'échéance ; l'escompteur a dû le prévoir et calculer le taux de son escompte en conséquence. Il sera d'ailleurs fixé sur les intentions du tiré bien avant l'échéance et pourra dès ce moment, si cela est nécessaire, réaliser son gage ou recourir contre les endosseurs précédents ou le tireur. Le véritable motif de l'adoption des effets documentaires réside dans la nécessité pour le vendeur de toucher dans le plus bref délai le prix des marchandises vendues, lequel peut lui être indispensable pour alimenter le fonds de roulement de ses affaires.

On conçoit donc l'effet documentaire *terrestre*. Le connaissement y est remplacé par une lettre de voiture à ordre.

Fréquemment même, l'opération est simplifiée et il n'y a pas à proprement parler effet documentaire. Aucune traite n'existe et il y a uniquement un droit de gage constitué au profit du prêteur sur garantie.

Ce genre d'opérations est pratiqué spécialement sur les œufs provenant du sud de la Russie. Voici comment il est procédé.

Un transitaire de Berlin achète des œufs en Crimée. Il passe à l'ordre d'une banque qui lui fait des avances, la lettre de voiture. Le banquier berlinois adresse cette dernière à un Établissement de crédit français, à Paris, avec l'indication, portée sur la lettre de voiture, des numéros des divers lots composant l'expédition. La compagnie de chemins de fer française avise le banquier français, suivant indications de l'expéditeur, de l'arrivée des colis. L'acheteur de Berlin s'est, de son côté, adressé à des Facteurs de la Halle de Paris. Ceux-ci se présentent au banquier, porteurs d'ordres de livraison ayant des numéros concordants avec ceux qui sont indiqués sur la lettre de voiture. La banque fait alors parvenir au chemin de fer la lettre de voiture avec l'inscription « Bon à livrer pour tel ou tel lot » et reçoit des Facteurs la somme afférente à chacun d'eux, avec la mention sur le reçu « *Acompte à valoir* » (1).

Ces indications sont intéressantes en ce qu'elles montrent la nature complexe des opérations commerciales. Au point de vue juridique, il y a lieu de remarquer que, dans cette hypothèse, aucune traite n'est tirée par le vendeur primitif qui, n'ayant pas de relations suffisantes sur les différentes places, n'a pu traiter directement avec des acheteurs y résidant. C'est un intermédiaire acheteur qui constitue l'expédition en gage au profit de la Banque qui lui a consenti un prêt sur garanties. Celle-ci, pour rentrer dans son découvert, prend alors au moyen des indications données par le transitaire qui a organisé l'opération, les mesures nécessaires pour récupérer les sommes dont elle a fait l'avance.

Le banquier court ici des risques infiniment plus

(1) Au début, les banques françaises recevaient le prix purement et simplement. Mais des réclamations se sont produites de la part des commissionnaires aux Halles, fondées à juste titre, sur ce que, les Facteurs devant vendre à la criée, au plus haut prix, il leur était interdit de faire un véritable achat ferme. On a tourné la difficulté par l'inscription de la mention signalée.

grands que dans l'hypothèse ordinaire des effets documentaires, où il possède une lettre de change lui assurant des recours légaux contre son cédant.

Dans cette hypothèse et toutes autres analogues, où il s'agit de denrées soumises à des cours variables, il importe au banquier d'examiner avec la plus scrupuleuse attention la valeur actuelle des marchandises et d'évaluer, jusqu'à concurrence de quelle somme il doit consentir une avance. L'escompte des effets ou le consentement à un prêt sur garantie sans traite, sont donc subordonnés à une connaissance attentive de l'état des différents marchés du monde et la prudence commande, en tout état de cause, de n'avancer à l'intéressé, au maximum que jusqu'à 90 0/0 de la valeur de la garantie offerte (1).

SECTION III

DES DIVERSES PIÈCES QUI COMPOSENT UN EFFET DOCUMENTAIRE

Nous devons maintenant compléter l'exposé que nous venons de faire et indiquer les diverses pièces qui composent un effet documentaire.

Le mandat de paiement qui constitue en quelque sorte le substratum de l'effet documentaire est ordinairement une lettre de change. Ce mandat peut aussi être un chèque. Nous consacrerons des développements spéciaux au chèque documentaire, parce que sa validité

(1) V. Paul Model. *Die grossen Berliner Effektenbanken, Iéna*, 1896, p. 111.

a été contestée par certains praticiens et parce que la législation des chèques soulève ici des difficultés particulières.

L'effet négociable pourrait être également un simple billet à ordre.

Dans chacun de ces cas, l'effet documentaire aboutit aux mêmes résultats, sauf bien entendu les particularités qui peuvent dériver de la nature de ces différents titres et que nous examinerons en leur lieu.

Le connaissement qui sert à procurer au créancier gagiste la possession des marchandises à lui données en nantissement et la police d'assurances sur facultés, sont les deux titres principaux annexés à l'effet négociable. Ils feront chacun l'objet d'une section spéciale.

Mais les effets documentaires contiennent des pièces annexes dont nous devons parler.

De ce nombre est la facture consulaire.

On conçoit l'importance attachée par les autorités de la douane à sa production. En effet, le pays qui reçoit les marchandises peut avoir conclu avec certains autres, des traités de commerce accordant à leurs produits des tarifs de faveur. Ces droits moins élevés n'existent pas à l'égard des importations faites par des puissances avec lesquelles aucune convention spéciale n'a été négociée. Il est donc indispensable, pour éviter une fraude consistant à déclarer originaires de pays favorisés, des produits qui proviennent en réalité de contrées dont les importations sont taxées aux tarifs ordinaires des douanes, d'exiger la certification par les consuls de l'origine réelle des marchandises.

Ainsi actuellement, dans certains pays du Centre et du Sud-Amérique, la facture consulaire est formellement exigée sous peine pour le porteur du connaissement de se voir infliger une pénalité par les autorités du port de débarquement. Dans la République Argentine par exemple, la marchandise est frappée d'une amende égale à 5 0/0 de sa valeur.

Dans d'autres pays, comme le Mexique, la délivrance de la cargaison ne peut avoir lieu qu'après production de la facture consulaire.

Dans ces hypothèses et autres analogues, l'annexion à la traite du titre en question est donc indispensable.

D'autres documents sont, suivant les usages des différents pays ou les habitudes commerciales des intéressés, ou d'après la nature de la cargaison, joints à la lettre de change. Ces documents sont, par exemple, pour les expéditions de salaisons d'Amérique un « Certificate of Inspection of Swine products for Export » délivré par le département de l'Agriculture conformément à un Act du Congrès du 3 mars 1891 et déclarant que les marchandises examinées au microscope ont été reconnues saines.

Nous citons ce certificat à titre d'exemple. Il en existe d'analogues, notamment pour les blés. Ces documents sont sans conséquences proprement juridiques. Ils n'en ont pas moins une importance souvent fort grande pour le porteur de la traite documentaire, qui, à leur défaut, pourrait, s'il s'agissait de celui que nous avons analysé, par exemple, voir refuser l'admission de la cargaison, ce qui serait de nature à compromettre gravement les intérêts du tiré et par contre-coup les siens propres ; un retard de livraison peut, en effet, occasionner au tiré une perte sensible, la revente devenant impossible pour lui à l'époque et aux conditions qu'il avait prévues. En ce cas, il serait fondé à refuser les marchandises et le porteur serait obligé de remplir toutes les formalités destinées à suppléer au défaut du titre qui lui manque, de supporter des frais de magasinage onéreux, et de subir des délais fort peu compatibles avec une bonne pratique commerciale. Il est donc de l'intérêt du porteur, de connaître exactement les pièces qui, quoique non employées constamment par suite de la nature même de la cargaison, lui sont cependant nécessaires dans certains cas particuliers.

A l'effet négociable, au connaissement, à la police d'assurances, qui forment, qu'on nous passe le mot, la « trinité » essentielle de toute traite documentaire logiquement constituée et aux documents dont nous venons de parler, s'adjoint souvent un titre important, puisqu'il se rapporte au but même du contrat annexe à celui de change : le contrat de gage. Ce titre est ce que les Anglais ou les Américains appellent le « Certificate of hypothecation » c'est-à-dire certificat de gage (et non d'hypothèque). Ce certificat qui présente des rédactions diverses suivant les usages des différentes places ou des commerçants, contient, comme son nom même l'indique, la mention plus ou moins développée de la constitution de gage effectuée en faveur du porteur et l'énumération des droits qui en dérivent à son profit.

Ce « document » est souvent, au reste, beaucoup plus compréhensif que son nom ne le laisserait supposer. Il prévoit certaines modalités de paiement, le paiement avant l'échéance, le paiement partiel, dont nous aurons à nous occuper plus loin, la manière dont l'assurance a été soignée et les indications relatives au mode de recouvrement de la traite (documents à livrer contre acceptation, documents à livrer contre paiement) (1).

Cette pièce est assez fréquente, mais non d'un usage absolument général. Elle ne présente, quant à l'établissement du droit de gage en particulier, qu'une utilité limitée à la preuve, le contrat de nantissement commercial étant indépendant de tout écrit.

Nous jugeons devoir transcrire ici à raison de leur importance, deux « documents » de la nature de ceux dont nous venons de parler. L'un émane d'un tireur résidant aux États-Unis, le second d'un négociant de l'île de la Réunion, territoire français par conséquent. Voici ces pièces :

DOCUMENTS FOR ACCEPTANCE ONLY

I have this day sold to Messrs. *N. N.* and C°, my Bill of Exchange for Fcs. 10.000 ......on S. Brothers, Paris, against a shipment of :

» » »

» » »

for Havre, as per Bill of Lading « to order » herewith, with the understanding, that if the said Bill be duly accepted, the accompanying documents are to be given up to the drawees, without prejudice to the claim to the holder of the Bill upon the undersigned, in the event of the same not being paid at maturity ; or the documents will be surrendered on payment at the time of presentation in cash under rebate of interest. But if the drawees decline to accept the Bill or to pay same, at the time of presentation under rebate of interest as above, then you are hereby authorized to retain the documents and at any time at your discretion after or before arrival, to place the above mentioned property in the hands of your Brokers for sale, on account of whom it may concern and to apply the proceeds towards the payment of the Bill after deducting all

(1) Sur cette distinction, V. *infrà*, Section IV.

charges, Marine and Fire insurance and other expenses including commission for sale and guarantees, the undersigned hereby agreeing in case of any deficiency, to pay the full amount of said deficiency upon demand.

The above shipment of property is fully insured by attached certificate.

In the event of the non acceptance of the Bill, the Policy will be transferred, if required, to you, in default of which you are fully authorized by the undersigned to effect insurance for such an amount as you may deem necessary, for the cost of which insurance you are to have a lien on the above merchandise and it is agreed that in case of loss, the said insurance shall be held for the benefit of the holder of the above mentioned Bill of Exchange for the payment of the same.

Respectfully,

J. W....

Voici le second document :

Saint-Denis (Réunion) le

S.......... M......... et C°.

Passé à l'ordre de M.M. A-H. et C°, Paris.

Messieurs,

Vous ayant négocié ce jour ma traite sur M. *L. R.....* à vue..... jours de vue, de la somme de..... francs nous vous remettons en garantie :

1° Des connaissements à différentes marchandises par navire *Oxus,* Capit. *J.*

2° La police d'assurances maritime (1).

3° Une lettre pour M... chargé par nous de faire couvrir les risques, lettre destinée au retrait de la police d'assurance.

Le tout formant les documents d'expéditions des différentes

(1) Quand la marchandise sera expédiée par les Messageries maritimes, ou par la Compagnie Hâvraise péninsulaire, il n'y aura pas à remettre la police qui figure au connaissement même, délivré par les dites compagnies.

marchandises dont il est donné détail au bas de la présente, sous réserve des diverses conventions et stipulations suivantes, savoir :

N° 1. — Nous autorisons les porteurs de nos traites, mais sans leur en faire une obligation, à assurer lesdites marchandises contre les risques de mer, y compris la perte par capture et aussi contre les pertes par incendie sur le rivage, au cas où M..., chargé par nous de commettre les assurances, omettrait de le faire et à ajouter la prime et autres frais d'assurance au montant de ladite traite, vous autorisant en outre, pour vous rembourser de ces frais à avoir recours contre les marchandises ou contre nous ou contre toutes sommes à notre crédit chez vous et aussi à vendre immédiatement, après paiement du fret effectué par vous, toute partie desdites marchandises qui pourra être nécessaire pour vous couvrir de vos débours, sans qu'en aucun cas votre responsabilité doive être engagée autrement que cela a lieu entre un négociant et son correspondant.

N° 2. — Nous donnons également pouvoir aux porteurs du connaissement ci-dessus d'accepter conditionnellement, à tel effet que lors du paiement à échéance, le connaissement et les autres documents puissent être remis aux tirés ou accepteurs de traite et cette autorisation donnée par nous sera donnée comme s'étendant au cas d'acceptation d'honneur. Il vous est également donné pouvoir, dans le cas ou l'acceptation ne serait pas conditionnelle, et pourvu que l'acceptation soit à votre satisfaction ou à celle de vos agents, de remettre les documents à M..., sans préjudice de votre recours contre nous dans le cas ou ladite traite ne serait pas payée à l'échéance.

N° 3. — Il est en outre convenu, que s'il y avait défaut d'acceptation ou de paiement de la traite, de l'assurance, du fret ou de tous autres frais, ou dans le cas de suspension de paiement, de faillite, ou d'entrée en liquidation du tiré avant l'échéance de ladite traite, qu'elle soit acceptée conditionnellement ou absolument, alors dans tous ou chacun de ces cas, vous êtes expressément autorisés par les présentes, en tout temps ci-après, sans avis et sans concurrence d'aucune personne, à vendre quand vous pourrez le juger convenable, tant par vente publique que privée, les marchandises représentées par les documents d'expédition spécifiés ci-après, auquel cas il est également convenu par les présentes, que vous devez agir pour nous à tous égards comme si vous aviez été les consignataires directs des marchandises, comptant telle commission et étant responsables de telle manière qu'il est d'usage entre un négociant et son correspondant dans les cas ordinaires, le produit de la vente devant en premier lieu être appliqué par vous au paiement de ladite traite avec intérêt en sus au taux de cinq pour cent par an, ainsi que de l'assurance du fret et autres frais et commissions ; et finalement le reliquat (s'il y en a), sera gardé et appliqué par vous au paiement de toute traite ou toutes autres lettres de change que vous pouvez avoir achetées de nous ou de toute autre dette ou responsabilité nous incombant, échue ou non. Ces marchandises mêmes, tant que la vente n'en aura pas été faite, devront être responsables pour le paiement de cette ou ces traites, assurances, frets ou autres frais mentionnés ci-dessus. Dans le cas d'insuffisance du produit de la vente, vous êtes autorisés par les présentes à avoir un recours immédiat sur toutes sommes que vous pouvez tenir et dont vous pouvez être responsables envers nous par compte général ou autrement et aussi à tirer sur nous au change commercial du jour pour le montant manquant; il est entendu que votre compte courant sera admis comme preuve suffisante de la vente et du déficit et nous nous engageons par les présentes à accepter et payer dûment ces tirages.

N° 4. — Nous autorisons les porteurs de nos traites à agréer de préférence une acceptation par intervention de M...., de sorte que lors du paiement à échéance, le connaissement puisse être délivré.

N° 5. — Nous vous autorisons en outre à accepter, soit des tirés, soit des accepteurs, le paiement de nos traites à toute époque avant échéance; mais vous ne serez tenus d'escompter les jours à courir, qu'aux taux du jour de la Banque de France si le papier est fourni sur la France; s'il est sur l'Angleterre, au taux minimum du jour de la Banque d'Angleterre et s'il est sur l'Inde, Maurice ou l'Australie, au taux courant d'escompte du jour pour les papiers du gouvernement dans ces différents pays; mais en aucun cas, ce taux ne devra dépasser cinq pour cent.

N° 6. — Nous vous autorisons aussi, à votre appréciation, à accepter un paiement partiel de ladite lettre de change, en livrant une part proportionnelle des marchandises contre ledit paiement partiel, suivant que vous pourrez le juger convenable.

N° 7. — Nous convenons également, que nonobstant la livraison qui vous est faite des marchandises sus mentionnées et des documents y relatifs comme double caution pour l'acceptation et le paiement de ladite traite mentionnée ci-dessus en premier lieu, vous pouvez avoir recours contre nous comme tireur pour le paiement de ladite traite, immédiatement après que se serait produit l'un des évènements spécifiés dans la clause 3, (que l'acceptation soit conditionnelle ou non), de la même manière que si lesdites cautions ne vous avaient pas été remises : mais ce recours, s'il y a lieu, ne portera en aucune manière préjudice à votre droit à cet égard.

N° 8. — Nous convenons également que tous pouvoirs et autorisation qui vous sont donnés par les présentes sont, autant que cela pourra être nécessaire, également conférés à tout directeur ou agent de votre maison ou au porteur de toute lettre de change ainsi négociée.

Fait en double.

Traites et documents mentionnés dans la présente lettre

LETTRE DE CHANGE			MARCHANDISES ET CAUTIONS	
Date	Montant	Tirée sur	Connaissement pour	Par navire
30 avril 1898	1.480,60	L. R.....	F. L. 580/582/584 8 caisses	*Oxus*.

Nous aurons à diverses reprises à renvoyer à certaines dispositions des documents qui précèdent et qui contiennent d'intéressantes indications sur la nature pratique des opérations documentaires.

Leur analyse demanderait ici de longs développements. Tous les points spéciaux qui s'y trouvent traités seront examinés séparément, dans la matière à laquelle ils se réfèrent.

Faisons seulement observer que la seconde des deux pièces, paraît bien par son style, sinon traduite sur un document anglais analogue, tout au moins rédigée par un étranger. Cette induction est confirmée par l'existence dans le texte de deux dispositions qui seraient en France de nul effet,

1° La faculté d'acceptation *conditionnelle* de la traite. 2° l'autorisation donnée au porteur, en cas de non-paiement par le tiré, de faire vendre les marchandises à son profit à lui créancier gagiste, en vente *privée*.

Ces deux clauses, en vertu, la première, de l'art. 124 C. comm., la seconde, des art. 2.078 C. civ. et 93 C. comm., ne pourraient être sanctionnées en France par les tribunaux.

La loi française, à moins d'une convention expresse, soumettant toutes les questions litigieuses susceptibles de s'élever entre les parties à une législation étrangère, s'appliquerait ici nécessairement, comme *lex loci executionis* et rendrait les clauses précitées inopérantes.

Il reste à signaler, parmi les documents adjoints à la traite documentaire les « Lettres d'avis ».

Jointes à l'envoi des documents au banquier chargé d'opérer le recouvrement des traites, ces lettres d'avis, en même temps qu'elles indiquent et détaillent la remise d'effets qu'elles accompagnent, contiennent souvent aussi des instructions dont nous parlons plus loin. (V. *infrà*, p. 38 et les notes *Ibid*). Nous donnons en note un exemple de lettre d'avis simple (1).

Il nous paraît utile de résumer les indications qui précèdent en donnant l'énumération des pièces essentielles qui composent un effet documentaire et des pièces accessoires susceptibles, suivant les cas, de s'y trouver réunies.

Pièces essentielles.

1° Lettre de change, chèque ou billet à ordre.

2° Connaissement ou lettre de voiture.

3° Police d'assurances ou Certificat d'assurances ou Lettre de garantie ou de retrait de police d'assurance.

Pièces accessoires.

1° Certificat de gage (Certificate of Hypothecation).

2° Lettre d'avis et instructions.

3° Engagement de faire tenir au tiré tous les exemplaires du connaissement et les duplicatas

4° Facture consulaire, suivant les cas.

5° Facture ordinaire (2).

6° Compte de frais.

(1) Gentlemen.
We beg to hand you herewith for collection and credit in account, drafts as listed below (documents attached).
Duplicatas to follow by next mail.
Documents to be surrendered on payment.

(2) Voici l'en-tête d'une de ces factures :
Facture Invoice of 100 cases Campher, bought by order of Messrs.

7° Certificats de classification des denrées suivant leur origine ou qualité (1).

8° Certificats divers (Inspection des viandes, des grains, etc.).

SECTION IV

DU SIMPLE MANDAT DONNÉ PAR LE TIREUR AU PORTEUR

Les banquiers, dans les opérations documentaires, sont très fréquemment porteurs des effets, non comme titulaires, réels et comme en ayant fourni la valeur, mais comme mandataires de particuliers ou de banques étrangères qui ont escompté les effets émis par le vendeur au lieu d'expédition des marchandises.

Au point de vue juridique et en ce qui concerne les droits et les devoirs du porteur, les solutions sont identiques, que le porteur agisse lui-même ou se fasse représenter par un mandataire. Tout se réduit entre mandant et mandataire à un règlement conforme aux règles du contrat de mandat. D'un côté donc, l'opération documentaire, de l'autre, un contrat de mandat qui en est absolument distinct.

O... et Brothers, Paris, and shipped for their account and risk per SS. *C*..... to Havre, option Hamburg unto order.

Marine Insurance covered in Paris.

» » »

» » »

(1) Pour les blés : Redwinter ou Spring, n° 1 ou n° 2.

C'est de ce dernier (sans entrer dans des détails qui ne seraient pas ici à leur place), que nous devons dire quelques mots spéciaux à notre sujet.

Tous les banquiers possèdent, on le sait, un « tarif » qui contient les conditions des recouvrements qu'ils se chargent d'effectuer pour le compte de leurs clients. Ces tarifs contiennent (tout au moins dans les grands établissements) des dispositions spéciales concernant le recouvrement des effets documentaires.

Ces dispositions sont indépendantes de la fixation des commissions à percevoir sur les recouvrements d'effets documentaires, commissions toujours plus élevées que celles s'appliquant aux opérations ordinaires et qui varient d'après les risques à courir, le lieu d'encaissement et la personne du client, suivant que l'on traite avec lui depuis longtemps pour un grand nombre d'affaires ou non. Ces commissions sont d'un taux qui varie généralement entre 1/4 ou 1/2 % et 4 ou 5 % — ces derniers exceptionnels.

Les clauses de tarifs concernant les effets documentaires sont à peu de choses près les mêmes chez les différents banquiers. Nous croyons utile de reproduire ici sur le point qui nous occupe, le tarif suivant :

« Pour les effets documentaires, lorsque nos cédants ne nous auront pas indiqué un correspondant auquel nous devrons remettre les documents en cas de non acceptation ou de non paiement, nous nous employons autant que possible à faire emmagasiner ou vendre les marchandises, nous réservant de réclamer à nos cédants les différents frais et commissions résultant de ces opérations. Cependant, nous n'assumons aucune responsabilité au cas de détériorations ou de perte desdites marchandises ; en outre, nous sommes complètement déchargés pour le cas où par suite d'usages locaux (1), et contrairement à nos recommandations, nous ne pourrions éviter la livraison des marchandises aux tirés.

« L'usage fait du présent tarif ou son acceptation par correspondance en rend les conditions obligatoires. »

On voit par ce qui précède, que les banquiers prévoient avec soin les difficultés qui peuvent survenir dans l'accomplissement de leur tâche et limitent à l'avance les responsabilités que l'acceptation d'un mandat général ne manquerait pas de leur faire encourir le cas échéant. Ces précautions dérivent du fait que les opérations documentaires présentent des dangers nombreux, dont la suite de cette étude donnera une idée plus complète.

Indépendamment des clauses de tarifs que nous avons citées, l'existence d'instructions spéciales entre les banquiers et leurs correspondants relativement aux effets documentaires dont ils se chargent, est une preuve de plus de la nécessité de réglementations précises dans cette difficile matière.

Ces instructions données par les porteurs à leurs banquiers ont surtout pour but d'indiquer à ces derniers si, dans les remises d'effets, les documents doivent, sauf nouvel avis, être traités comme documents à livrer contre acceptation ou documents à livrer contre paiement (2); si le protêt faute d'acceptation doit être levé, enfin, quelles sont en cas de refus de la part du tiré, les dispositions à prendre pour le magasinage et éventuel-

(1) Sur ce point. V. *infrà*. Ch. V. Sect. II., art. 2, § 7.

(2) Nous emploierons désormais *brevitatis causà*, les expressions « documents contre acceptation » et « documents contre paiement ».

lement quant à l'assurance contre l'incendie. Nous donnons ici deux exemples de ces instructions. Elles sont toutes, qu'elles émanent de porteurs français ou étrangers, nécessairement très analogues (1).

Ces instructions sont tantôt spéciales à une affaire déterminée, tantôt adjointes d'une façon courante aux documents concernant chaque affaire particulière, comme pièce spéciale ; tantôt enfin il existe des conventions antérieures conclues entre un correspondant habituel du banquier chargé du recouvrement et ce dernier, pour la généralité des remises qui lui seront faites. Dans ce dernier cas, aucune pièce mention-

(1) **Première Pièce.**

Messieurs,

Ci-inclus nous vous remettons les effets suivants :

» » »

dont veuillez créditer le compte de nos amis communs X. X. et Cie, à Paris.

Veuillez délivrer les documents contre acceptation, paiement, seulement.

Faute d'acceptation, de paiement, veuillez faire lever protêt et ne aviser ces Messieurs par fil, tout en gardant les documents et les effets à leur disposition.

Les duplicatas des effets suivront par un prochain courrier.

Seconde Pièce.

To Messrs. J. R. and C°,

Bills remitted to ...., Paris.
from Bank of C...

Instructions. — Drafts may be retired under rebate at customary usance except when otherwise specified on draft or letter of hypothecation.

Protest all Drafts if unaccepted or unpaid unless otherwise specified hereon.

Hold documents against payment of drafts.

nant les indications données par le porteur n'est annexée aux effets. C'est le cas le plus fréquent.

Quoi qu'il en soit, ces instructions, apparentes ou non, sont absolument indispensables, sinon pour le porteur qui peut avoir dans la vigilance de son banquier la plus entière confiance, au moins pour ce dernier auquel le cas échéant, elles éviteront toute critique sur la manière dont il a exécuté son mandat.

Un point toujours prévu par les instructions ou conventions, est (voir entre autres les deux exemples qui précèdent) celui qui a trait à la nature des documents ; on détermine si lesdits documents sont à délivrer soit contre simple acceptation, soit contre paiement.

Cette distinction, que le moment est venu de signaler, est toute particulière aux effets documentaires. En effet, lorsqu'une traite est tirée en vertu d'une vente ordinaire et que les marchandises sont aux mains du tiré, il ne peut être question de remettre à ce dernier un document lui permettant de prendre livraison de marchandises qu'il détient déjà. La traite documentaire est, au contraire, par suite de l'éloignement des parties contractantes, la mise en pratique juridique de l'adage « donnant donnant ».

On conçoit cependant que l'application puisse en être plus ou moins stricte. C'est sur cette idée qu'est basée dans les effets documentaires, la distinction entre les documents à délivrer « contre acceptation » ou « contre paiement ». Il est difficile de déterminer si les premiers sont plus fréquemment employés que les seconds ; cette statistique n'aurait d'ailleurs aucun intérêt, pour les raisons suivantes.

Ce qui détermine un vendeur-tireur à qualifier des

documents « contre acceptation », est la quasi-certitude qu'il possède d'avoir en face de lui un acheteur solvable, dont l'acceptation sur une traite soit une sûre garantie du paiement à l'échéance. Si le vendeur, au contraire, a conclu la vente avec un négociant sur le compte duquel les renseignements qu'il possède soient douteux ou incomplets, il aura généralement la prudence de ne créer que des documents « contre paiement », cas dans lequel l'adage que nous citions tout à l'heure s'appliquera dans son entière rigueur.

On voit donc qu'il n'existe aucune raison juridique militant pour la création de documents contre acceptation ou de documents contre paiement, mais uniquement des considérations pratiques qui ne sauraient servir à indiquer utilement le plus ou moins grand usage fait de l'un ou de l'autre de ces titres.

Les documents principaux ne portent jamais, à notre connaissance, la mention contre acceptation ou contre paiement. Cette mention est insérée soit dans la lettre d'avis, soit dans le Certificate of hypothecation, soit sur une fiche spéciale épinglée aux effets et portant par exemple que les « documents ci-joints ne seront remis au tiré que contre paiement des effets ».

Cette indication est utile, surtout pour le porteur, lorsqu'il charge un banquier d'opérer en ses lieu et place le recouvrement des effets. En pareil cas, s'il transmet à son mandataire des documents contre paiement et que, celui-ci les ayant délivrés contre simple acceptation, le tiré ne fasse pas honneur à ses engagements, le porteur est, par le fait de la mention dont il s'agit, certain de voir aboutir son recours contre le banquier mandataire non diligent. Aussi, les banquiers doivent-ils, dans l'exécution des mandats ayant pour objet les effets documentaires, apporter le plus grand soin à ne pas commettre des erreurs comme celle que nous venons de signaler. Elles sont surtout possibles lorsque, les effets ne portant aucune indication, il faut se référer à des instructions antérieures qui ont pu être modifiées depuis.

A côté de la double utilité procurée au porteur par l'insertion de la mention « contre paiement seulement », c'est-à-dire certitude presque absolue que, si les marchandises sont livrées, le paiement sera effectué et secondement, que si le contraire se produit, son recours contre son mandataire négligent est assuré, à côté, disons-nous, de ces deux avantages, apparaissent des obligations ou devoirs auxquels le porteur est assujetti, uniquement du reste dans son propre intérêt.

Les diverses mesures qu'il doit prendre après acceptation ou refus d'acceptation, jusqu'à l'échéance, seront examinées sous la rubrique : « Des droits et des devoirs du porteur ».

CHAPITRE II

PARTICULARITÉS CONCERNANT LA VENTE DES MARCHANDISES ET LE GAGE

Les principes généraux relatifs à la vente et au gage doivent trouver leur place au cours de cette étude sur les points où il sera nécessaire d'en faire l'application.

Quelques particularités méritent d'être examinées ici d'une manière spéciale.

SECTION I

DE LA VENTE DES MARCHANDISES CONCLUE PAR LE TIREUR

La vente conclue entre le tireur et le tiré d'une traite documentaire est-elle une vente pure et simple ou une vente sous condition ?

On pourrait être tenté, au premier examen, de voir là une vente sous condition suspensive de la part de l'acheteur, car il est naturel de supposer que le tiré ne consent à acquérir une cargaison dont la qualité lui est inconnue, qu'après l'avoir vérifiée. En outre, l'analogie paraît frappante avec les hypothèses prévues par les articles 1.587 et 1.588, Code civil, qui considèrent comme une vente réputée faite sous condition suspensive, la vente *ad gustum* et la vente à l'essai.

Ces considérations ne seraient pas suffisantes pour faire adopter la thèse d'une vente faite sous condition suspensive, car les usages du commerce qui font loi dans cette question, où l'intention des parties joue un rôle prépondérant, sont fixés dans le sens d'une vente pure et simple. La preuve s'en trouve d'ailleurs dans ce fait, que l'acceptation des traites contre remise des documents est toujours réclamée au tiré, dès la réception des effets par le banquier mandataire du porteur, avant l'arrivée des marchandises et sans aucun examen préalable de celles-ci par conséquent. Dans la pratique des affaires, un certain nombre de tirés refusent de s'engager avant d'avoir visité la cargaison, mais c'est là une dérogation aux usages, à laquelle le banquier ne consent que bénévolement et son mandant pourrait exiger qu'il lève de suite le protêt faute d'acceptation.

La vente dont nous parlons n'est pas davantage faite sous la condition suspensive de la part du vendeur, de l'acceptation des traites par le tiré. Ce serait là une solution possible, mais ce n'est point celle qui est suivie par le commerce. L'acheteur de choses mobilières a, soit des engagements à remplir envers des tiers avec qui il a lui-même traité, soit, s'il est spéculateur, une suite d'opérations engagées pour des dates choisies d'avance, et dans ces deux cas, il a besoin de pouvoir, *du jour de son achat*, disposer de la marchandise à titre de propriétaire.

La vente qui se trouve à l'origine de toute création

d'effet documentaire, est donc une vente pure et simple; elle sera résolue conformément à l'article 1.184, alinéa 1, Code civil, au cas où l'acheteur ne paierait pas le prix stipulé.

Les conséquences de ces observations au point de vue des droits du porteur, consistent en ce que ce dernier, créancier gagiste, ne peut s'opposer par exemple aux droits de visite et d'échantillonnage du tiré, *même non accepteur*, lorsque les marchandises ont été débarquées, parce que la propriété repose sur la tête du tiré depuis le jour de la vente antérieurement conclue. C'est ainsi encore, mais au point de vue du tiré lui-même cette fois, que la perte des marchandises survenant en cours de route, sera pour lui et non pour le tireur (1).

SECTION II

DU GAGE CONSTITUÉ AU PROFIT DU PORTEUR

La traite documentaire a pour but principal de conférer à l'escompteur de traites un gage, c'est-à-dire une « Collateral security » suivant l'expression anglaise.

ARTICLE I

Du bailleur de gage

Nous avons déjà montré les différentes hypothèses d'application pratique du gage documentaire.

Ce gage ne présente-t-il pas des caractéristiques particulières, dérivant des rapports multiples existant entre

(1) V. à cet égard *infrà* de la *Police d'assurance*. Art. III, § 1.

les trois intéressés, tireur, porteur et tiré et relatives à la personne du constituant ?

Dans le gage ordinaire, le constituant est un débiteur qui consent par lui-même à la restriction de ses droits en faveur de son créancier.

Dans l'effet documentaire, par qui est constitué le gage ? Par le tireur. Or, au moment où le nantissement est par lui ainsi conféré à l'escompteur de ses traites, il n'a plus de droits sur les marchandises, puisque la propriété, en vertu des art. 1.138 et 1.583 Code civil, a été à son égard, transférée à l'acheteur, du jour de la convention de vente, s'il s'agit d'un corps certain, et du jour de l'individualisation des marchandises, s'il s'agit de denrées.

Il est donc sans droits pour disposer à un titre quelconque de choses qui sont la propriété d'autrui.

Cependant, c'est là une pratique courante et la validité de la constitution de gage ainsi faite n'a jamais été contestée.

Il est en effet d'usage dans les opérations réglées par traites documentaires, que les marchandises ne soient vendues que grevées d'un droit de gage constitué par le vendeur après la vente, en vertu d'une autorisation tacite de l'acheteur (1). C'est là, en quelque sorte, la rançon de ce que le vendeur, n'obtenant pas de son acheteur, dans ce genre d'affaires, le paiement immédiat et ne pouvant néanmoins rester à découvert pour des sommes parfois

(1) Nous disons après la vente. En effet, lorsque le tireur présentera les effets à l'escompteur et constituera le gage par conséquent, il aura déjà vendu les marchandises au tiré. Si la constitution de gage avait eu lieu avant la vente, il n'y aurait aucune difficulté, car le futur vendeur aurait alors donné sa propre chose en nantissement.

très considérables, est forcé de négocier sa traite à un banquier, qui ne l'accepte que sous la condition d'une garantie sur les marchandises elles-mêmes.

Le tiré acheteur ne saurait contester les effets que produit à son égard cette constitution de gage. Il est vrai, qu'en thèse, l'acheteur est un tiers par rapport aux actes consentis par son auteur, postérieurement à l'époque à laquelle il a traité avec lui; mais cette solution se trouve écartée ici, par suite d'un usage constant du commerce, qui admet que le tireur d'un effet documentaire confère à l'escompteur de ses traites un nantissement sur les marchandises vendues au tiré, à moins de stipulations formelles en sens contraire de la part de ce dernier.

S'il était utile de montrer que le gage est constitué ici dans les conditions particulières, ces observations ne nous paraissent pas cependant devoir entraîner de conséquences pratiques appréciables. Nous n'insisterons donc pas davantage.

ARTICLE II

De la nature du Gage

Quelle est la nature du gage conféré au créancier dans la traite documentaire ? Est-ce un gage sur titre ou un gage sur meubles corporels ?

On a longtemps admis ou paru admettre, qu'il y avait dans le nantissement conféré au créancier auquel un connaissement était endossé, un gage sur titre.

On a depuis, soutenu que ce nantissement était un nantissement sur meubles corporels, la transmission du connaissement n'ayant d'autre but que de mettre le créancier en possession des marchandises.

Examinons ces deux théories.

On peut donner en faveur de l'opinion qui voit ici un gage sur titre, des raisons qui paraissent assez sérieuses.

Le connaissement est en effet, très certainement, une « valeur négociable » dans le sens de l'art. 91, § 2, C. comm., c'est-à-dire qu'il représente pour celui auquel on le transmet, le droit à un émolument futur.

Soit un gage sur titres (1), c'est-à-dire une créance de somme d'argent possédée par le débiteur constituant le gage, sur M..... Si le créancier auquel cette créance a été donnée en gage, n'est pas payé par son débiteur, il actionnera M..... et recevra les espèces en vertu du mandat sur ce dernier, qui lui a été délivré et dans lequel est incorporée la créance (Théorie du titre à ordre).

Le connaissement, de même que la lettre de change donnée en gage, est un mandat sur un tiers qui confère au porteur le droit de se faire délivrer des marchandises. Comme tout titre à ordre, il incorpore également en soi la créance.

De cette double remarque, que, dans les deux cas, le titre à ordre est un mandat sur un tiers conduisant au même résultat final, c'est-à-dire à l'obtention d'un émolument déterminé et que, dans le titre à ordre, la créance est incorporée au titre, on semble pouvoir tirer la conclusion, que le gage dont l'objet est déterminé par un connaissement est un gage sur titre.

Ces observations faites, il faut reconnaître qu'il est

(1) Nous supposons, pour nous rapprocher davantage de la traite documentaire, un titre de créance sur un tiers et non un titre de rente sur l'État par exemple appartenant au débiteur et confié au créancier.

naturel de songer dans le gage conféré à un porteur de connaissement, à un gage conféré sur les marchandises elles-mêmes. Cette idée est certainement celle qui est dans l'esprit des contractants, lorsqu'ils règlent leurs opérations et elle nous paraît fondée au point de vue théorique.

Si dans le gage des créances, on donne réellement le titre lui-même en nantissement, c'est qu'il est matériellement impossible de constituer un gage sur une chose ne formant pas un corps certain, telle que l'est une somme d'argent, déterminée dans sa quotité, mais aucunement dans les espèces qui serviront au paiement. Par la force même des choses, on ne peut donc concevoir ici l'existence d'un gage sur meuble corporel ; c'est le titre incorporant en lui la créance qui, comme meuble corporel, forme au point de vue théorique et en ce qui regarde seulement la constitution du gage, l'objet de celui-ci.

Il en va différemment, lorsque le gage peut porter *directement* sur un meuble corporel, comme c'est le cas ici. L'objet du nantissement consiste alors dans les marchandises ; et l'endossement du connaissement permet de procurer au créancier gagiste, dont le nantissement est d'ores et déjà régulièrement constitué, la possession des marchandises.

Nous inclinons donc à nous ranger à l'opinion qui voit dans le gage documentaire un gage sur meubles corporels. Elle est plus conforme aux principes juridiques et à l'idée que les parties se font de l'opération qu'elles exécutent.

Cette discussion n'a au reste qu'un intérêt à peu près théorique, car s'il est vrai que ce gage est un gage sur meubles corporels et qu'un tel gage se constitue en matière commerciale par tous moyens, la transmission du connaissement, qui sert à mettre le créancier-gagiste en possession, est absolument indispensable pour acquérir le privilège.

Or, l'insertion de la clause à ordre dans un titre a pour effet d'imposer à celui qui le crée et à tous les titulaires postérieurs, l'obligation, s'ils veulent profiter des avantages attachés à cette forme de titres, de se conformer aux règles de transmission qu'il comporte, c'est-à-dire aux règles de l'endossement.

Si donc l'on échappe aux règles de constitution en gage des titres à ordre, on n'en est pas moins tenu d'observer celles qui sont propres à leur transmission.

Le principal avantage de la théorie qui voit dans notre cas un gage sur meubles corporels, consisterait en ce que l'endossement en blanc serait suffisant pour mettre le créancier gagiste en possession (1).

Cette doctrine ne nous paraît devoir être admise que sous la réserve des observations suivantes.

L'endossement irrégulier ou en blanc est considéré par la loi (Art. 138, C. comm.) comme une procuration. D'autre part, les auteurs sont unanimes à déclarer que les règles générales de l'endossement sont applicables au connaissement. Par suite, l'endossement irrégulier

(1) Lyon-Caen et Renault T. III, n° 278 bis. — V. Aubry et Rau. T. IV § 359 bis. — Alauzet n° 1002 et suivants. — Boistel n°s 493 et 1248. — *Aix*, 31 mars 1865. S. 65-2-31. — *Cass.* 13 août 1879. S. 81-1-157. — *Bordeaux*, 17 juin 1880. *Rec Havre*, 81-2-245. — *Cass.* 25 mai 1891. S. 91-1-153. — Contrà, *Gand*, 30 septembre 1865. *Rec. Anvers*, 65-2-71. — *Gand*, 27 avril 1866. *Rec. Anvers*, 66-2-64.

de ce titre fera apparaître le porteur comme un mandataire. En cette qualité, il représente son mandant et s'il possède, il possède pour ce dernier. L'endossement irrégulier ne peut donc, à notre avis, servir à fonder au profit du porteur une possession de droit. En fait, si aucune contestation ne s'élève entre les parties, le porteur retirera de l'endossement irrégulier le même bénéfice que lui aurait procuré l'endossement régulier. Mais si un tiers intéressé lui conteste la validité de sa possession et invoque contre lui sa qualité de mandataire, le porteur sera tenu de prouver qu'il possède pour son propre compte.

C'est ainsi qu'un autre créancier gagiste, endossataire d'un second exemplaire du connaissement, pourra se prévaloir de l'irrégularité et, en l'absence de la preuve par le porteur que sa possession est personnelle, tirer de cette situation tous les avantages qu'elle comporte.

Sous ces réserves, on peut dire, qu'*en fait*, l'endossement irrégulier confère au porteur la possession des marchandises; mais cela suppose qu'aucune contestation ne naît entre les parties, ni aucune contradiction de la part des tiers, ou que si ces faits se produisent, le porteur est à même de prouver sa qualité de possesseur *en droit* (1).

(1) V. sur l'application de ces observations, *infrà, Du Connaissement,* art. 5, *passim,* et sur la possession des marchandises par le créancier gagiste, Chapitre IV.

CHAPITRE III

ÉLÉMENTS ESSENTIELS DE LA TRAITE DOCUMENTAIRE

PREMIÈRE PARTIE

Effet négociable

SECTION I

LETTRE DE CHANGE

ARTICLE I

Observations préliminaires

Il n'est pas sans intérêt d'étudier quelle est la situation du porteur d'un effet documentaire, en ce qui concerne la lettre de change seulement et abstraction faite du contrat de gage. Ce serait considérer les choses sous un angle trop restreint, que d'examiner, dans les opérations effectuées au moyen des effets documentaires, uniquement les questions se rattachant au contrat de nantissement qui garantit la créance représentée par la lettre de change. Cette dernière constitue en effet l'objet principal et en quelque sorte le *substratum* de l'opération, et lorsqu'un banquier escompte la traite documentaire qui lui est présentée, la logique et les nécessités des affaires commerciales concordent pour démontrer que la solution normale doit consister dans le paiement fait au porteur de la lettre de change.

Il y a lieu, d'autre part, de remarquer que, si le contrat de nantissement peut se trouver appelé à jouer un rôle important en cas de non paiement, il peut devenir caduc, ou tout au moins le privilège peut s'évanouir, si le porteur a perdu la possession de la marchandise. Il est donc utile de déterminer quels seront les droits qui subsisteront au profit du bénéficiaire devenu, de titulaire d'une traite documentaire, titulaire d'une lettre de change simple.

La lettre de change forme, nous l'avons dit, la partie fondamentale de l'effet documentaire. Les autres documents ne sont destinés qu'à fournir ou à constater l'existence de sûretés annexes conférées à la personne qui a escompté la traite.

La lettre de change documentaire porte toujours l'indication qu'elle est émise à propos d'une expédition de marchandises qu'elle spécifie (1) et pour le règlement de la vente desdites marchandises. L'expression de la cause pour laquelle la lettre de change a été émise n'étant pas exigée par la loi, cette mention indique simplement, pour la précision des opérations commerciales, qu'il s'agit en l'espèce d'une Lettre de Change documentaire.

La Lettre de Change documentaire est généralement tirée à vue ou à tant de jours de vue.

Il est à remarquer que, si elle est à 30 ou 60 jours

(1) **Sixty days**
after sight of this **First of Exchange** (second and third of the same tenor and date being unpaid), pay to the order of....., the sum of....., value received and charge the same to account of yourself *against our shipment of.....* per S. S..... for Havre.

de vue, par exemple, les documents seront généralement à délivrer contre acceptation. Il serait peu logique de créer une traite dont l'échéance fût tellement éloignée du jour de l'acceptation, que le porteur lorsqu'il est obligé de se porter réclamateur, des frais parfois fort onéreux de magasinage, d'assurance contre l'incendie, etc. On verra, en effet, que le défaut d'acceptation n'empêche pas, à moins d'instructions précises en sens contraire de la part du bénéficiaire, que le banquier, son mandataire, ne continue à s'efforcer d'obtenir le paiement de la traite.

ARTICLE II

Questions relatives à la provision

Les marchandises régulièrement données en nantissement et mises en la possession du porteur de la traite par l'endossement du connaissement, forment-elles la provision de la traite fournie sur le tiré ?

Cette idée est exposée dans un assez grand nombre de décisions judiciaires. C'est à notre sentiment une erreur dont la jurisprudence récente de la Cour de Cassation a fait justice. La question mérite toujours d'être examinée.

Certains auteurs repoussent absolument toute idée de provision marchandises (1).

MM. Lyon-Caen et Renault décident que la provision est une créance, mais ils ajoutent, « qu'au point de vue de la jurisprudence qui reconnaît au porteur des

(1) V. Boistel, *Cours de Droit Commercial*, 3e édition, p. 529, n° 775.

droits sur laprovision, celle-ci semble avoir le même caractère qu'elle consiste en une somme d'argent ou dans des marchandises. » (1)

Même en face de la théorie de la jurisprudence, qui accorde au porteur un droit de propriété sur la provision, nous ne croyons pas que l'on puisse assimiler un droit sur une somme d'argent, à un droit sur un corps certain (Cf les art. 1.138 et 1.141, C. civ.; art. 143, C. comm.) et la jurisprudence n'a jamais, à notre connaissance, été jusqu'à reconnaitre au porteur un droit de propriété sur les marchandises.

Aussi n'est-ce pas ce que les éminents auteurs que nous citons ont entendu dire. Le passage précité doit être entendu en ce sens, que le résultat final est considéré comme équivalent, lorsqu'un porteur, dans le cas d'une traite émise sur expédition de marchandises, reçoit *le produit de la marchandise réalisée,* ou lorsqu'un bénéficiaire reçoit le paiement d'une traite simple.

La théorie de la provision marchandises est, à notre avis, formellement condamnée par le texte précis de l'article 116, C. comm. qui parle d'une « somme d'argent » dont le tiré doit être redevable au tireur. Or, en quoi le tiré serait-il redevable des marchandises ? il en est propriétaire. On confond, lorsqu'on parle de provision marchandises, la cause de la dette et son objet. L'objet dû ici est la somme dont le tiré est redevable au porteur, et la cause de la dette est la cargaison à raison de laquelle la Lettre de Change est émise.

(1) Lyon-Caen et Renault, *Traité,* tome IV, page 141, note 1.

Au surplus, les conséquences de cette théorie seraient inadmissibles.

La vente étant parfaite par le seul consentement des parties (Art. 1138 et 1583, C. civ.), la marchandise se trouverait, si l'on admet avec la jurisprudence la propriété du porteur sur la provision, appartenir à la fois au tiré et au porteur de la traite.

Par une suite logique, le porteur devrait pouvoir en cas de faillite du tiré, réclamer la propriété des marchandises elles-mêmes, alors qu'il n'a droit qu'à leur prix.

Ainsi, la théorie de la provision marchandises doit être condamnée (1), et le porteur considéré comme n'ayant pas de droits à exercer sur la marchandise elle-même. Le droit du porteur consiste seulement à pouvoir exiger du tiré le paiement d'une somme d'argent, laquelle proviendra de la réalisation des marchandises, mais sans qu'il puisse élever aucune prétention directe sur celles-ci. C'est ce que décide notamment le jugement suivant, d'autant plus utile à citer que fort peu de décisions de jurisprudence sont motivées sur ce point :

« Attendu, que les tiers porteurs sont investis dès le jour de « l'endossement de la lettre de change de la créance éven- « tuelle qui formait la provision;

« Attendu, que la conséquence du principe ainsi posé par « la Cour de Cassation, est de distraire du patrimoine du « tireur, au moins à concurrence du montant des traites tirées « dans ces circonstances et à partir du jour de l'endossement « de ces traites, les marchandises *affectées à la provision;* « qu'en cas de faillite de ce tireur, les syndics n'ont donc pas

(1) V. Thaller, n° 1.159, p. 689.

« mains *des sommes réalisées* par le tiré en vendant ces mar-
« chandises.

« Attendu, *qu'on ne saurait admettre que le tiers porteur* « *puisse dans ce cas revendiquer la propriété des marchandises.*

« Qu'il suffit, pour combattre cette prétention, d'observer que « la valeur de celles-ci pourrait en raison des fluctuations « de cours, dépasser le montant des traites négociées; qu'en « les réalisant, le tiers porteur toucherait ainsi une somme « supérieure au montant des traites dont il est saisi, ce qui « est inadmissible.

« Qu'il faut donc décider que le *tiers porteur* qui, en raison « du principe posé par la Cour de Cassation, est *saisi seule-* « *ment de la créance éventuelle devant résulter de la réalisa-* « *tion des marchandises*, est fondé à demander que le tiré lui « tienne compte à concurrence du montant des traites et à « obtenir même que cette réalisation soit ordonnée par jus- « tice (1).

La doctrine de la provision marchandises ne devrait pas davantage être adoptée, y eût-il ce qu'on est convenu d'appeler « affectation de la marchandise au paiement de la traite » (2).

L'affectation de sommes provenant de la vente de la marchandise au paiement d'une traite (3), n'est pas prévue par la loi. Les principes généraux du droit de change sont seuls susceptibles de fournir des indications à ce sujet.

(1) *Trib. Comm. Seine*, 9 novembre 1895. *La Loi du 21 novembre 1895.* — Adde. *Cass.*, 21 mai 1881. S. 85, 1, 117. — *Trib. Comm. Seine*, 6 avril 1867. *Journal des Tribunaux de Commerce* 1867, p. 557. — *Cass.*, 31 décembre 1891. S. 97, 1, 213.

(2) Cette expression de « marchandises affectées au paiement d'une traite » est, à notre avis, inexacte. Ce qui est affecté au paiement de la traite est le prix à provenir des marchandises et non celles-ci.

(3) V. Lyon-Caen et Renault T. IV, N° 103, 166, 176, p. 130, note I et p. 145, note I. — Nouguier T. I, n° 396.

Lorsqu'une traite est émise comme suite à une expédition de marchandises, il peut arriver que le tiré, s'il est effectivement débiteur du montant de la traite, soit d'autre part créancier, pour des opérations antérieures avec le tireur, de sommes inférieures ou supérieures au montant de ladite traite.

En pareil cas, il est infiniment probable que le tireur et le tiré sont en relations constantes et qu'il existe entre eux un compte courant. Partant, le tiré qui se trouve dans la situation que nous venons de décrire, n'hésitera pas à s'appliquer les sommes qu'il doit au tireur, pour l'affaire spéciale qui nous occupe, et à les faire venir en déduction de sa propre créance. Dès lors, le porteur éprouvera de la part du tiré un refus d'acceptation et se verra entraîné dans les lenteurs et l'aléa des recours de change.

On conçoit donc, que le tireur qui se sait débiteur cherche à assurer au porteur qui escomptera sa traite, le paiement de la lettre de change dont ce dernier a fourni la valeur.

Il usera alors de l'affectation (1), c'est-à-dire qu'il procédera de telle façon, que les sommes à provenir des marchandises qu'il expédie, soient uniquement destinées au paiement de la traite et non à l'extinction de la créance du tiré contre lui tireur.

A quelles conditions ce résultat pourra-t-il être obtenu ? Voici la classification qui nous a paru pouvoir être faite parmi de nombreux jugements ou arrêts.

Certains d'entre eux décident que l'affectation résulte

(1) En principe, il n'est pas nécessaire que la somme d'argent ou le prix des marchandises soient affectés au paiement de la traite. V. Nouguier, n° 351. — *Cass.*, 3 août 1835. S. 35. I. 866.

suffisamment de ce que le tireur signale au tiré une expédition de marchandises et l'avise en même temps de l'émission d'une traite sur lui (1).

D'autres exigent que le tireur fasse connaître son intention au tiré par l'envoi d'une lettre conçue en termes précis (2).

Un troisième groupe décide, qu'une affectation valable de marchandises au paiement d'une traite ne peut sortir à effet que si le tiré y a donné son assentiment formel (3).

Certaines décisions enfin, déclarent que l'affectation doit résulter « de faits certains » comme la possession du connaissement par le porteur (4).

Dans la théorie que nous adoptons, le consentement du tiré à cette affectation est nécessaire, car, sans son adhésion, des conventions entre le tireur et le porteur ne peuvent préjudicier à ses droits. Si donc le tiré a consenti, il lui sera désormais impossible d'appliquer à sa propre créance les sommes à provenir de la vente (5). La solution contraire devra être adoptée, si l'affectation a été refusée par le tiré (6).

Dans la première hypothèse, très favorable pour le porteur, celui-ci ne saurait cependant, quelles que soient les conventions intervenues entre le tireur et le

(1) *Trib. Mars.*, 15 juin 1863. *Rec., Mars*, 63, 1. 176. — *Trib. Mars.*, 7 juillet 1865. *Rec. Mars*, 65, 1, 218.

(2) *Grenoble*, 26 janvier 1881, *Journal des Trib. de Comm.* 1881, p. 655.

(3) *Trib. Dunkerque*, 9 juillet 1889. *Rec. Int. du Droit Marit.*, 1890, p. 213. — *Trib. comm.*, *Mars*, 28 avril 1893. *Annales de Droit comm.* 1893, p. 124. — *Cass.* 26 nov. 1872, S. 73, 1, 155.

(4) *Paris*, 9 Mars 1890. *Gaz. Pal.* 90, 2, 117.

(5) *Trib. Havre*, 25 juin 1871. *Rec. Havre*, 71, 1, 92. — V. aussi *Rec. Mars*, 86, 1, 110.

(6) Nouguier 1, n° 375. — *Cass.* 14 mai 1873, S. 73, 1, 74.

tiré pour assurer le paiement de la Lettre de Change, élever aucune prétention sur la marchandise (1). Son droit est limité à l'obtention d'une somme d'argent. Il en est, à ce point de vue, en cas d'affectation comme dans l'hypothèse où celle-ci n'aurait pas eu lieu.

L'affectation n'a trait en effet qu'aux rapports entre le tireur et le tiré, et ne peut avoir pour conséquence de modifier la nature juridique des droits du porteur sur la provision qui, ainsi que nous l'avons montré, ne peut porter que sur la somme due par le tiré au tireur.

Admettre du reste une solution contraire, serait faire produire à une traite simple les effets d'une traite documentaire. Si cette dernière combinaison est pratiquée, c'est qu'on a constaté qu'il était tout au moins douteux, que l'on pût arriver au même résultat par le simple jeu des principes du contrat de change pur. L'usage des effets documentaires s'explique donc, par l'inexistence d'une provision marchandises (qui, admise, aurait pu, sous réserves, conduire à des résultats analogues), par la nécessité de la réalisation à laquelle la jurisprudence récente paraît s'attacher de plus en plus fermement, enfin par les résultats de l'affectation qui ne porte pas sur les marchandises, mais sur les sommes à en provenir.

La jurisprudence, quoique cette doctrine soit discutable, accorde au porteur un droit de propriété sur la provision, c'est-à-dire lui confère un véritable privilège, dont l'effet est surtout utile en cas de faillite du tireur.

Le porteur impayé qui recourt contre la faillite de ce dernier n'est pas alors soumis à la loi du dividende. En

(1) V. les décisions citées à la note 1, page 56.

outre, et en dehors de l'exercice des recours par le porteur, la propriété de la provision lui étant transférée, les créanciers du tireur sont dans l'impossibilité du jour où la lettre de change a été émise de pratiquer des saisies-arrêts sur la créance du tireur contre le tiré (1).

La théorie de la jurisprudence est éminemment favorable au porteur d'une traite ordinaire ; elle ne l'est pas moins, il est aisé de l'apercevoir, au porteur d'un effet documentaire, bien qu'il possède une garantie collatérale.

Il est utile d'examiner à quel moment la provision est valablement faite, car la solution de cette question est de nature à entraîner des conséquences importantes pour le porteur.

C'est en cas de faillite du tireur que s'élèvent les difficultés relatives à la validité de la provision. Il s'agit de savoir si elle est acquise au porteur, ou si le syndic de la faillite peut élever des droits sur elle, en alléguant qu'elle a été constituée à une époque et dans des conditions qui la rendent non avenue à l'égard de la masse.

En règle générale, la provision, qu'elle consiste dans des sommes que le tireur fait parvenir au tiré ou dans le produit de marchandises à lui adressées, est valable si elle est constituée antérieurement à la cessation des paiements ou dans les dix jours qui précèdent.

(1) En ce sens : Lyon,-Caen et Renault, *Traité*, T. IV, nos 179-180. — Thaller, *op. cit.* nos 1173 et suivants. Nouguier. T. 1, n° 396. — Boistel n° 773. — *Jurisprudence constante depuis 1870.* — V. Pandectes françaises. V. *Effets de commerce*, n° 110. *Cass.* 2 juillet 1883. S. 85, 1, 61 et *Cass.*, 21 mai 1881. S. 85, 1, 117. En sens contraire : Delamarre et Le Poitvin. T. V., p. 617 et suivantes. Ed. 1850). — Bravard-Veyrières et Demangeat, T. 3, p. 471. Boulay-Paty. *Des Faillites.* T. 2, p. 31. — Laurin. 4e édit., n° 615 et suivantes.

Toute la difficulté porte sur la période suspecte, c'est-à-dire celle qui s'étend du jour de la déclaration de faillite, en remontant dans le passé jusqu'à la date fixée par le Tribunal comme celle de la cessation des paiements.

Dans l'opinion la plus généralement adoptée et qui est suivie actuellement par la jurisprudence, l'art. 446, C. comm. est applicable ici et la nullité de la provision doit être prononcée.

Il importe de préciser cette solution.

Posons nettement l'hypothèse qui nous occupe. Un négociant a vendu à un de ses correspondants pour 10.000 francs de marchandises. Il a escompté à un banquier une traite de même valeur sur son acheteur. Le vendeur tombe en faillite par la suite, et la date de cessation de ses paiements est reportée antérieurement à l'époque où il a expédié les marchandises à son acheteur.

Le porteur *qui a été payé* par le tiré est protégé contre toute action en rapport de la part de la faillite du tireur, par l'art. 449 C. comm. Mais si l'on suppose, de cette faillite que le syndic prétende revendiquer la provision de la traite endossée au porteur, *avant tout paiement* fait à celui-ci par le tiré, doit-il avoir gain de cause ?

On soutient généralement que la constitution de la provision d'une Lettre de Change en temps suspect est l'acquittement d'une dette non échue, auquel cas l'on tombe sous l'application de l'art. 446, 3e alinéa § 1er, qui déclare nuls tous paiements effectués, sous quelque forme que ce soit, pour dettes non échues.

Cette théorie est exacte lorsqu'il s'agit de l'envoi par le tireur au tiré d'une somme d'argent. Elle ne l'est plus dès qu'il y a eu antérieurement une vente emportant au profit du tiré transfert de propriété, et que l'envoi de marchandises objet de ladite vente constitue la délivrance à laquelle le vendeur est obligé env ertu d'un contrat préexistant et valable. Toute vente étant un acte à titre onéreux, est, par là même licite, au failli jusqu'au jugement déclaratif de faillite et est simplement annulable en vertu de l'art. 447, C. comm.

Il faudrait démontrer que, dans le cas de délivrance de marchandises en exécution d'une vente, cette délivrance est assimilée à un paiement, seul acte qui sous les distinctions entre dettes échues et non échues, tombe sous l'annulation pure et simple édictée par l'art. 446 § 3. (1)

Considérer la délivrance dont nous parlons comme un paiement ne nous parait pas admissible ; ce serait détourner le mot paiement de son sens normal que de l'appliquer à une semblable hypothèse. A supposer qu'il y ait là un paiement, il ne saurait tomber sous le coup de l'art. 446, § 3, puisqu'il n'est pas fait au créancier.

« La loi, en effet, lorsqu'elle parle d'un paiement par vente, entend le paiement fait *au créancier* en marchandises ou même une vente véritable dont le prix se compenserait avec sa créance. Mais la vente de marchandises à un tiers et le paiement au créancier au moyen du prix

(1) Le législateur, pour déclarer dans l'art. 446, § 3, certains actes nuls ou annulables, s'est placé uniquement au point de vue du *paiement* et non des obligations qui ont pu être contractées par le failli. La validité des actes autres que le paiement est réglée par les art. 446, § 2 et 4 et 447. C. comm. Lyon-Caen et Renault. T. VII, n° 333, V. *in fine*, p. 282.

en provenant, ne tomberaient pas sous les termes de l'art. 446, C. comm. L'art. 447, seul, est applicable en ce cas ». (1)

La vente fût elle annulée du reste, les droits du porteur resteraient intacts. En effet, celui-ci a, d'après la théorie de la jurisprudence, un droit de propriété sur la provision du jour où la lettre de change lui a été endossée. (2)

Mais le syndic de la faillite du tireur ne pourrait-il soutenir que la remise d'effets de commerce au porteur est un paiement en marchandises, les traites représentant le prix de celles-ci ?

Cette prétention bizarre a été émise. Elle ne saurait en aucune manière être accueillie. Autre chose est un paiement en marchandises, autre chose un paiement en effets de commerce, quelle que soit la raison pour laquelle les traites ont été émises (3).

Le syndic de la faillite du tireur peut alléguer enfin, que l'endossement d'une traite à l'escompteur constitue le paiement d'une dette non échue, paiement nul aux termes de l'art. 446, § 3, alinéa 1, C. comm.

Mais ce qui serait non échu, serait l'effet de commerce remis à l'escompteur sur le tiré ; quant à l'opération de

(1) Lyon-Caen et Renault. T. VII, n° 354, p. 295.

(2) V. en général, sur la constitution de la provision pendant la période suspecte. — Renouard. *Traité des Faillites et Banqueroutes* T. 1. p. 372 et 373. — Boistel., n° 945. — Bravard et Demangeat T. V., p. 256. — *Cass.*, 17 décembre 1850. S. 51, 1. 114. — *Cass.*, 24 janvier 1860, S. 60, I. 789. — *Cass.*, 3 avril 1883, S. 85, 1. 79. — *Cass.*, 1er février 1888, S. 90, 1. 391. — *Cass.*, 31 décembre 1894, S. 97, 1. 213, et la note D. 95, 1. 409 et la note, et spécialement, *Cass.*, 10 mai 1865, S. 65, 1. 277.

(3) Cass. 10 Mai 1865. S. 65. 1, 277. — Cf. *Cass.* 20 Juin 1854. S. 54, 1, 593.

l'escompte entre le tireur et l'escompteur, il ne saurait être question de dette échue ou non échue. Cette distinction ne peut intervenir, l'échange de la traite contre argent constituant une opération au comptant réalisée par un échange manuel instantané. (1)

Il résulte des observations qui précèdent, que le porteur d'un effet documentaire est protégé, dans toutes les hypothèses, contre les recours que voudraient exercer contre lui les syndics de la faillite du tireur ou contre les actions qui, intentées au tiré, pourraient léser indirectement ses intérêts.

Nous savons que si le porteur a reçu le paiement du tiré, l'art. 449 interdit contre lui, porteur, l'exercice de l'action en rapport ; cela est vrai même dans le cas où le paiement aurait été fait après protêt. Ce dernier point est discuté, mais nous nous rangeons sans hésitation à la doctrine défendue par MM. Lyon-Caen et Renault (2). Il y a, précisément, un grand intérêt à l'adopter en matière d'effets documentaires, où par la nature même des opérations, il pourra arriver fréquemment que le paiement soit fait après protêt, (refus temporaire d'acceptation ou de paiement par le tiré, comme n'ayant pas reçu les documents en communication ou pû échantillonner la marchandise) (3).

L'art. 449 s'applique spécialement au cas de faillite du tiré et dans l'hypothèse où il y a eu paiement. En cas

(1) Nous lisons dans MM. Lyon-Caen et Renault. *Traité*, t. VII, § 351 : « La loi, dans l'Art. 446, annule le transport qui est fait à titre de paiement dans la période suspecte ; cette disposition ne s'applique pas au transport qui serait fait d'une manière principale et qui ne se rattacherait pas à une créance qu'il aurait pour but d'éteindre. »

(2) V. Lyon-Caen et Renault, T. VII. N° 399 et suivants.— *Contrà*, Thaller, n° 1.602, p. 885.

(3) V. *infrà*. *Des Droits et devoirs du porteur*, Ch. V. Section I.

de faillite du tireur et avant tout paiement, le porteur est également protégé. Nous venons de voir en effet, que le syndic de la faillite du tireur ne pouvait revendiquer les marchandises expédiées au tiré. Les droits du porteur sur la provision restent ainsi intacts ; et quant à l'opération d'escompte pratiquée avec le tireur, elle ne peut être annulée comme tombant sous le coup de l'art. 446, C. comm.

Remarquons enfin en ce qui concerne la constitution de gage, faite au profit de l'escompteur, qu'elle est valable quoique faite dans la période suspecte, puisqu'elle sera toujours consentie en même temps que la négociation de l'effet et non pour une dette antérieurement contractée (art. 446, § 4, C. comm.).

Terminons l'examen des questions relatives à la provision par l'observation suivante.

Dès que l'endossement a été passé au profit du porteur, celui-ci a, d'après la jurisprudence, comme nous l'avons antérieurement indiqué, un droit acquis à la provision qui a été faite, nonobstant le refus du tiré d'accepter la traite (1).

Les conséquences de cette doctrine présentent principalement de l'intérêt lorsque la Lettre de Change n'est pas documentaire. En matière de traite documentaire, l'utilité apparaît moins évidente, puisque l'escompteur, s'étant fait consentir un nantissement sur marchandises, la réalisation du gage lui permettra, si le tiré refuse, de rentrer dans son découvert, sans avoir à exercer des recours contre les endosseurs antérieurs ou le tireur.

(1) *Cass.*, 17 décembre 1850, S. 51, 1, 444. — *Cass.*, 15 décembre 1850, S., 50, 1, 806. — *Cass.*, 28 mars 1888, S., 88, 1, 265. — *Cass.*, 30 novembre 1897. *Annales de Droit commercial*, février 1898.

Mais cela suppose que le porteur impayé a usé jusqu'au bout des facultés que lui conférait le contrat de nantissement. Or nous verrons qu'il y a lieu de faire à cet égard des distinctions assez complexes (1).

ARTICLE III

Questions relatives à l'acceptation (2)

Les documents adjoints à une traite documentaire peuvent ne pas être sincères. Ainsi le connaissement remis au porteur peut faire mention du chargement d'une cargaison purement imaginaire et la police d'assurances s'appliquer à ce chargement fictif. En pareil cas, le porteur étant supposé de bonne foi et le tiré ayant accepté la traite à présentation, quelles sont les conséquences qui découleront du fait que le tiré s'est aperçu, avant le paiement, de la fausseté des documents qui lui ont été remis ?

Cette question intéressante au point de vue théorique n'est pas sans précédents judiciaires.

Lorsqu'il s'agit d'une Lettre de Change simple, c'est-à-dire non documentaire, le tiré qui a accepté s'est engagé à payer le porteur à l'échéance. Continue-t-il à être obligé envers le porteur, s'il découvre, après acceptation, que la traite porte la signature falsifiée du tireur ? Au premier abord, il parait injuste de contraindre le tiré, en vertu de son acceptation, à payer une dette dont il est

(1) *Infrà*, ch, VI.

(2) Nous ne traitons ici que des difficultés théoriques que l'acceptation peut faire naitre. Voir sur le moment où l'acceptation est demandée, la communication des documents au tiré, les conséquences du refus d'acceptation. etc.... *infrà* ch. V. *Des Droits et des Devoirs du Porteur*.

sans doute véritablement redevable, mais à la payer à un porteur dont le titre est falsifié.

Ce raisonnement serait exact, si l'on se trouvait en face d'un mandat de paiement ne revêtant pas la forme d'une Lettre de Change ou plus généralement d'un titre à ordre. Mais dans ce dernier cas, qui est celui que nous examinons, la théorie de l'inopposabilité par le tiré au porteur des exceptions opposables à son cédant doit faire adopter une solution contraire. En effet, s'il y a des exceptions sur lesquelles la discussion s'élève quant à leur opposabilité ou non au porteur d'un titre à ordre, ce ne sont guère que celles de minorité du souscripteur ou de violence. Quant au dol ou à la fausse cause, on peut affirmer que leur inopposabilité est universellement admise (1).

Le tiré accepteur d'une Lettre de Change non documentaire est donc contraint de payer, découvrît-il postérieurement à son acceptation la falsification dont la signature du tireur a été l'objet et invoquât-il la fausseté de la cause qui a déterminé son acceptation (2).

On s'est posé la question de savoir si la même solution devait être adoptée en matière d'effets documentaires ou

(1) *Cass.*, 3 février 1847, S. 47, 1, 209. — *Cass.*, 2 août 1871, S. 71, 1, 149. — *Cass.*, 29 mars 1887. *Gaz. Pal.*, 87, 1, 54, et *Cass.*, 25 mai 1891, S. 91, 1. 453 : « Attendu qu'il n'en est pas de la cession « des effets à ordre comme des cessions ordinaires de créances réglementées par les art. 1.689 et suivants du Code civil ; qu'il résulte « de la nature même de la Lettre de Change, que ceux qui en sont « débiteurs ne peuvent se prévaloir contre le porteur de bonne foi des « exceptions qu'ils auraient pu opposer à l'endosseur s'il fut demeuré « porteur ; qu'ainsi, l'accepteur ne peut rétracter l'obligation née de « son acceptation même sous le prétexte qu'elle aurait été déterminée « par le dol du tireur ou qu'elle n'aurait qu'une cause fausse. »

(2) En ce sens, Lyon-Caen et Renault. *Traité*, Tome IV, n° 201 *bis*, p. 157. — Thaller, n° 1.226, p. 697. — Contrà Boistel, n° 810.

plutôt, on a essayé de réfuter les raisons données en faveur de l'affirmative par quelques décisions de jurisprudence. Examinons cette argumentation.

On admet que, pour une traite ordinaire, ni le dol ni la fausseté de la cause ne sont opposables au porteur. On cherche ensuite à démontrer qu'il n'en va pas de même, quand la Lettre de Change est documentaire; et l'on invoque à l'appui de cette thèse que, les documents remis au tiré étant falsifiés, *la cause* de l'acceptation se trouve être fausse et doit rendre celle-ci non avenue comme ayant été radicalement viciée dans son origine.

On ajoute que « le porteur doit au tiré la garantie des vices de la chose remise en échange de l'acceptation. » (1)

Est-il exact tout d'abord de dire que le porteur doit cette garantie ? Si l'affirmative était fondée, dans notre hypothèse, c'est-à-dire lorsque le porteur remet au tiré, contre son acceptation, les documents adjoints à la traite, remarquons qu'elle devrait l'être également dans le cas où une Lettre de Change non documentaire serait présentée au tiré. Le porteur devrait alors la garantie de la sincérité de la Lettre de Change. Une telle garantie n'est pas imposée au porteur d'un titre à ordre.

En ce qui concerne maintenant la fausseté de la cause, il ne faut pas perdre de vue qu'il est dans la nature des titres à ordre d'entraîner l'inoposabilité au porteur, par le tiré, des exceptions opposables au créancier originaire. La fausseté de la cause est l'une de ces exceptions et l'on admet que le tiré ne saurait l'invoquer contre le porteur. Il n'y a pas lieu, suivant nous, de se départir de ces règles, quand l'acceptation est donnée en considéra-

(1) V. Marais, *du Gage Maritime*. Thèse Paris, 1895. p. 92 et 93.

tion de titres autres que la Lettre de Change elle-même.

Dans le cas de traite simple, l'acceptation est donnée dans la conviction que la Lettre de Change est régulière et sincère. Peu importe que, dans un effet documentaire, cette même acceptation soit donnée dans la croyance à la sincérité d'autres documents. Quelle que soit la cause fausse qui a déterminé le tiré, la théorie de l'inopposabilité des exceptions ne permet dans aucun cas qu'il soit restitué contre son accepfion.

Nous pensons donc que la traite documentaire ne constitue point une indivisibilité juridique dans laquelle la validité de l'engagement du tiré dépendrait de la sincérité des documents qui lui sont remis en échange ; la nature des titres à ordre s'y oppose.

La jurisprudence la plus récente est dans notre sens.

Voici comment la Cour d'Amiens, le 14 mars 1892 (1), avait exposé les raisons qui, suivant elle, militaient en faveur du tiré :

« Attendu qu'on est ici en présence d'une traite documentaire et qu'il y a présomption, que c'est par suite de la remise de titres qu'il croyait sincères, et qui lui garantissaient la propriété de marchandises d'une valeur équivalente, que le tiré s'est engagé à payer la traite.

« Attendu, qu'en cette matière, c'est à la marchandise représentée par les documents attachés à la traite que fait foi le tiré et non à la personne du tireur que le plus souvent il ne connait pas.

« Attendu que la réalité des documents a donc été la cause déterminante de l'acceptation ; qu'il suit de là que l'obligation des tirés, dont la cause est fausse, est frappée de nullité.... »

(1) Rapporté sous *Cass.*, 25 mai 1894, S. 94, 1. 453.

La Cour de Cassation a pensé, et nous partageons pleinement cette manière de voir, que l'arrêt précité se bornait à invoquer à l'appui de sa thèse des considérations pratiques, intéressantes sans doute, mais qui ne pouvaient avoir pour conséquence de modifier la théorie générale du titre à ordre (1).

Voici enfin les considérants d'un arrêt postérieur de la Cour d'Amiens, conforme à la doctrine de la Cour de Cassation et qui nous paraissent résumer la question de la manière la plus heureuse : (2)

« Considérant que l'accepteur ne peut rétracter l'obligation née de son acceptation sous prétexte qu'elle aurait « été déterminée par le dol du tireur et qu'elle n'aurait « qu'une cause fausse. — Considérant que ces principes « sont applicables aux traites documentaires comme aux « traites ordinaires. Que l'annexion de documents (connaissement, police d'assurance) ne modifie pas la nature du « contrat de change, ni la situation respective du tireur, « du porteur et du tiré ; qu'elle a simplement pour but et « pour résultat de faciliter la circulation des Lettres de « Change, en fournissant aux Banquiers qui les escomptent un gage dont ils ont généralement l'habitude de se « dessaisir au profit du tiré au moment de l'acceptation ; « que ni la loi ni les usages commerciaux n'imposent aux « banquiers de se livrer à des investigations ou à un contrôle pour s'assurer de la réalité de la provision, alors « surtout que les documents qui leur sont remis présentent « toutes les apparences de la sincérité. — Considérant que « c'est manifestement au tiré acheteur de la marchandise « qu'incombe le soin de procéder à ces investigations avant « de donner sa signature, s'il n'a pas confiance dans le « tireur.... »

(1) V. *Cass.*, précité.

(2) Amiens, 7 février 1895, S. 96, 2, 28. — Cf. Bédarride, Tome I. n° 379.

La difficulté que nous venons d'examiner se présente sous une autre forme. Certains auteurs admettent que le tiré qui a accepté et payé sur des titres falsifiés, peut répéter contre le porteur la somme ainsi payée (1).

Cette doctrine ne nous paraît pas fondée. Il serait contradictoire de décider que la fausseté de la cause est inopposable au porteur et d'admettre d'autre part que la répétition doit aboutir contre lui. Ce qui est impossible directement ne peut être fait indirectement ; la théorie du titre à ordre après avoir permis de rejeter la demande du tiré tendant à se faire restituer contre son acceptation, ne saurait conduire au résultat inverse, lorsque celui qui a payé réclamerait la restitution des sommes par lui versées. Si le titre à ordre est considéré comme un instrument de crédit par excellence, c'est qu'il assure le porteur contre tous les obstacles à ses droits qui pourraient avoir leur origine dans la personne de son cédant. C'est aller contre cette utilité, que d'admettre une atteinte détournée aux principes sur lesquels elle repose.

ARTICLE IV

Questions relatives au paiement

Ces explications sur l'acceptation des traites étant données, nous avons à examiner deux questions ayant trait au paiement de la Lettre de Change et qui ne rencontrent d'application courante, précisément qu'en matière d'effets documentaires : le paiement anticipé et le paiement partiel.

(1) V. Nouguier, n° 339.

§ 1er. — Du paiement anticipé

De la combinaison des dispositions du Code civil et de celles du Code de commerce sur la matière, il résulte qu'une Lettre de Change ne peut être payée avant son échéance. En effet, aux termes de l'art. 1.187, C. civ., « Le terme est toujours stipulé en faveur du débiteur, *à moins qu'il ne résulte de la stipulation ou des circonstances, qu'il a été aussi convenu en faveur du créancier* », ce qui revient à dire que le créancier peut être contraint de recevoir son paiement avant l'échéance, mais ne peut l'exiger avant cette époque. L'article 146 C. comm., contient une application de la dernière partie du texte de l'article 1.187, et dispose que « le porteur d'une Lettre de Change ne peut être contraint d'en recevoir le paiement avant l'échéance ». Dès lors, la présomption établie par l'art. 1.187, C. civ., première partie, se trouve renversée, et le terme est présumé en faveur de celui qui est créancier en vertu d'une Lettre de Change. Les conséquences sont les suivantes.

Le créancier ne peut agir avant l'échéance contre son débiteur, mais il ne peut—et c'est ici que la règle générale est modifiée —être contraint de recevoir son paiement par anticipation.

Cette disposition n'est cependant pas aussi absolue que les termes de l'art. 146, C. comm., pourraient le faire supposer.

Il existe tout d'abord deux exceptions qui sont spécialement inscrites dans le Code de commerce et que nous

nous bornons à signaler (1). Mais, en dehors des cas où la loi commerciale elle-même admet la présomption de l'art. 1.187, C. civ., deuxième partie, le débiteur de la traite peut-il contraindre le porteur à recevoir son paiement avant l'échéance ?

Toute la question consiste à rechercher si l'art. 146, C. comm., est un texte impératif ou simplement interprétatif. En règle générale, on paraît assez peu enclin, en matière commerciale, à décider qu'un texte est impératif. Dans le cas qui nous occupe, une interprétation assez large nous semble devoir être adoptée. Les termes mêmes de l'art 146, C. comm., (Cf. ceux de l'art. 149), indiquent, en effet, que le créancier a le droit de renoncer à la protection que la loi lui accorde, en acceptant d'être payé par anticipation, et l'art. 144, C. comm., suppose formellement qu'une Lettre de Change peut être payée avant son échéance.

Une convention spéciale, intervenue préalablement entre le tiré et le porteur, est donc susceptible d'accorder au tiré la faculté du paiement anticipé. Cette stipulation est d'un usage courant dans les Effets documentaires.

On conçoit, en effet, combien il importe au tiré en cette matière, de pouvoir prendre aussi rapidement que possible livraison des marchandises, pour opérer la vente à des cours qui peuvent considérablement varier d'un jour à l'autre. Mais ce n'est là, il faut le reconnaître, qu'une considération pratique, sans effet sur le fond même du droit. En l'absence d'une clause spéciale, autorisant le tiré à payer avant l'échéance, celui-ci ne saurait pré-

(1) V. les art. 120 et 111, C. comm. Dans ces deux cas, le paiement est fait avant l'échéance, mais par les endosseurs et sur le recours qui est exercé contre eux.

tendre à user d'une faculté qui, en thèse, lui est déniée par la loi (art. 146, C. comm.). Un usage constant du commerce, consistant en ce que tout tiré d'effets documentaires jouirait du droit de paiement anticipé, pourrait suppléer avec efficacité au défaut d'une convention expresse. Les mentions spéciales prévoyant le paiement avant échéance, qui se rencontrent d'une manière pour ainsi dire permanente dans les documents, semblent indiquer que cet usage n'est pas suffisamment établi. Il n'en serait donc pas ici comme de la constitution du gage au profit de l'endossataire d'une traite documentaire, constitution qui va de soi, en vertu d'une règle coutumière (1) et à laquelle le tiré ne peut échapper, s'il juge devoir le faire, que par une stipulation expresse.

En l'absence d'un usage analogue pour le paiement anticipé, une convention entre le tireur et le tiré déroge, valablement nous le répétons à l'art. 146 C. comm.

La clause habituelle dans les effets documentaires et autorisant le paiement avant échéance est inscrite soit sur la lettre de change elle-même, soit plus généralement dans le « Certificate of hypothecation ». Elle ne se borne pas à prévoir et à autoriser le paiement anticipé, elle en règle de plus les conditions.

Il est juste, en effet, d'accorder au tiré qui paie avant l'échéance, une bonification égale à l'intérêt que pourra produire la somme payée au porteur, pendant le temps qui s'écoulera entre le jour du paiement anticipé et l'époque de l'échéance. La bonification est calculée en France au taux de l'escompte de la Banque de France.

(1) V. Lepeltier, *op. citat.* p. 182.

Elle est fixée de différentes manières suivant les usages en vigueur dans divers pays; on adopte soit le taux moyen d'escompte des banques de la place, soit (en Angleterre) le 1/4 ou 1/2 0/0 au-dessus du taux d'intérêt fourni par les principales banques pour les dépôts à courte échéance, soit le taux d'escompte du papier à vue, etc, etc. Nous citons ici à titre d'exemple deux clauses ayant trait au paiement anticipé et aux conditions prévues pour l'escompte (1).

Les banquiers qui ont escompté un effet portant la faculté du paiement anticipé, se trouveraient en perte, s'ils devaient, ayant escompté à 2 1/2 °/₀ par exemple, payer au tiré sur une durée quelconque une bonification au taux de 3 °/₀. Cette élévation possible du taux de l'escompte est prévue et les banquiers se réservent parfois contre leurs cédants un recours, pour la perte qui en résulterait pour eux.

Il y a un autre moyen de parer à cet inconvénient; il consiste à stipuler que la bonification à faire au tiré, tout en étant basée sur l'un des taux signalés plus haut, ne devra en aucun cas être calculée à plus de 5 0/0 par exemple. Il suffit de choisir pour cette limite le taux auquel le banquier a escompté l'effet, pour que ce dernier soit toujours assuré, sinon de faire un bénéfice (au cas

(1) A. — En note sur la traite.

Documents to be surrendered only upon payment of draft which may be retired before maturity under rebate at Bank rate.

B. — Mention sur le « Certificate of Hypothecation ».

If the documents hereby hypothecated are surrendered against payment of this Bill before maturity, the allowance of discount to the acceptor is to be at the rate of 1/2 per cent per annum above the then advertised rate for short deposits of the leading Joint Stock Banks in London.

Cf. en outre *suprà*, p. 28.

d'abaissement du cours), au moins de ne subir aucune perte lors de la bonification au tiré. C'est ce que stipule un passage de l'important document que nous avons transcrit précédemment. (1)

En principe, le tiré d'une lettre de change qui paie à l'échéance, est présumé valablement libéré (art. 145, C. comm.), pour des raisons qui dérivent de la nature des titres à ordre et sur lesquelles nous n'avons pas à insister ici. Lorsque le paiement est fait avant l'échéance, la loi présume que le tiré a commis une faute, si en fait la libération a eu lieu en mauvaises mains, et elle le rend responsable dans les termes des art. 1.239 et 1.241, C. civ. Cela revient à dire que le tiré sera forcé de payer une seconde fois, à qui justifiera à son égard de la véritable qualité d'ayant droit. Cette conséquence est d'autant plus rigoureuse, qu'aux termes de l'art. 1.186, C. civ., la répétition contre celui auquel a été fait le premier paiement lui est interdite. En effet, les conditions exigées par l'art. 1.377, C. civ. pour l'exercice de la *condictio indebiti*, c'est-à-dire un paiement non seulement fait par erreur, mais *indû*, ne se trouvent point réunies.

Ces principes sont-ils applicables au paiement anticipé, opéré, par le tiré d'un effet documentaire, dans les conditions que nous avons exposées? Tel n'est pas notre sentiment. Nous ne nous trouvons pas ici dans les circonstances où la loi rend le tiré responsable d'un paiement irrégulier. L'art. 144, C. comm., statue dans l'hypothèse où le tiré a payé avant l'échéance, du consentement du porteur, mais en vertu même de ce consentement et sans avoir pour ce faire un droit acquis. La

(1) V. *suprà*, p. 32.

situation ici est tout autre. Le débiteur a *le droit* qui dérive pour lui d'une convention antérieure d'effectuer un paiement anticipé. La présomption du terme stipulé au profit du créancier est dès lors déplacée et le tiré se trouve dans la même situation, que s'il payait une Lettre de Change ayant pour échéance fixe la date anticipée à laquelle il s'est libéré. On ne saurait donc ici lui appliquer le raisonnement suivant lequel sa responsabilité, dans les termes du droit commun, dérive du fait qu'ayant un nombre de jours déterminé pour vérifier les droits du porteur, il doit subir les conséquences d'un examen insuffisant, effectué dans un délai réduit par lui de sa propre initiative.

Le tiré d'un effet documentaire qui a payé par anticipation, en vertu d'un droit qui lui appartient, n'encourt donc pas les responsabilités qui lui incomberaient aux termes de l'art. 144, C. comm.; le paiement anticipé au porteur le libérera définitivement.

§ 2. — Du paiement partiel.

On a soutenu (1) que le Code de commerce repoussait absolument la faculté du paiement partiel par le tiré, sans le consentement du porteur. Mais l'opinion contraire est défendue par des auteurs éminents. (2)

Cette opinion s'appuie sur les art. 156 et 124 du Code de commerce, lesquels, s'ils ne reconnaissent pas expressément au tiré le droit de contraindre le porteur à recevoir un paiement partiel, n'y font néanmoins aucun obstacle par la généralité de leurs termes.

(1) V. Alauzet, T. IV, n° 1.431. — Nouguier, T. I, n° 612.

(2) V. Lyon-Caen et Renault, *Traité*, T. IV, n° 305, p. 216. — Thaller, *op. cit.*, n° 1.278, p. 717.

Cependant, une disposition spéciale pourrait paraître nécessaire pour enlever au porteur le droit qui lui est reconnu par les art. 1.220 et 1.244 C. civ. Ce dernier texte, qui permet au juge d'accorder le fractionnement du paiement, fournit d'ailleurs un argument *a contrario* dans le même sens.

La question est donc à notre avis douteuse. On peut invoquer surtout dans le sens de la division de la dette des considérations pratiques, savoir : qu'il est de l'intérêt du porteur de recevoir un paiement partiel, plutôt que de ne recevoir aucun paiement ; et qu'il est également de l'intérêt des endosseurs antérieurs et du porteur, de voir restreindre le recours que le porteur exercera contre eux, si la dette n'est pas entièrement acquittée.

Ces considérations ont une valeur d'autant plus grande, lorsqu'il s'agit d'Effets documentaires. Là, en effet, le tiré acheteur peut avoir un intérêt considérable à prendre dans la mesure de ses disponibilités, livraison d'une partie proportionnelle des marchandises, surtout lorsque celles-ci sont sujettes à des cours variables.

La pratique admet cette façon de procéder *avec le consentement du porteur*.

Ce consentement est nécessaire, car en vertu de l'indivisibilité du gage, le débiteur ne peut forcer le créancier gagiste à lui délivrer, moyennant un paiement partiel, une partie proportionnelle des marchandises données en nantissement. Le créancier a le droit de se refuser à se dessaisir, tant que l'intégralité de la dette garantie ne lui a pas été remboursée.

Il y a donc toujours, lorsque des livraisons partielles contre paiements corrélatifs sont pratiquées, une convention *ad hoc* entre le créancier et le débiteur. La concession bénévole faite au tiré est d'ailleurs dans l'intérêt du créancier ; la demande même qui lui est faite indique assez que, si elle n'était pas accueillie, l'opération entière pourrait se trouver compromise.

Voici comment il est procédé, en pratique, aux livraisons partielles, spécialement pour les cafés.

Un négociant de Bahia, par exemple, est en relations avec un consignataire (1) sur l'une des places qui sont e marché de cette denrée, le Havre, Hambourg, Anvers ou Marseille. Il tire à la suite de la vente qu'il a conclue avec ce consignataire une traite sur lui. Le banquier qui a escompté cette traite, la présente au tiré et obtient son acceptation. Il conserve le connaissement en garantie (1).

Le négociant à la disposition duquel les marchandises sont tenues contre paiement, cherche alors des acheteurs qui, par le prix versé entre ses mains, lui permettront de se libérer vis-à-vis de son créancier. Dès qu'il a trouvé preneur à des conditions favorables, le tiré fait connaître au banquier la quantité de marchandises dont il a besoin en disponible, contre paiement par lui d'une somme proportionnelle à la valeur des marchandises dont il a demandé livraison. Le banquier fait parvenir à la Compagnie transporteur le connaissement au dos duquel il a inscrit la mention : « Bon à livrer pour... sacs », quantité conforme aux indications qui lui ont été fournies par son débiteur. La Compagnie transporteur, au reçu du connaissement, ainsi limité dans ses effets, délivre au consignataire un « Bon à enlever » ou s'il y a lieu un « Bon de sortie » pour l'Entrepôt des Douanes si la cargaison a été constituée en entrepôt. Le

(1) Cette expression est employée par le commerce dans le sens le plus large.

tiré prend livraison de la quantité de marchandises qu'il a pu dégager par son paiement et recherche d'autres acheteurs pour le surplus de la cargaison. Dès qu'il les a trouvés, il s'adresse au banquier et le même processus se reproduit jusqu'à la liquidation définitive de l'opération, le banquier inscrivant chaque fois à la suite de la mention de livraison, pour bon ordre, « Le solde à notre compte livraisons ».

Le genre d'affaires dont nous venons de parler permet évidemment à un commerçant honorable, mais n'ayant pas disponibles des sommes suffisantes, de faire des opérations très importantes et fructueuses ; et en ce sens, c'est là une très ingénieuse combinaison pratique. Au point de vue du banquier, la situation est certainement moins favorable et elle est même dangereuse. Le porteur en semblables circonstances est en effet obligé d'apporter ses soins à la tenue d'une comptabilité spéciale et doit veiller strictement à ce que la Compagnie de transports ne délivre pas au tiré soit des marchandises en quantité supérieure à celle indiquée, soit même la cargaison entière (1). L'existence de ces complications et de ces délais pour obtenir le paiement dans une seule affaire, les responsabilités qui en découlent, font reculer certains banquiers, qui refusent de se charger comme mandataires de semblables missions.

(1) V. Sur les responsabilités des banquiers mandataires en cas de livraison partielle. Lepeltier, *op, citat*, p. 115, *in fine* où la question est exposée dans les meilleurs termes.

SECTION II

DU CHÈQUE DOCUMENTAIRE.

Il arrive, qu'au lieu d'endosser à l'escompteur une traite documentaire, le tireur émette un chèque sur son acheteur ou sur un banquier, son correspondant à lui tireur, en priant le tiré, dans ce dernier cas, de faire provision chez ce tiers. Le tireur du chèque présente celui-ci à l'escompte, accompagné des mêmes documents que s'il s'agissait d'une traite documentaire ; la seule différence à relever entre ces deux modes d'opérer, consiste uniquement dans ce fait, que le mandat de paiement revêt dans un cas la forme d'une Lettre de Change et dans l'autre celle du chèque.

La pratique emploie presque universellement la lettre de change. Le chèque documentaire se rencontre néanmoins. Pour déroger à l'usage constant, il faut que le tireur y trouve sinon une sûreté, au moins un avantage. Cet avantage consiste en ce que l'émission d'un chèque permet d'éviter le droit élevé de 0,50 pour 1.000 francs dont la loi frappe la Lettre de Change (1).

Le chèque, quelqu'en soit le montant, ne paie en effet qu'un droit fixe de 0,10, porté à 0,20 centimes s'il est émis sur une place autre que celle où il doit être payé.

Le chèque documentaire est-il valable ?

On a soutenu sa nullité.

(1) Il y a des traites documentaires d'un montant excessivement élevé (200.000 ou 300.000 francs). En cas de chèque, on fait un bénéfice de 100 ou 150 francs, ce qui est appréciable en matière de banque.

« Peut-on légalement considérer comme un chèque un « effet qui remplirait d'ailleurs pour cela toutes les conditions requises, mais qui serait accompagné de documents? « Nous n'hésitons pas à répondre non. On ne peut créer « un chèque qu'autant qu'il y a provision préalable disponible « chez le tiré et cette condition n'est pas remplie dans un « effet documentaire, puisque les documents viennent précisément constituer la provision. » (1)

Deux arrêts successifs dans la même affaire, de la Cour de Caen et de la Cour de Cassation (2), les seuls qui aient eu, à notre connaiseance, à s'occuper du chèque documentaire, pourraient paraître confirmer ces idées. Nous ne pensons pas qu'il en soit ainsi.

Les faits sur lesquels ont eu à statuer les arrêts précités, étaient les suivants : Le tireur, nommé Malvault, avait vendu pour 70.000 francs de grains à Brochner et Cie, commissionnaires à Hull, en les priant de faire provision chez Glyn et Co, ses banquiers à Londres, aux chèques qu'il allait émettre en règlement de sa vente.

Le tireur Malvault avait ensuite obtenu l'escompte de ses chèques documentaires : 1° par la Société générale; 2° par Bossière et Co et encaissé ainsi par escroquerie deux fois la valeur de la cargaison.

Glyn et Co avaient à présentation payé la Société Générale et refusé à Bossière un second paiement. D'où réclamation desdits Bossière et Cie, alléguant entre autres prétentions un privilège sur les marchandises, comme ayant été nantis des documents avant la Société Générale. Nous aurons à revenir sur ce point. (3)

(1) Lepeltier. *Le Portefeuille*, p. 209, *in fine*.
(2) Caen, 6 juin 1882, S. 81, 2, 138. — *Cass.*, 12 mai 1885, S. 86, 1, 473.
(3) V. *infrà*, ch. IV. Sect. III.

C'est dans ces circonstances que la Société Générale argua contre Bossière et Cie de la nullité des chèques. Cette prétention fut admise par la Cour de Caen et la Cour de Cassation.

La Cour de Caen s'exprime ainsi :

« Attendu que le 17 février, date de l'émission des « chèques, il n'y avait aux mains de Glyn et Cie aucune « provision, d'où il résulte que les chèques sont nuls aux « termes des art. 1 et 2 de la loi du 4 juin 1865 ».

Et la Cour de Cassation déclare :

« .....Que ceux-ci étaient frappés d'une nullité radicale « dès qu'ils n'avaient pas été précédés d'une provision dis- « ponible ».

La jurisprudence s'attache donc strictement aux termes de la loi sur les chèques qui exige une « provision préalable ». (Art. 2 de la loi du 14 juin 1865.)

Remarquons que ces arrêts ne statuent que sur un cas particulier, dans lequel il a pu arriver en effet que les prescriptions de la loi ne fussent pas remplies ; mais ces arrêts ne posent pas en thèse la nullité du chèque documentaire.

Il est incontestable qu'à la différence de ce qui existe pour la Lettre de Change, la loi a exigé ici non pas seulement une provision lors de l'échéance, mais une provision lors de l'émission. Nous verrons ultérieurement pourquoi.

Néanmoins, nous avons les doutes les plus sérieux sur l'exactitude du raisonnement qui consiste à déclarer que la nécessité d'une provision préalable entraîne la nullité du chèque documentaire, parce qu'il y aurait en ce cas impossibilité de satisfaire à l'exigence de la loi.

Tout d'abord, il est inexact de dire que les documents constituent la provision. Les marchandises elles-mêmes ne la constituent pas davantage. Nous avons insisté précédemment sur ce point. (V. *suprà*, Chap. III, 1re Partie, Section I). La provision est constituée par la somme dont le tiré est redevable au tireur. Toute la question est donc de savoir si, en matière de chèque documentaire, il peut arriver qu'une somme préalable et disponible existe lors de l'émission du chèque.

Si l'acheteur a *déjà* des espèces dans une banque avec convention de disponibilité, le vendeur pourra, avec l'assentiment du tiré et après avis de ce dernier à son banquier, tirer un chèque, à l'ordre lui-même sur ce banquier, et les conditions d'existence, lors de l'émission dudit chèque, d'une provision disponible et préalable, se trouveront régulièrement et valablement réalisées.

Passons maintenant au cas où le tiré ne possède pas, antérieurement à l'émission du chèque, de sommes disponibles chez lui ou chez un tiers.

C'est alors que se présentent avec le plus de force les objections signalées plus haut et basées sur les art. 1 et 2 de la loi du 14 juin 1865.

La loi exige une provision préalable et disponible. Ces prescriptions sont formelles. Elles sont la conséquence de ce que le chèque étant un moyen de paiement et devant être pour les tiers l'équivalent d'un capital existant (1), il est nécessaire qu'au jour du paiement, c'est-à-dire de l'émission, une somme existe *ex quâ solutio fieri possit* (2).

Mais la difficulté consiste, non en ce que la provision ne peut exister avant l'émission sous le prétexte qu'elle consiste dans les marchandises ou les documents, ce qui est une confusion, mais en ce que cette provision doit, puisqu'il s'agit d'un chèque, être disponible avant l'émission de l'effet.

Pour que cette provision soit régulière, il faudra que le tireur ait prévenu le tiré de son intention d'émettre un chèque et soit d'accord avec lui sur la date de la création dudit chèque.

Les lenteurs provenant de la correspondance nécessitée par l'envoi d'un avis d'émission d'un chèque, le délai à accorder à l'acheteur pour faire provision, surtout si le chèque est tiré sur un banquier, sans qu'il ait déjà les fonds disponibles chez ce dernier, la nécessité d'avoir reçu une réponse satisfaisante du tiré, sont autant de complications dont le commerce s'accomoderait difficilement.

(1) Sur cette caractéristique du chèque, V. Sirey, *Lois annotées*, 1865. *Exposé des Motifs de la loi du 14 juin 1865*, p. 46, n° 6, et *Rapport au Corps législatif*, p. 47, n° 18.

(2) Remarquons, qu'en droit anglais, la provision préalable n'es pas requise pour la validité du chèque. Cette facilité accordée au commerce, n'est pas aussi logique que l'exigence des lois française (loi 14 juin 1865, art. 2), belge (loi 20 juin 1873, art. 1), et italienne (art. 339, C. comm.) qui sont à notre avis plus conformes à la nature du chèque, telle qu'elle est indiquée au texte. Mais un chèque émis sans provision préalable en Angleterre ne pourrait être considéré comme valable en France. L'art. 9 de la loi du 19 février 1874 a en effet décidé dans un but fiscal et en faisant brèche d'une manière regrettable au principe *Locus regit actum*, que toutes les dispositions législatives relatives aux chèques tirés hors de France sont applicables aux chèques tirés hors de France et payables en France.

Ces difficultés nous paraîtraient cependant pouvoir être à peu près supprimées, par des conventions conclues entre les parties au moment de la vente, ou par des instructions générales adoptées par le vendeur et l'acheteur, lorsqu'ils sont en relations d'affaires constantes. Il serait possible de stipuler ceci par exemple : « Il est convenu entre les parties, que M. N... vendeur se couvrira à chaque opération (*ou* pour la vente déterminée si les contractants ne sont pas en rapports habituels d'affaires), par un chèque sur M. S... (l'acheteur) *ou* sur N. et C°, banquiers, à....., *x* jours après la vente conclue *ou* *x* jours après l'expédition des marchandises dont l'acheteur sera avisé par câble. » Avec ce mode de procéder, la régularité du chèque ne serait plus subordonnée qu'à la ponctualité de l'acheteur à faire provision en temps opportun.

En ce qui touche la manière de constituer la provision, si le chèque est tiré sur l'acheteur, aucune difficulté; il avisera simplement ce dernier qu'il est prêt à faire honneur à son tirage (1). Si le chèque est émis sur un banquier, tiré pour compte, il n'est pas indispensable que l'acheteur ait fait parvenir à ce dernier des sommes d'argent. Il suffit qu'avant la date d'émission du chèque, le banquier ait reçu la demande de faire bon accueil à cet effet et ait répondu favorablement (2).

(1) V. Thaller, *op. citat.*, n° 1.357, p. 761.

(2) Nous ne pouvons entrer dans l'examen de la théorie du contrat par correspondance qui trouve ici une application. Il serait très important en cas de litige de déterminer à quel moment il y a eu provision (acceptation du Banquier, expédition de la lettre de réponse, réception de la réponse). On sait que toutes ces solutions ont des partisans.

Il a été jugé cependant qu'on ne peut constituer une provision *hoc sensu*, par la remise d'effets de commerce non encore échus, portant la mention « sauf encaissement » :

« En ce cas, dit la Cour de Cassation, le résultat du « compte courant et la qualité de débiteur pour le tiré ne « pouvant être connus que lors de la clôture du compte, « après l'encaissement des valeurs, le paiement du chèque « est subordonné à la balance de ce compte au profit du « tireur ». (1)

Cette solution ne peut qu'être approuvée dans le cas où la remise d'effets constitue le seul crédit, aléatoire en effet, du compte courant.

On a paru douter, d'autre part, qu'il y eut provision valable dans le cas où un tiers aurait donné garantie au banquier tiré pour compte, à raison des paiements faits par celui-ci au nom du tiré. Il y a là une confusion. La provision ne consiste pas dans la garantie, mais dans le crédit fait grâce à celle-ci par le banquier. Dès que ce dernier accepte de payer, il y a convention de disponibilité entre le garant représentant l'émetteur du chèque et lui, donc provision. (2)

Remarquons que dans le cas le plus ordinaire de souscription d'un chèque : 1° Le tireur est un débiteur qui se libère ; 2° Le chèque est à l'ordre de son créancier.

(1) *Cass.*, 24 mars 1890, S. 90, 1, 248.

(2) V. *Dijon*, 19 avril 1875. S. 78, 1, 361, — Cf. Sirey. *Lois annotées* 1865, p. 51, Col. 2. *Discussion de la loi du 14 juin 1865 au Corps Législatif.* Paroles du Rapporteur, M. Darimon : « Il n'y a « chèque que quand les fonds sont disponibles. Quand est-ce que les « fonds sont disponibles ? Quand j'ai été avisé que les fonds sont à « ma disposition. Qu'est-ce que c'est que cet avis ? C'est évidemment « une convention entre le tiré et le tireur. »

Dans le chèque documentaire, la situation n'est pas la même. 1° Le tireur est un créancier ; 2° Le chèque est à son ordre.

Le tireur est donc ici à la fois créancier et bénéficiaire C'est la situation de l'émetteur d'une Lettre de Change La différence avec cette dernière provient, principalement, de ce qu'il est nécessaire ici que des fonds disponibles se trouvent chez le tiré avant la souscription du chèque.

Au point de vue pratique, le chèque documentaire, ayant pour but de récupérer le prix de ventes qui chaque fois peuvent être faites à des acheteurs différents, il sera nécessaire, lorsque l'acheteur ne sera pas en relations constantes avec le vendeur, de faire comme nous l'indiquions plus haut, une convention spéciale pour assurer la validité du tirage du chèque quant à la provision.

Mais il arrivera fréquemment, même au cas de conventions générales antérieures entre les intéressés, que le chèque documentaire sera nul, comme le serait un chèque quelconque pour défaut de provision en temps utile.

Examinons les effets de cette nullité.

Le porteur d'un chèque nul, pour la cause qui nous occupe, peut se voir opposer cette nullité, soit par le tiré pour compte indiqué au chèque qui, s'il payait, n'aurait aucun recours contre celui pour lequel il aurait payé, soit par l'acheteur lui-même ou un tiré pour compte, auquel une opposition pratiquée par un autre porteur aurait été signifiée.

Pas de difficultés dans le premier cas. Dans le second, si la contestation naît avant tout paiement reçu, le porteur détenant le chèque endossé le premier devra être préféré. S'il y a eu paiement au titulaire du chèque endossé le premier, la réclamation du second porteur sera sans effet. Si le paiement a été fait au titulaire du chèque endossé le second, le premier devra fournir la preuve d'un endossement antérieur à son profit et cette preuve administrée, la somme perçue à tort par le possesseur du chèque négocié postérieurement, devra lui être restituée. Ce second porteur, s'il a fourni la valeur, recourra contre le tireur, plus ordinairement contre la faillite de celui-ci.

Le porteur d'un chèque nul pour défaut de provision en temps utile, et auquel on oppose cette nullité, peut alléguer, que la provision ayant été faite postérieurement (nous le supposons) et avant l'expiration des délais de présentation, son titre doit être assimilé à une Lettre de Change pour laquelle l'existence d'une provision à l'échéance suffit. Cette prétention est admissible sous certaines réserves. Un chèque, nul comme chèque, peut être en effet valable comme Lettre de Change, mais à la condition de renfermer toutes les mentions requises dans une Lettre de Change véritable. (1) Le chèque devant toujours être à vue (Loi du 14 juin 1885, article 1, et Loi du 19 février 1874, article 5.) un chèque nul pour défaut de provision en temps utile pourra donc être assimilé à une Lettre de Change à vue.

Nous remarquons cependant que très fréquemment les formules de chèque ne portent pas la mention : « *A vue, veuillez payer*... » mais simplement : « *Veuillez payer*..... ou *Payez*..... »

(1) V. Bédarride. *Commentaire de la loi sur les chèques*, n° 143.

Or, la loi exigeant dans la Lettre de Change, art. 110, la mention de l'époque du paiement, lorsque la formule du chèque sera celle que nous venons d'indiquer, le titre ne pourra être assimilé à une Lettre de Change. Il est donc toujours plus prudent, lorsqu'on tirera un chèque, d'insérer la mention *A vue*... et c'est à tort que certains banquiers — et non des moindres — considèrent ces mots comme une superfétation. L'intérêt de leur clientèle conseillerait de les rétablir.

Les Tribunaux ne paraissent pas disposés à adopter une large tolérance dans l'assimilation d'un chèque, nul pour certaines causes, à une Lettre de Change, et nous sommes partisans de cette manière de voir.

Voici comment s'exprime l'arrêt de la Cour d'appel de Caen dans l'affaire Bossière Brochner citée précédemment :

« Attendu que Bossière soutient que les deux titres à lui « remis, s'ils sont nuls comme chèques, réunissent toutes « les conditions exigées par l'art. 110 C. comm., sont dès lors « valables comme Lettres de Change et l'ont par suite approprié de la provision qui a été faite après l'émission ; — « Attendu qu'il a été dans la commune intention des parties « de faire des chèques et non des Lettres de Change ; qu'une « des conditions exigées par la loi pour la validité d'une « lettre de change, est l'énonciation de l'époque à laquelle « le paiement doit avoir lieu ; que cette condition manque « absolument ; que Boissière prétend qu'une indication formelle peut être remplacée par des termes équipollents et « que ces mots « contre le présent chèque » signifiaient « « payable à vue » ; que ces expressions n'ont pas la signification qu'il leur prête ; que le titre invoqué est nul « comme chèque ; que d'ailleurs le tiré doit connaître la « date de l'échéance par des termes clairs et précis et non « au moyen d'interprétations et de raisonnements ; ... —

« Attendu qu'il résulte de ce qui précède que les titres « nuls comme chèques ne valent que comme simples man- « dats.... ».

L'article 110 du Code de Commerce exige également pour la validité de la Lettre de Change la mention de la valeur fournie. Dans un chèque ordinaire, la plupart du temps la valeur fournie n'est mentionnée que dans les endossements. (1)

Dans le cas où elle n'aurait pas été indiquée, le chèque, malgré la mention à vue, serait donc nul, comme Lettre de Change, pour une autre raison.

Le porteur d'un chèque documentaire nul pour défaut de provision, peut donc souvent, au cas où celle-ci a été faite postérieurement, espérer toucher le montant de l'effet comme Lettre de Change, si d'ailleurs les mentions énumérées dans l'art. 110 se trouvent réunies.

Supposons maintenant le chèque nul comme chèque et comme Lettre de Change. Le porteur serait alors définitivement déchu de tout droit.

Peut-il recourir à un dernier argument et alléguer que si son chèque nul comme tel ne vaut pas davantage comme Lettre de Change, au moins remplit-il le rôle d'un mandat donné par le tireur au tiré (2) ?

Au premier abord, un tel mandat paraît être dans l'intérêt du mandataire seul, ce qui, on le sait, est considéré comme n'équivalant qu'à un simple conseil. Il faut reconnaître toutefois qu'il y a là un mandat dans l'intérêt du mandant et du mandataire, valable par conséquent,

(1) Lepeltier. *Le Portefeuille*, p. 57, *in fine*.
(2) *Sic. Cour d'appel de Caen*, 6 juin 1882, S. 484, 2, 138. — Bédarride, *op. et loc. citat.* — Boistel, n° 368.

puisque le mandant, ici le tireur, a intérêt à ce que le tiré paie le porteur pour éviter de subir les recours du bénéficiaire impayé.

Cela est exact au point de vue des principes généraux. Mais cette solution peut-elle être adoptée en face de la législation du chèque ?

Le législateur de 1865 et après lui celui de 1874, ont entendu faire œuvre utile et établir les règles d'un effet de commerce ayant ses caractéristiques spéciales. Aussi est-il assez délicat d'admettre que, lorsque les parties ont eu l'évidente intention de tirer un chèque qui se trouve nul, par leur faute presque toujours, on accorde qu'il y ait là, si certaines conditions se trouvent réunies, une Lettre de Change valable.

Mais il paraît beaucoup plus difficile encore de décider que le chèque, nul comme chèque, nul comme Lettre de Change, vaut comme simple mandat.

En effet, la loi sur les chèques, qui est dans toutes ses dispositions infiniment stricte et précise, établit une pénalité pécuniaire contre tout individu ayant émis un chèque sans provision préalable, sans préjudice même de poursuites correctionnelles, s'il y a lieu (art. 6 de la loi du 14 juin 1865 ; art. 6, de la loi du 19 février 1874).

On comprendrait mal qu'une loi déclarant nul un chèque et frappant son émetteur d'une pénalité, admît au moins implicitement, la validité d'un tel acte et lui permît de produire un effet qu'elle même vient de lui dénier formellement.

Néanmoins, cette solution aurait peut-être l'inconvénient d'être trop sévère. Aussi les auteurs et la jurisprudence paraissent-ils incliner à admettre qu'un chèque nul représente cependant un mandat dans les rapports du tireur et du tiré, et un titre de créance aux mains du porteur (1).

Cette doctrine nous paraît devoir être adoptée, parce qu'aucun texte ne s'y oppose et qu'elle est favorable aux transactions. Mais nous pensons qu'un banquier acceptera difficilement le mandat résultant d'un chèque nul pour défaut de provision, même au cas où des sommes lui seraient parvenues ultérieurement dans le but d'assurer le paiement. En pareil cas, une correspondance s'engagera entre les intéressés ; un nouveau chèque sera émis s'il y a lieu, ou le tireur désintéressera le tiré de toute autre manière. De telle sorte, que par suite des nécessités pratiques qui exigent la plus grande prudence de la part du banquier auquel on présente un chèque nul, le résultat est à peu de choses près le même que si l'on déclarait le titre en question dénué absolument de tout effet.

Comme conclusion générale sur le chèque documentaire, nous ne croyons pas qu'il soit de nature à entrer dans la pratique des affaires. Il oblige le tiré à faire provision à une époque très éloignée de l'arrivée des marchandises, à posséder par conséquent dès cette date des capitaux qui peuvent être considérables. Il suffit, dans les circonstances ordinaires, que le tiré posséde à l'arrivée des marchandises, les sommes nécessaires pour acquitter la traite. L'émission d'un chèque, l'obligeant à se procurer ces mêmes sommes un mois à l'avance par exemple, rendrait l'opération impossible pour lui.

(1) Cf. Lyon-Caen et Renault, T. IV, n° 596. — V. *Dijon*, 3 décembre 1891, D. 95, 1, 237.

Cette difficulté n'existerait pas, dans l'hypothèse d'un chèque émis d'après la législation du Royaume-Uni, ou toute autre analogue et dans laquelle la provision n'est pas nécessaire lors de l'émission, si l'art. 9 de la loi du 19 février 1874 n'imposait aux chèques émis à l'étranger les règles de fond applicables aux chèques émis en France. En face de ce texte l'inconvénient est sans remède.

SECTION III

DU BILLET A ORDRE.

Nous avons indiqué antérieurement que l'effet négociable, dans certains effets documentaires, était représenté par un billet à ordre. Il ne nous paraît pas nécessaire d'insister sur ce point et nous renvoyons aux indications que nous avons déjà données à cet égard (1).

(1) V. *Suprà*, Ch. I, Section II, p. 18 et s.

CHAPITRE III

DEUXIÈME PARTIE

Documents annexés à l'Effet négociable.

SECTION I

DU CONNAISSEMENT (1)

ARTICLE I

Observations générales.

Le connaissement joue dans la Traite documentaire un rôle important. Il sert à procurer au créancier gagiste la possession de son gage et lui confère le droit d'agir en délivrance des marchandises, le cas échéant.

C'est à l'étude du premier de ces deux effets que nous nous bornerons dans cette section (2).

Le connaissement est un récépissé de chargement

(1) L'expression anglaise *Bill of Lading* fait mieux ressortir que notre mot connaissement, l'idée de « Lettre de Chargement » et permet de saisir l'analogie qui existe entre ce titre et la « Lettre de Change» *Bill of Exchange* tous deux mandats sur un tiers et conférant au porteur le droit d'exiger la délivrance soit d'une somme d'argent, soit de marchandises.

(2) V. sur le second point *infrà. Des Droits et des Devoirs du Porteur,* ch. V, sect. III, art. 2.

gement, de même que la lettre de voiture. Comme cette dernière, il possède des avantages nombreux sur le récépissé simple, dont, suivant certains auteurs, l'endossement n'est pas possible.

Le connaissement se rapproche de la lettre de voiture par la nature des opérations qu'il constate. Il se rapproche d'autre part de la Lettre de Change par l'insertion de la clause à ordre.

Mais les différences entre le connaissement et la Lettre de Change sont nombreuses.

Ainsi, la Lettre de Change ne peut être qu'à ordre; le connaissement peut être à ordre, à personne dénommée ou au porteur (art. 281 C. comm.) Le protêt qui est réglementé en matière de Lettre de Change, n'existe pas pour le connaissement. Enfin, l'acceptation n'existe point en ce qui touche ce dernier titre.

Le Code de commerce exige la rédaction du connaissement en quatre originaux au moins (art. 282 C. comm.) En fait, il arrive fréquemment que ce nombre est considérablement dépassé, par suite d'exigences diverses, soit de la part des transporteurs, soit de la part de l'escompteur. Ainsi, deux exemplaires sont parfois remis à ce dernier; le chargeur en adresse un de son côté à son agent au port d'arrivée; les chemins de fer en exigent également un, lorsqu'il y a transbordement par voie ferrée, etc. Bref, le nombre des titres en circulation est certainement exagéré et nous aurons par la suite à en signaler les inconvénients.

Ce qui précède n'a trait qu'aux originaux des connaissements. En outre, les duplicatas sont envoyés aux intéressés, soit en même temps par des lignes de navigation différentes, soit par un courrier suivant de la même ligne. Il y a là quelque chose d'analogue à l'expédition des deuxième et troisième de change.

ARTICLE II

Formes du Connaissement.

Le connaissement peut être à personne dénommée, au porteur ou à ordre (art. 281 C. comm.).

Il est parfois difficile de déterminer si un connaissement doit être considéré comme rentrant dans l'une ou l'autre de ces catégories.

La question suivante s'est plusieurs fois présentée devant les tribunaux français. Un connaissement en langue anglaise renferme à la suite du nom du destinataire non pas la clause *or order* mais les mots *or to his or their assigns*. Est-ce là un connaissement à ordre ?

La jurisprudence française est divisée et les arrêts considèrent un tel connaissement, tantôt comme un titre à ordre, tantôt comme un titre à personne dénommée.

Toute la question se réduit à interpréter le mot *assigns*.

Ce mot a, dans la législation anglaise, un sens précis, celui de cessionnaire, le mot *assignment* signifiant cession. Cela résulte notamment de l'art. 53 de l'Act du 18 août 1882 sur les Lettres de Change. Cette interprétation est confirmée par les auteurs, notamment dans l'ouvrage classique de Daniel (1). On traduit donc exac-

(1) Daniel. *On negotiable instruments*, t. I, p. 92. En ce sens également T.-G. Carver, *Rev. Intern. du Droit maritime*, t. XII, p. 101, note 1.

tement *assignment* par « cession civile » et *assign* par « cessionnaire ».

Tel est bien le sens de ces expressions, lorsqu'on oppose la cession civile à l'ordre; elles sont cependant en pratique entendues dans un sens beaucoup plus large et l'on arrive à donner au mot *assigns* le sens générique d'ayants-droit ou substitués. Cela ne serait pas suffisant toutefois pour rendre un connaissement négociable par endossement. Il en résulterait seulement que le connaissement (qui indique le nom du destinataire) étant à personne dénommée, la délivrance est susceptible d'être faite à ses agents ou préposés.

Mais l'art. 8, § 4 de l'Act anglais du 18 août 1882 est ainsi conçu : « Est *payable à ordre*, la lettre dont le « libellé indique ce mode de paiement ou le paiement à « personne déterminée, sans qu'aucune mention ne « prohibe le transfert ou indique l'intention de rendre « l'effet non transmissible. »

Cette règle s'appliquant au connaissement, il devient dès lors certain qu'un connaissement renfermant la clause « deliverable to N or to his assigns » est susceptible d'endossement.

Les décisions qui ont adopté cette solution en ont conclu parfois que, l'endossement étant régulier, le connaissement avait été régulièrement donné en nantissement (1).

Nous savons que c'est là une erreur, le connaissement ne servant qu'à mettre en possession le créancier

(1) V. notamment *Marseille*, 6 décembre 1887. *Rec. Mars.*, 88, 1, 173.

gagiste. Mais la conséquence n'en est pas moins exacte en ce qui concerne la mise en possession (1).

Nous avons jusqu'ici parlé en général des connaissements en langue anglaise; il y a lieu de terminer par une remarque importante.

En Angleterre, une Lettre de Change ou un connaissement sont négociables lorsqu'ils ne portent aucune mention en prohibant la négociabilité, tels que les mots « Pay to A *only* ». Aux États-Unis, au contraire, les mots « order » ou autres équivalents (parmi lesquels ceux de « or to his assigns »), sont nécessaires pour donner à un titre le caractère d'effet négociable (2).

Nous venons de voir que la législation et la doctrine anglaises admettaient que les mots « or order » n'étaient pas sacramentels dans un titre à ordre. Il en est de même en France. On considère, par exemple, que les mots « à qui pour lui » sont l'équivalent de la clause à ordre proprement dite (3).

Quid maintenant d'un connaissement renfermant la clause à ordre, mais non précédée d'une désignation de personne, n'indiquant ni le nom ni l'adresse du destinataire et contenant seulement l'invitation de délivrer « à ordre ou ayants-droit ». La jurisprudence décide

(1) En ce sens: *Mars.*, 26 juin 1882. *Rec. Mars.*, 82, 1, 211. — *Mars.*, 6 décembre 1887, précité. Contrà : *Mars*, 25 janvier 1878. *Rec. Mars.*, 78, 1, 231.

(2) Daniel. *On negotiable instruments*, t. I, p. 92. Cf. Barclay et Dainville. *Les Effets de commerce dans le Droit anglais*, p. 11, note d.

(3) *Sic.* Desjardins, t. IV, n° 939, Cresp et Laurin, t. II, p. 148, note. — *Mars.*, 2 mai 1860, *Rec. Mars.*, 60, 1, 228.

unanimement qu'un tel connaissement doit être assimilé à un connaissement au porteur (1).

Il s'est produit parfois pour des connaissements émanés de Perse, que ceux-ci, au lieu de présenter un endossement en blanc constitué par une signature, ne présentaient que le cachet de l'endosseur. On s'est demandé si ce cachet pouvait équivaloir à la signature. On a répondu affirmativement. « Peu de Persans savent signer autrement qu'en leur propre langue, a-t-on dit, et cela n'est pas admis ».

Cette affirmation paraît indiquer que les négociants ou banquiers considèrent comme impossible dans le monde occidental de s'en rapporter à une signature en caractères arabes. Le cachet est-il beaucoup plus significatif de la personnalité de celui qui l'appose ? Cela nous paraît douteux.

Au surplus, la loi réglant la validité de l'endossement étant, comme nous le verrons, celle du *Loci contractus,* le juge aura simplement à apprécier si la pratique coutumière est bien celle que l'on allègue.

Un connaissement peut être à ordre avec l'indication du destinataire, mais ne pas porter d'endossement. Le détenteur autre que le destinataire a-t-il un droit et ce droit est-il celui d'un endossataire ? La négative s'impose (2).

Enfin, un connaissement contient l'indication d'un consignataire et renferme la mention « Orders » ou « For

(1) *Trib. Comm. Hâvre*, 22 novembre 1882. *Rec. Int. Drt. Marit.*, t. VIII, p, 315. — Cf. *Cass.*, 16 juillet 1860. D. 60, 1, 505. — *Mars.*, 2 mai 1881, *Rec. Mars.*, 81, 1, 185.

(2) V. sur ce point *Trib. Dunkerque*. 8 mai 1888. *Rec. Int. Droit Maritime*, T. IV, p. 153.

orders ». Cette mention n'implique pas que le connaissement soit ordre. Il peut être, avec l'insertion de cette clause, à personne dénommée ou au porteur, En effet le mot « order » est ici au pluriel. Il signifie que le capitaine aura à recevoir *les ordres* du destinataire. Lorsque l'expédition qui est faite à ce dernier, consiste en marchandises dont le cours est très variable, les cafés par exemple, il est convenu entre les transporteurs et le chargeur, que le destinataire au Hâvre, nous le supposons, pourra à l'arrivée, s'il juge à ce moment le marché d'une autre place plus favorable, déclarer « option Anvers », « option Hambourg » dans un délai déterminé.

La mention « Hâvre for orders » n'a donc trait qu'à une modalité du contrat de transport et n'a aucune influence sur la forme même du titre (1).

ARTICLE III

Transmission du connaissement.

§ 1er. — Connaissement à personne dénommée.

Le connaissement étant à personne dénommée, s'il s'agissait de le constituer en gage, en tant que titre, l'article 91, § 4, C. comm., s'appliquerait et l'on suivrait

(1) Voici du reste la partie la plus significative du titre renfermant cette mention :

Hâvre for orders.

. . . .

All optional goods will be landed at Havre provisionally and if intended to be forwarded to Hamburg or to another optional port stated as such in the Bill of Lading, due notice must be given by the consignees to the Company's agent at Havre, within eight days from the time of the steamer's arrival at Havre. (Hamburg American Line).

suivrait les règles établies par les articles 2.075 et 1.689, Code civil auxquels il renvoie. Mais le titre n'est pas ici constitué en gage comme tel ; le but poursuivi est de procurer la possession des marchandises au porteur de la Lettre de Change. Les articles 2.075 et suivants C. civ., n'ont donc pas à intervenir. Les dispositions applicables sont uniquement celles des articles 1.689 et suivants du même code, dont l'observation est indispensable pour rendre la cession opposable aux tiers.

Mais une question importante se pose. Lorsqu'un titre a été créé dans la forme la plus simple du titre à personne dénommée, ce titre est-il susceptible d'être transmis par endossement, soit pour transférer la propriété, soit pour constituer un gage, soit ici pour conférer à un créancier gagiste la possession du chargement qui lui a été donné en nantissement ?

Nous nous étonnons qu'une controverse juridique se soit élevée sur ce point, tant la solution paraît s'imposer.

Les auteurs qui admettent la possibilité d'endosser un titre créé à personne dénommée, ont invoqué l'existence d'usages commerciaux et se sont appuyés sur un parère présenté en 1847 à la Cour de Cassation, lequel affirmait que les négociants endossaient d'une manière permanente des lettres de voiture créées à personne dénommée (1).

Cet argument nous paraît difficilement admissible, car suivant une doctrine constante aujourd'hui, l'usage commercial ne peut s'opposer avec succès à un texte de

(1 V. Boistel, n° 510.

loi qu'autant que ce texte n'est pas impératif, mais simplement interprétatif.

Or, si la jurisprudence a admis, après bien des hésitations, que la connaissance par le cédé de la cession opérée par son créancier, suffisait pour que le cessionnaire fût réputé saisi, elle a restreint cette solution au seul cas, où il y aurait eu de la part du cédé intention frauduleuse de paralyser l'effet de la cession (1). La fraude faisant exception à toutes les règles, il n'y a alors pas ici à proprement parler de dérogation à l'Art. 1690, qui conserve son caractère de texte impératif. Il nous paraît démontré d'autre part, bien qu'il y ait controverse à ce sujet, que le même article est d'ordre public, comme toutes les mesures de publicité légale. Pour les deux raisons que nous venons d'indiquer, un usage commercial, quelque certain qu'il apparaisse, nous semble ne pouvoir faire échec à l'Art. 1690, C. civ.

Cet usage ne se fût-il pas heurté à une disposition d'ordre public, eût été du reste impuissant à produire l'effet qu'on en attendait.

La loi, en effet, énumère clairement les titres à personne dénommée, à ordre, nominatifs, et établit pour chacun d'eux, à l'égard des tiers, un mode de transmission spécial, la signification, suivant l'art. 1.690, C. civ., l'ordre, le transfert.

Si la loi commerciale avait voulu accorder aux titres à personne dénommée, une facilité analogue à celle de l'ordre ou du transfert, elle n'eût pas manqué de procéder de la même manière que pour les titres à ordre ou nominatifs, et de déterminer dans un paragraphe dis-

(1) *Cass.*, 17 février 1874, S. 75, 1, 399. D. 74, 1, 289.

tinct, la nature du traitement qu'elle leur accordait. Au contraire, l'art. 91, § 4, C. comm. qui s'occupe de ces titres, les vise spécialement, pour décider qu'il reste bien entendu que la validité de leur transmission, à l'égard des tiers, est absolument subordonnée à l'accomplissement des formalités de la cession du droit civil.

En outre, personne n'a soutenu, à notre connaissance, qu'un titre « nominatif » fût transmissible par endossement ou un titre à ordre par transfert. Il y a là des impossibilités inhérentes à l'essence même du titre et *contemporaines de sa naissance.*

Ces observations s'appliquent également aux titres à personne dénommée, qui doivent rester soumis aux règles de transmission établies par la loi civile, dès lors que le souscripteur a négligé d'employer une formule spéciale entraînant un traitement de faveur.

Les conséquences de l'endossement d'un connaissement à personne dénommée, dans l'opinion que nous adoptons, sont les suivantes :

1° La possession n'est pas acquise à l'endossataire;

2° Il ne saurait y avoir là qu'un mandat révocable ;

3° Partant les exceptions opposables au mandant, le sont au mandataire, comme dans le cas d'un transport ordinaire;

4° L'action d'un créancier gagiste postérieur sera recevable contre le cessionnaire non saisi régulièrement de la possession à son égard (1).

Sur la question en général, la majorité des auteurs se prononce dans notre sens. La jurisprudence est

(1) V. *Jugements Trib. Comm. Seine*, cités sous *Cass.*, 12 janvier 1847, D. 47, 1, 59 et la note.

divisée. Certains arrêts récents ont adopté la solution que nous avons combattue; c'est ce qui nous a conduit à examiner la question dans son ensemble (1).

§ 2. — Connaissement au porteur.

Le connaissement étant au porteur, s'il s'agissait de constituer le titre lui-même en nantissement, aucune formalité ne serait nécessaire, les art. 91, § 1 et 109 C. comm. étant ici applicables. La transmission du connaissement faite à un créancier gagiste, pour le mettre en possession, ne sera de même soumise à aucune règle restrictive, la cession des titres au porteur s'opérant par simple tradition (2).

§ 3. — Connaissement à ordre.

La constitution en gage des titres à ordre s'opère, aux termes de l'art. 91, § 2, par un endossement régulier indiquant que les valeurs ont été remises en garantie. C'est ce qu'on appelle dans le langage usuel, l'endossement pignoratif. Mais dans un effet documentaire, le connaissement n'est pas transmis au porteur afin de constituer à son profit le titre lui-même en nantissement.

(1) Dans notre sens: Lyon-Caen et Renault, *Traité*, t. I, n° 634. — Bédarride, n° 689. — Alauzet, n°s 790, 978, 1868. — Desjardins, t. IV, n° 938. — *Cass.*, 12 janvier 1847, D. 47, 1, 59 et la note. — *Cass.*, 13 août 1879. *Rec. Mars.*, 80, 2, 124. — *Bordeaux*, 8 novembre 1891. *Rec. Intern. du Droit marit.*, t. VII, p. 560 et la note. — Contrà: Boistel, 3e édition, n° 540. — Duverdy, *Contrat de transport*, 2e édition, n° 16 et suivants. — *Rouen*, 7 mai 1887, D. 89, 2, 81 et la note de M. Levillain. — *Alger*, 15 novembre 1893, *Rec. Intern. du Droit marit.*, t. X, p. 28.

(2) V. *Hâvre*, 22 novembre 1892, *Rec. Intern. du Droit marit.*, t. VIII, p. 345. — *Caen*, 31 juillet 1893, *Ibid.*, p. 471.

Les seules règles à suivre seront donc celles qui ont trait à l'endossement des titres à ordre en général, sans qu'il y ait lieu de se préoccuper des dispositions légales relatives au gage des titres.

On est d'accord pour déclarer applicables au connaissement les dispositions régissant l'endossement des Lettres de Change (1).

ARTICLE IV

Règles générales de l'Endossement des titres à ordre.

§ 1er. — Endossement régulier.

L'endossement d'un titre à ordre consiste dans le mandat, donné au débiteur, de payer une somme d'argent ou de livrer des marchandises à un tiers ou à son ordre.

Cet endossement fait preuve, tant entre les parties qu'à l'égard des tiers, de la réalité de l'opération intervenue. Du fait même de cet endossement, découle au profit du porteur un droit propre et l'avantage de pouvoir exiger le paiement du tiré ou la délivrance du capitaine, sans que ceux-ci puissent lui opposer les exceptions opposables à son cédant. (2)

Mais le porteur de mauvaise foi se trouverait ainsi bénéficier de droits auxquels il ne peut prétendre. Aussi les auteurs et la jurisprudence décident-ils unanimement

(1) L'art. 555 du Code de commerce italien fait en traitant du connaissement un renvoi spécial aux dispositions régissant l'endossement des Lettres de Change.

(2) Ces effets de l'endossement régulier sont certains. Quant aux discussions sur la classification des exceptions opposables ou non (violence, minorité du souscripteur, signature falsifiée du prétendu accepteur), elles ne rentrent pas dans le cadre de notre étude.

que, même en présence d'un endossement ayant toutes les apparences d'un endossement régulier, les tiers intéressés sont autorisés à prouver *ergâ omnes*, par tous moyens (art. 91 et 109, C. comm.), la véritable qualité du porteur et à lui opposer toutes les exceptions opposables à son cédant. (1)

§ 2. — Endossement irrégulier.

L'endossement peut manquer d'une ou de plusieurs des conditions exigées par l'art. 137, C. comm. L'endossement est alors dit irrégulier et la loi française le considère comme une simple procuration (art. 138, Code comm.), toujours révocable de la part du cédant; le porteur, n'étant alors qu'un mandataire, peut se voir opposer les exceptions opposables à son cédant (2).

Mais aux graves inconvénients qui dérivent pour le porteur, soit de ce qu'il n'a pas exigé un endossement régulier, soit de ce que l'endosseur a commis une fraude à son égard, il existe un correctif nécessaire.

On considère généralement aujourd'hui que l'art. 138, C. comm. n'est point si absolu, qu'il n'autorise la preuve contraire à l'encontre de la présomption qu'il établit. Cependant des difficultés se sont élevées à cet égard et trois systèmes ont été proposés.

(1) V. Pour la Lettre de Change : Boistel : *Précis de Drt. comm.*, n°s 760 et 766. — Lyon-Caen et Renault. *Précis de Drt. comm.*, t. I, n° 1100, p. 600. — *Cass.*, 3 août 1876, S. 77, 1, 349. — *Cass.*, 22 février 1886, S. 87, I, 59. — Pour le connaissement : Desjardins, t. V, n° 939. — *Cass.*, 3 janvier 1872, S. 72, 1, 270. — *Bordeaux*, 11 août 1890, *Rev. Int. du Drt. marit.*, t. VI, p. 419. — *Cass.*, 17 mai 1892, S. 92, 1, 296.

(2) *Jurisprudence constante*: *Paris*, 25 novembre 1889. D. 90, 2, 49. — *Paris*, 22 avril 1896, *Gaz. Pal.*, 16 juillet 1896.

1er Système. — On considère que la présomption de l'art. 138 est une présomption irréfragable et que toute preuve de la réalité de l'opération intervenue doit être rejetée, tant entre les parties qu'à l'égard des tiers. Le porteur, dans cette opinion, n'en a pas moins le droit d'exiger le paiement du tiré, mais il peut se voir comme mandataire opposer toutes les exceptions opposables à son mandant. Cette doctrine est complètement abandonnée.

2e Système. — On adopte une solution absolument contraire et l'on décide que la preuve doit être admise, à la fois entre les parties et vis-à-vis des tiers. On fait remarquer, ce qui est exact, qu'il y a là un avantage évident pour le commerce. Mais cette solution est exagérée et ne tient pas un compte suffisant des termes de l'art. 138, C. comm. ; elle a pour conséquence d'habiliter le porteur de la Lettre de Change ou du connaissement qui fait sa preuve, à agir contre le tiré, comme si l'endossement avait été dès le début un endossement régulier et sans qu'on puisse lui opposer les exceptions opposables à l'endosseur. Il y a en ce sens un certain nombre d'arrêts récents (1).

3e Système. — La théorie la plus généralement admise aujourd'hui est la suivante, qui fait une distinction entre les parties contractantes et les tiers, quant à l'administration de la preuve.

Entre les parties, l'endosseur et le porteur, la preuve est admise, c'est-à-dire que le porteur peut toujours

(1) *Paris*, 25 novembre 1889, *Journ. des Trib. de Comm.*, 1890, p. 471. — *Paris*, 12 juillet 1895, *Journ. des Trib. de Comm.*, 1896, p. 433. — *Trib. Comm. Seine*, 22 janvier 1896. *Gaz. Pal.*, 1896, 1,448.

démontrer qu'il n'est pas un mandataire et qu'il a fourni la valeur (1).

Mais vis-à-vis des tiers, on estime qu'admettre la preuve serait excessif et qu'il y aurait injustice à faire produire contre eux, à l'endossement irrégulier, des effets qu'il leur était impossible de prévoir, puisqu'ils n'ont pu se baser que sur la forme extérieure du titre. On ne pourra donc prouver contre eux que l'endossement irrégulier n'était pas une procuration, mais une cession véritable (2).

Aucune preuve n'est donc admise contre les tiers. Quels sont-ils?

Le plus directement intéressé, parmi eux, est le tiré qui, du moment où la preuve de la réalité de l'opération n'est pas recevable contre lui, pourra opposer au porteur toutes les exceptions opposables au cédant et se refuser à payer la traite.

Le tiré n'est pas le seul qui ait intérêt à ce que la preuve de l'opération ne produise point d'effets à son égard. Le tireur lui-même, s'il a fait un endossement régulier et que l'endossement irrégulier provienne soit de son cessionnaire, soit d'un endosseur postérieur, est également un tiers, comme le sont en général tous les endosseurs antérieurs à celui qui a fait l'endossement irrégulier.

Mais les créanciers de la faillite de celui qui a fait un

(1) *Cass.*, 12 mars 1879, S. 80, 1, 113. — *Cass.*, 17 août 1881, S. 1, 81. — *Cass.*, 10 décembre 1888. *Pand. franç. périod.*, 89, 1, 205.— *Cass.*, 19 mai 1890, *Pand. franç. périod.*, 91, 1, 18. — *Paris*, 20 février 1894, D. 91, 2, 401.

(2) *Cass.*, 17 août 1881. S. 82, 1. 81. — *Cass.*, 12 novembre 1890. S. 91, 1, 150.

endossement irrégulier ou en blanc, sont-ils des tiers, en ce sens que le porteur ne pourrait faire à leur égard la preuve de la cession véritable consentie à son profit et excercer contre eux les recours légaux ? On décide aujourd'hui, après de longues hésitations de la jurisprudence, que les créanciers de la faillite ne sont pas des tiers (1).

C'est évidemment la solution la plus juste au point de vue pratique. Elle a cependant été combattue par des arguments théoriques qui ne sont pas sans valeur (2).

Le porteur de l'effet documentaire, dans le cas où il exercera les recours de change, pourra donc, suivant la doctrine admise aujourd'hui, agir contre la faillite de son cédant auteur d'un endossement irrégulier et, en prouvant qu'il a fourni la valeur, obtenir son remboursement.

§ 3.— Endossement en blanc.

L'endossement en blanc consiste, à la différence du précédent qui n'est qu'un endossement régulier incomplet, en une simple signature au dos du titre.

L'endossement irrégulier, étant le résultat d'une erreur ou d'une fraude, est naturellement assez rare. Il n'en est pas de même de l'endossement en blanc, dont l'emploi est excessivement fréquent. Il permet de transmettre l'effet documentaire à un banquier qui joue simplement le rôle de mandataire chargé du recouvrement

(1) En ce sens Lyon-Caen et Renault. *Traité*, T. IV, n° 148. — Bédarride, t. I, p. 321. — Alauzet, t. III, n° 368. — *Cass.*, 7 août 1867, S. 67, 1, 381. — *Cass.*, 12 mars 1879, S. 80, 1, 113. — *Trib. Mars.*, 23 février 1891. *Rec. Intern. du Drt. Marit.*, Tome VI p. 693.

(2) V. Arthuys, *Rev. Crit.*, 1883, p. 272.

de la traite et de la solution de l'opération en général. De plus, l'endossement en blanc est considéré par un très grand nombre de codes étrangers, non comme une procuration, mais comme l'équivalent d'un endossement régulier.

Sous l'empire de notre législation, l'endossement en blanc est soumis identiquement aux mêmes règles que l'endossement irrégulier, tant au point de vue du droit d'agir contre le tiré, que de l'opposabilité des exceptions au porteur ou de la faculté pour lui de négocier le titre.

Une seule différence, toute à l'avantage de l'endossement en blanc, consiste en ce que le porteur en vertu d'un endossement irrégulier est incapable de le régulariser, tandis que le porteur en vertu d'un endossement en blanc qui a fourni la valeur (1), peut remplir le blanc à son profit et le transformer en endossement régulier (2).

L'endossement en blanc étant assimilé, comme l'endossement irrégulier, à une procuration, les causes mettant fin au mandat, c'est-à-dire la mort ou la faillite du mandant, ou la révocation du mandat, auront ici le même effet. Le porteur perdra, du jour où l'un de ces évènements se produira, le droit de remplir l'endossement en blanc à son profit et se trouvera obligé, s'il veut exiger le paiement du tiré ou exercer son recours contre la faillite ou la succession de son endosseur,

(1) S'il n'a pas fourni la valeur, la prétendue régularisation de l'endossement en blanc faite à son nom tombera devant la preuve qu'il n'y a eu que simple mandat.

(2) V. Lyon-Caen et Renault. *Traité,* T. IV, p. 125, note 1 et n° 149. — Alauzet, T. IV, n° 1360. — Nouguier, n° 717. — *Cass.,* 5 août 1869, S. 70, 1, 120.— *Trib. Seine,* 1er juillet 1896. *La Loi du 7 Février 1897.* V. une conséquence intéressante de cette règle dans *Trib. de Comm. de Lyon,* 22 mai 1897. *Annales de Drt. Comm.,* 1897, p. 267.

de faire la preuve de la valeur fournie. S'il a déjà touché le montant du titre, il sera contraint d'administrer cette preuve, sous peine d'être forcé à restitution.

Il y a lieu d'observer, cependant, que le mandat ne prend pas fin, dans les diverses circonstances que nous venons d'énumérer, lorsqu'il a été donné à la fois dans l'intérêt du mandant et du mandataire. C'est là un point qui ne saurait faire doute (1). Mais la détermination de l'intérêt des deux parties dans ce mandat, pure question de fait, ne laisse pas que d'être assez délicate.

Notons enfin que tant que l'endossement en blanc n'a pas été rempli, le titre circule comme un titre au porteur et qu'il n'existe à la charge de celui qui opère la transmission aucune obligation de garantie (2).

ARTICLE V

Application des règles qui précèdent au connaissement.

Il importe d'appliquer au connaissement les règles qui précèdent.

L'endossement du connaissement a pour le créancier gagiste une double utilité. Il lui confère la possession des marchandises en cours de route et lui permet, en second lieu, d'exiger la délivrance de ces mêmes marchandises. C'est à ces deux points de vue qu'il y a lieu de se placer.

§ 1. — Endossement régulier.

1° Mise en possession. — Lorsque l'endossement est régulier, le porteur est présumé possesseur véritable ;

(1) Aubry et Rau. T. III, § 4, 6. — *Cass.*, 22 juillet 1868, S. 68. 1, 256.
(2) Lyon-Caen et Renault, t. V, n° 716.

si les tiers veulent contester la présomption qui en résulte en sa faveur, ils pourront, ainsi que nous l'avons dit, prouver que cet endossement déguise un simple mandat et cela suffira pour établir la précarité de sa possession. S'il persistait à soutenir qu'il possède pour son compte personnel, il faudrait qu'il prouvât qu'à côté du mandat de recevoir les marchandises du capitaine, la possession de celles-ci lui a été conférée pour son compte. Mais il ne serait plus alors mandataire à ce point de vue ; or, nous supposons que la preuve du mandat est fournie.

Le titulaire d'un connaissement endossé régulièrement est donc présumé possesseur pour son compte. Si les tiers prouvent qu'il n'est qu'un mandataire, il sera réputé posséder pour son mandant et les exceptions opposables à ce dernier lui seront également opposables. C'est ainsi qu'un créancier gagiste porteur d'un autre connaissement pourra invoquer contre lui sa qualité de simple mandataire et se faire accorder la préférence, l'endossement de son titre fut-il postérieur en date.

2°. — *a*. — Délivrance des marchandises. — Vis-à-vis du capitaine, l'endossement régulier confère au porteur le droit de se porter réclamateur et la délivrance doit lui être faite.

Le capitaine ne peut prouver que l'endossement régulier déguise un simple mandat, car le porteur est un tiers à son égard. C'est l'application des principes posés plus haut. Le mandat fût-il d'ailleurs susceptible d'être prouvé, le capitaine n'en devrait pas moins opérer la délivrance ; peu lui importe, en effet, la qualité du réclamateur dès que ce dernier est régulièrement en possession du titre.

b. — Consistance du chargement. — Comme nous

venons de le dire, au point de vue de la délivrance, le porteur en vertu d'un endossement régulier, est un tiers vis-à-vis du capitaine. Ici encore, par conséquent, le capitaine ne pourra prouver vis-à-vis du réclamateur et contre les énonciations du connaissement, qu'il a été chargé moins de marchandises que ce titre ne l'indique. A l'inverse, le porteur pourra prouver que les mentions du connaissement sont inexactes et qu'il en a été embarqué une plus grande quantité (1).

§ 2. — Endossement irrégulier ou en blanc.

Dans cette hypothèse, la présomption favorable qui existe au profit du porteur en vertu d'un endossement régulier est renversée et, de plein droit, les exceptions opposables au cédant le sont à celui qui n'est plus considéré ici que comme son mandataire. La preuve contraire est donc à la charge du porteur s'il veut démontrer qu'il n'est pas un simple mandataire. (2)

1°. — Mise en possession. — Vis-à-vis des tiers, aucune preuve n'est admissible de la part du porteur. (V. *suprà* p. 109). Il ne peut prouver que l'endossement irrégulier ne constitue pas un mandat et que par conséquent sa mise en possession est régulière.

Les tiers intéressés, notamment un créancier gagiste sur le même chargement, pourront alléguer à juste titre que cette mise en possession est non avenue à leur égard. Ce qui est vrai d'un créancier gagiste postérieur l'est également des assureurs, lesquels pourront invo-

(1) V. Lyon-Caen et Renault, t. V, n° 708.

(2) V. Lyon-Caen et Renault, *Traité*, t. V, n° 716, p. 483 et *Cass.*, 7 août 1867, D. 67, 1, 327.

quer la qualité de mandataire du porteur, pour lui opposer les énonciations du connaissement, sans que ce dernier soit admis à les contredire à leur égard.

2°. — *a*. — Délivrance des marchandises. — Vis-à-vis du capitaine, l'endossement irrégulier est suffisant pour obtenir la délivrance des marchandises, car la qualité du réclamateur, nous le répétons, est sans intérêt à cet égard (1).

b. — Consistance du chargement. — Lorsque l'endossement est régulier, le porteur est un tiers vis-à-vis du capitaine, ce qui empêche ce dernier d'administrer aucune preuve contre lui. Il apparaît d'après l'endossement irrégulier comme un préposé du chargeur. Dès lors, le capitaine peut prouver contre lui, *en ce qui touche la consistance du chargement,* mais dans les limites fixées par les art. 1.351 et 1.353, C. civ., c'est-à-dire que la preuve testimoniale ne sera pas admise ; la preuve se fera par titres, par l'aveu judiciaire (art. 1.356) ou le serment, (art. 1.347 et suivants). Le porteur peut du reste prouver dans les mêmes conditions contre le capitaine (2).

SECTION II

DE LA POLICE D'ASSURANCE

La police d'assurance est l'un des trois éléments principaux qui constituent la traite documentaire. Mais il y a lieu d'observer que celle-ci peut exister en l'ab-

(1) V. Lyon-Caen et Renault, *Traité*, t. V, n° 717, p. 484, et n° 722. p. 488.

(2) Un certain nombre de questions relatives au connaissement seront examinées *infrà,* Ch. V, Section II, Art. 2.

sence de police d'assurance ; la Lettre de Change et le connaissement sont au contraire indispensables.

Le porteur d'une Lettre de Change documentaire possède, comme créancier gagiste, une garantie sur les marchandises. La police d'assurance a pour but de lui procurer, en cas de sinistre ou d'avarie, un émolument égal à celui qu'il retirerait de la réalisation de son gage.

On peut se demander si l'adjonction d'une police d'assurance à la traite et au connaissement est nécessaire ou même utile en face de l'article 2 de la loi du 19 février 1889 qui dispose que les indemnités dues par suite d'assurances « sont attribuées sans qu'il y ait besoin de délégation expresse aux créanciers hypothécaires ou privilégiés suivant leur rang ». La question mérite d'autant plus d'être résolue, que d'après les règles adoptées en matière de droit international privé, la loi française, *lex loci executionis*, est applicable aux assurances contractées en pays étrangers et dont le règlement doit avoir lieu en France.

Au point de vue pratique, l'escompteur d'un effet documentaire exigera toujours qu'une police d'assurance ou un titre analogue (V. *infrà*) lui soit transmis, ne fût-ce que comme preuve, que l'assurance a été contractée.

En outre, une disposition analogue à celle de la loi française n'existe pas dans tous les pays. Il faudrait donc que le tireur étranger d'une traite émise sur la France s'abstînt de joindre une police aux documents et qu'il se préoccupât au contraire, d'en annexer une aux effets documentaires, lorqu'ils, tirés sur des pays où la subrogation de plein droit à l'indemnité d'assurance n'existe pas au profit du créancier privilégié. Les commerçants ne sauraient entrer dans ces distinctions contraires à la rapidité et à la simplicité de leurs opérations, et il est naturel qu'une police soit jointe en tout état de cause aux documents, fût-elle dans certains cas inutile.

Mais il y a lieu de faire deux remarques d'une portée plus grande.

L'assureur d'une cargaison réside ordinairement dans le pays où le tireur émet la traite et le contrat d'assurance est alors réglé par la *lex loci contractus*.

Cependant, les questions se rattachant à l'exécution des contrats sont régies par la loi du lieu où cette exécution est réclamée. Aussi, les assureurs ne pouvant entrer dans l'étude complète de toutes les législations étrangères et pouvant estimer, d'ailleurs, leur loi nationale meilleure que celle du pays d'exécution du contrat, stipulent-ils, très généralement, que toutes les difficultés qui pourraient s'élever au sujet de la police seront réglées par leur loi nationale ou par telle autre loi qu'ils déterminent (ordinairement la loi anglaise).

Dans ce cas, il est indispensable que le porteur de l'effet documentaire ait connaissance de cette particularité et la cession de la police est utile à cet égard. En outre, la loi française étant inapplicable dans l'hypothèse, la possession du titre peut être indispensable pour pouvoir toucher l'indemnité.

Enfin, en ce qui concerne le règlement de l'assurance proprement dit, et cette fois en supposant la loi française applicable, il faut observer que l'indemnité n'est payée par les assureurs qu'au porteur de la police et des pièces justificatives. Cette règle, qui est insérée dans l'article 14 de la police française sur facultés, est du reste presque universellement adoptée.

ARTICLE I

Constitution de l'Assurance.

§ 1er. — Titre constatant l'Assurance.

L'assurance est généralement contractée par le tireur expéditeur des marchandises, qui transmet à l'escompteur, au nombre des documents adjoints à la traite, une police proprement dite.

Il y a lieu néanmoins de signaler certaines particularités relatives à la forme du titre constatant l'assurance et qui intéressent directement les droits du porteur.

A. — Très fréquemment, les traites documentaires sont émises par des maisons importantes effectuant dans la saison particulièrement favorable à leur genre de commerce de grosses expéditions. (Blés américains au printemps, Bois de Norwège en été, Cotons et Huiles d'octobre à mars, etc). Ces grands négociants ont un intérêt évident à contracter l'assurance de leurs séries d'expéditions, sous la forme d'une police flottante, pour laquelle, en raison de son importance, les Compagnies d'assurances exigent le paiement de primes moins élevées. Lorsqu'à propos d'un chargement particulier, le titre constatant l'assurance doit être adjoint à une traite documentaire, les compagnies délivrent, au lieu d'une police proprement dite, un simple *Certificat d'Assurance* dont voici un exemple :

CERTIFICATE OF INSURANCE.

BY THE PRESIDENT AND DIRECTORS OF THE

INSURANCE COMPANY OF NORTH AMERICA

PHILADELPHIA

Savannah, Ga October 25th 1893.

This is to Certify that on the, 25th october 1893, this Company insured under Policy made for .... *Strauss et Co* .... *Eighthundred ten* .... *Pounds Sterling* .... on *one Hundred (100) Bales Cotton* .... valued at .... *amount insured* .... shipped on board of the .... *S. S. Itzalea* .... at and from *Savannah, Ga* to Havre *and destination* ....

....

It is hereby understood and agreed that in case of loss, such loss is payable to the order of... *Strauss et Co* .... on surrender of this Certificate which represents and takes the place of the Policy, and conveys all the rights of the Original Policy holder (for the purpose of collecting any claims for loss or damage) as fully as if the property were covered by a special policy direct to the holder hereof and is free from any liability for unpaid premiums.

Not valid unless countersigned by the attorneys of the Company especially appointed for such purpose.

S. N. C. P.

Special Attorneys. *President.*

En vertu de la mention *This certificate represents and takes the place of the Policy and conveys all the rights of the Original Policy holder*, le porteur possède vis-à-vis des assureurs les mêmes droits que s'il détenait une police proprement dite.

B. — Il peut arriver qu'aucune police ne figure au nombre des documents. Ce n'est pas à dire que les marchandises n'aient pas été assurées. L'assurance a été contractée avec la Compagnie de Transports elle-même, agissant comme mandataire de ses propres assureurs, et assurant le chargeur aux conditions générales de sa police flottante. Il ne peut être ici délivré de police par la nature même des choses, et c'est le connaissement qui contient au verso une mention constatant qu'il a été procédé comme nous venons de le dire (1).

Le texte de l'article des connaissements ayant trait aux assurances est ainsi rédigé :

« *Assurance.* — Le chargeur déclare vouloir faire assurer de..... à..... contre les risques de la navigation et aux conditions des Polices flottantes de la Compagnie, dont il déclare avoir une parfaite connaissance, une somme de..... sur une valeur de..... évaluation donnée de gré à gré aux marchandises faisant l'objet du connaissement et dont il a réclamé l'assurance.

« La Compagnie, en qualité de mandataire des assureurs, déclare que la somme de..... ci-dessus, se trouve présentement assurée, et qu'en cas d'avarie ou de perte, le chargeur pourra en exiger le règlement aux conditions desdites polices ». (Messageries Maritimes).

Le porteur possède en pareil cas, vis-à-vis des assu-

(1) D'autres Compagnies procèdent de la même manière. V. les connaissements de la Compagnie Générale Transatlantique (au départ de France), de la Navigazione Generale Italiana, etc.

reurs, les mêmes droits que s'il détenait à leur encontre une police d'assurance formant un titre spécial.

§ 2. — Garanties tenant lieu du titre de l'assurance.

Nous venons d'exposer trois hypothèses :

1° L'assurance est constatée par une police ;

2° Elle est constatée par un certificat d'assurance ;

3° L'assurance est mentionnée au verso du connaissement.

Dans ces trois cas, la traite documentaire renferme sinon comme « document » distinct (Police, certificat), au moins comme élément intrinsèque, la constatation et les conditions de l'assurance (Assurance au dos du connaissement). Mais il arrive que la traite documentaire ne contienne aucune pièce émanant des assureurs et permettant au porteur d'actionner ceux-ci en cas de sinistre ou d'avarie.

C'est ce qui se produit lorsque le tireur possède une police flottante ou police générale *au lieu d'arrivée* des marchandises, parce qu'il trouve sur cette place des conditions plus avantageuses que celles qui lui seraient faites au port de départ (1).

Dans cette hypothèse, le banquier qui escompte l'effet à l'époque du chargement, se trouve, par la force des choses, démuni de tout engagement émané des assureurs. Le tireur (souvent simple agent du tiré) signe alors une déclaration dite « Lettre de garantie d'assurance », destinée à affirmer au porteur l'existence d'une assurance faite dans les conditions que nous avons indi-

(1) C'est là un fait fréquent pour les expéditions provenant de Chine ou du Japon.

quées plus haut, et l'autorisant si, dans un délai donné, les consignataires au lieu d'arrivée des marchandises (encore en cours de route) n'ont pas déposé entre ses mains une police régulière, à faire assurer les marchandises à ses frais, à lui tireur (1).

Voici comment est conçue la lettre de garantie :

Hong Kong the...

To the Manager of

The Hongkong and Shanghai Banking Corporation.

Dear Sir,

The Sea Insurance on the goods against which you have purchased our Bills (as noted below) *having been effected at home*, we hereby guarantee that :

The consignees shall deposit with the holders in Paris a special or general Policy of Sea Insurance for a sufficient amount in an approved office or LLoyd's and in the event of their failing to do so or otherwise to satisfy the holder that his interest in the matter are fully protected, within TEN DAYS from the delivery to them of a copy of this letter, *we further authorize the holder* (but not so as to make it imperative) *to effect insurance on our account* and we shall refund to you here, at the exchange of the day, the premiums thereon on being advised of the payment by you.

We are dear sirs......

Particulars :

Amount of Bill: L. Signature du tireur.

Drawn on: N. N.

Amount of Insurance: L.

Dans l'hypothèse examinée, l'assurance est certaine-

(1) Cf. *suprà. De la Traite Documentaire en général,* p. 29.

ment valable. Il est constant qu'elle couvre les risques du jour du chargé, bien que la Compagnie ne soit avisée de la mise en route, que par une lettre à elle adressée au moment de l'embarquement et qu'elle peut recevoir, alors que 8 ou 15 jours de navigation sont déjà écoulés.

Il y a néanmoins des porteurs de traites documentaires qui refusent de se contenter d'une Lettre de garantie, malgré la faculté d'assurer eux-mêmes qui leur est accordée. Ils prétendent qu'il n'y a là qu'un engagement fort incertain, la signature du tireur au bas de cette lettre pouvant être celle d'un individu sans qualité. La raison paraît assez fondée. Mais comme cette manière de procéder par assurance au lieu d'arrivée, ne se produit guère qu'entre correspondants ayant entre eux des relations commerciales suivies, (le tireur et une maison de banque qui lui escompte ordinairement ses effets) les réclamations de ce genre sont assez rares.

Dans le même ordre d'idées, lorsque le tireur fait assurer par un de ses agents au lieu d'arrivée, il délivre parfois une « Lettre de Retrait de police d'assurance » qui est adjointe aux documents. (1) Le porteur court ici les mêmes risques que dans le cas de la « Lettre de garantie », car il est facile au tireur de délivrer une Lettre de Retrait et de la signer, alors qu'aucune assurance n'a été contractée.

L'assurance est généralement contractée par le tireur, avons-nous dit au début. Mais le tiré peut demander à la contracter lui-même, s'il y trouve avantage ou si elle n'a pas été soignée par le tireur. Peu importe au reste au porteur, s'il est nanti régulièrement d'une police, au

(1) V. *suprà*. *De la Traite Documentaire en général*, p. 29, *in fine*.

point de vue de son recours éventuel contre les assureurs.

Au point de vue du paiement de la prime, et lorsque l'assurance aura été contractée par le porteur, il aura un recours à cet égard contre le tireur, car il est admis que l'assurance est contractée aux frais de celui qui présente l'effet à l'escompte. Cela est logique, l'émolument à retirer de la traite qui détermine les conditions de l'escompte, devant être calculé par le banquier, net de tous les frais certains ou éventuels qu'il aura à supporter.

ARTICLE II

Transmission du bénéfice de l'assurance.

Bien qu'il n'existe aucun texte semblable à l'Art. 281 *in fine*, qui dispose que le connaissement peut être à ordre, on décide unanimement que la police d'assurance peut être à ordre ou au porteur ou à personne dénommée. Il y aura donc lieu d'appliquer ici, comme nous l'avons fait pour le connaissement, les règles spéciales à la transmission de chacun de ces titres.

Mais une difficulté s'est élevée sur le point suivant.

Lorsqu'une police est au porteur, sa transmission s'opère par simple tradition.

Une police *à personne dénommée* contient la clause « pour le compte de qui il appartiendra ». Cette police est-elle une police à personne dénommée nécessitant pour sa transmission les formalités de l'art. 1.690. C. civ., ou l'insertion de la clause précitée, a-t-elle pour effet de rendre cette police au porteur ? C'est en ces termes que la question est posée par les auteurs (1).

On a soutenu que l'introduction de la mention précitée dans une police, en faisait une police au porteur. Le jugement cité plus loin du Tribunal de Marseille du 18 janvier 1880 s'exprime ainsi :

« Attendu en droit, qu'il est admis par la doctrine et la « jurisprudence, qu'une police d'assurances peut être à « ordre ou au porteur; qu'elle amène de plein droit ce « dernier caractère, quand elle a été faite pour le compte « de qui il appartiendra ;

« Que la nature des effets au porteur étant d'être trans- « missibles par simple tradition, celui qui détient le titre « doit légalement en être présumé porteur sérieux et de « bonne foi à l'égard de tous, et qu'il a le droit incontes- « table d'en exiger le paiement, sans être soumis à aucune « justification préalable ».

Nous ne nous expliquons pas qu'il y ait controverse au cas où la police d'assurance renferme le nom du souscripteur et c'est le cas visé. La loi, en effet, (V. *suprà* ce que nous avons dit à propos du connaissement à personne dénommée) a établi les règles de transmission des titres, en considérant leur nature au moment de leur création. C'est ainsi, qu'un titre à personne dénommée, un titre nominatif, ne peuvent être transmis par endossement postérieurement à leur création, ni un titre à ordre par tradition ; la nature du titre est déterminée une fois pour toutes à sa naissance.

Donc, si une police est faite au nom du souscripteur susceptible, notons-le bien, d'en être le premier et

(1) Desjardins, T. VI, n° 1.328 bis, B.

unique bénéficiaire, le titre est de ce fait même à personne dénommée.

Un titre portant le nom d'un bénéficiaire ne peut être assimilé à un titre au porteur, que s'il porte, sinon l'indication littérale qu'il est au porteur (et nous ne serions pas éloigné de l'exiger), au moins d'autres indications faisant ressortir clairement l'intention des parties.

Si la police avec la clause précitée n'est pas une police à personne dénommée, il nous paraîtrait d'ailleurs plus rationnel de l'assimiler à un titre à ordre qu'à un titre au porteur. On décide en effet en matière de connaissement, que les mots « à l'ordre de » ne sont pas sacramentels, que ceux « à qui pour lui » remplissent le même office, c'est-à-dire donnent à un connaissement la forme à ordre (1). Pourquoi ici ne pas faire le même raisonnement en déclarant police à ordre la police qui nous occupe ?

Quand il y a doute, il nous parait logique de considérer le titre comme étant de la nature la plus simple, c'est-à-dire à personne dénommée, puisque les mentions nécessaires pour en faire un titre d'une forme spéciale n'y sont point insérées.

Voici comment s'exprime le jugement du Tribunal de Marseille, du 18 mars 1882, cité plus loin, approuvé par M. Desjardins et auquel nous adhérons :

« La clause pour le compte de qui il appartiendra demeure « sans influence sur tout ce qui concerne la transmission « de la police à des tiers. Simples cessionnaires de cette

(1) V. *Mars.*, 11 mai 1860. *Rec. Mars.*, 60, 1, 228. — Desjardins, Tome IV, N° 939. — Cresp. et Laurin, Tome 2, page 148, note 1.

« police, ils sont tenus de rapporter la preuve d'une trans- « mission régulière. Or, il est constant en matière de police « d'assurance comme en matière de connaissement, que la « police n'est transmissible par la voie de l'endossement, « ou au moyen de la seule remise du titre qu'autant qu'elle « a été formellement stipulée payable à ordre ou au por- « teur. A défaut de l'une ou de l'autre de ces stipulations, « la cession en est soumise vis-à-vis des tiers, à la règle « générale établie pour les transports de créance par la « disposition de l'art. 1.690, C. civ ».

Les auteurs et la jurisprudence sont divisés sur la question. (1)

Il peut se faire maintenant que la police ne porte aucun nom et soit simplement créée « pour le compte de qui il appartiendra ». En ce cas, une solution inverse de celle que nous venons de défendre doit prévaloir.

En effet, ici le titre est nettement et véritablement à sa naissance un titre au porteur et doit être traité comme tel. (2)

ARTICLE III

Exceptions opposables au porteur d'une police à ordre.

Le porteur étant présumé régulièrement nanti de la police, quelles sont les contradictions dont ses droits

(1) Dans notre sens, Desjardins, *Traité*, T. VI, N° 1.328 bis, B.. p. 122-121. — *Mars.*, 18 mars 1882. *Rec. Mars.*, 83, 1, 251. — *Aix*, 7 décembre 1882, D. 84, 2. 41. — Contrà : Lyon-Caen et Renault, *Traité*, T. VI, n° 1.211. — M. Lyon-Caen, *Rev. Critique*, 1890, p. 537. — *Trib. Comm. Mars.*, 18 janvier 1880. *Rec. Mars.*, 81, 2,185. — *Trib. Comm. Marseille*, 11 février 1889. *Rec. Intern. du Droit Maritime*, T. IV, p. 690, les observations et les renvois. — Cf. *Ibid*, T. II, p. 18.

(2) Cf. *Cass.*, 16 juillet 1860. S. 61, 1, 511 — *Mars.*, 2 mai 1881. *Rec. Mars.*, 81, 1. 255.

sont susceptibles de la part de tiers intéressés à y faire échec ?

En matière de vente d'une cargaison assurée, on discute sur le point de savoir si la vente emporte par elle-même et *ipso facto* la résolution de l'assurance contractée par le vendeur, celle-ci étant considérée par les assureurs comme faite *intuitu personæ*. On décide généralement, que cette prétention doit être admise, sous la réserve par les assureurs, de fournir la preuve qu'ils ont véritablement contracté en considération de la personne. (1)

A supposer que la même contestation puisse être soulevée par les assureurs, non plus en cas de vente mais dans l'hypothèse d'un gage, elle paraitrait devoir se produire fort rarement.

En effet, il est généralement admis que lorsqu'une police d'assurance est cédée, le cédant n'en reste pas moins vis-à-vis des assureurs débiteur unique des primes. (2) Peu importe dès lors aux assureurs, que leur créancier soit changé, si, et c'est là le point intéressant pour eux, les primes leur sont payées régulièrement.

Le porteur ayant une police d'assurance régulière et à lui régulièrement transmise, les assureurs pourront, en certains cas, lui opposer soit la déchéance de la police parce qu'une réticence aura été commise lors de la passation du contrat, soit la compensation pour des sommes

(1) *Rennes*, 2 février 1853. *Rec. Mars.*, 53, 2, 85.

(2) Lyon-Caen et Renault, Tome 6, n° 1133. « La cession d'une police d'assurance opère une transmission des droits du cédant au cessionnaire, non une transmission d'obligations » — Hoechster et Sacré, T. 2, p. 658. — *Trib. Comm. Mars.*, 8 août 1765. *Rec. Mars.*, 65, 1, 255.

qui leur sont dues à raison des primes que l'assuré n'aurait point payées.

L'examen de ces deux questions est intéressant, non seulement au point de vue de la solution qui peut en résulter en elle-même, mais encore par la théorie de l'inopposabilité des exceptions au porteur d'un titre à ordre, qui trouve ici une application. Occupons-nous d'abord de la compensation.

La question est ainsi posée : la compensation légale doit-elle s'opérer entre les primes dues par l'assuré et l'indemnité à payer par les assureurs, bien que le porteur créancier de cette indemnité ne soit pas en même temps débiteur des primes ?

Éliminons tout d'abord le cas d'une police à personne dénommée. Il n'y a pas ici de question : les exceptions opposables au cédant le sont au cessionnaire. Cela ne peut faire doute (1).

Mais *quid* si la police est à ordre ? La compensation pour prime due par l'assuré primitif est-elle opposable au porteur ?

L'objection qui se présente le plus immédiatement à l'esprit est que les conditions requises par l'art. 1.289, Code civil, pour que la compensation puisse se produire, ne sont pas réunies. L'assuré primitif restant toujours débiteur de la prime, on ne peut dire que la compensation s'opère entre deux personnes débitrices l'une de l'autre. Cette raison paraît avoir une grande force.

(1) Aubry et Rau, T. IV. p. 259, § 336. — Demolombe, *Obligations*, T. I, n° 190, et sur le point précis de la discussion, Lyon-Caen et Renault, *Traité*, T. VI, n° 1.487 et suivants. — *Cass.*, 5 novembre 1889, S. 91, 1, 407. — *Cass.*, 22 février 1893, S. 93, 1, 144.

Cependant, on a répondu (1), que le porteur se présentait ici du chef de son cédant et n'avait pas une personnalité distincte de la sienne.

Cette conception nous semble erronée. La caractéristique du titre à ordre est, au contraire, que le porteur puise dans l'endossement un droit propre et indépendant, qui a pour effet de lui rendre inopposables, de l'avis unanime, les exceptions opposables au débiteur originaire (*Sic* de l'absence de cause, de l'existence d'une cause illicite, de l'exception *non numeratae pecuniae*, etc., etc.).

MM. Lyon-Caen et Renault estiment cependant qu'en agissant contre l'assureur, le porteur s'oblige à payer la prime (2). Mais en matière d'assurances maritimes, la prime est due par l'assuré, même après transmission de la police à un tiers porteur (V. police française sur facultés) et nous avons vu que la transmission de la police d'assurance opérait une cession de droits, mais non une transmission d'obligations.

Arrivons maintenant à l'argument qui est le plus particulièrement reproduit dans cette discussion :

« A supposer que cette règle (l'inopposabilité des exceptions) consacrée par la tradition en matière de lettre de change et de billets à ordre, soit applicable aux polices d'assurances maritimes, elle devrait être écartée dans les circonstances prévues. L'exception que veut opposer l'assureur à l'assuré *a sa cause dans le contrat lui-même* et l'assuré en a dû connaître l'exis-

(1) Laurin, T. IV, p. 230.
(2) V. Lyon-Caen et Renault, t, VI, n° 1.438.

tence par l'examen de la police indiquant que la prime n'avait pas été payée » (1).

L'examen de la police indique bien que la prime est due par l'assuré à l'arrivée, mais cette mention ne saurait influer sur les droits du porteur, puisque ces primes sont dues par l'assuré primitif et non par lui.

En tout état de cause d'ailleurs, l'assureur est obligé, envers le porteur, comme tout débiteur en vertu d'un titre à ordre, c'est-à-dire d'une façon ferme, sans égard aux relations ayant existé ou existant entre lui et le cédant.

Remarquons d'ailleurs, que l'article 16 de la Police française sur facultés dispose que « si la prime du risque donnant lieu à la réclamation n'est pas payée, elle sera compensée avec l'indemnité due, *même dans le cas où la Police aurait été transmise à un tiers porteur* ».

La chose ne va donc pas de soi, puisqu'on a jugé cette disposition nécessaire.

Malgré ce texte, l'intérêt pratique de la question n'en subsiste pas moins, une police pouvant être contractée en dehors des conditions générales de la police française. Il faut en outre et surtout, remarquer que les traites documentaires recouvrées en France proviennent des pays d'outre-mer. Si donc on applique au règlement de l'assurance la *lex loci executionis ou solutionis*, le point litigieux est susceptible de se présenter (2).

Le mieux suivant nous, est de se rappeler comme

(1) Lyon-Caen et Renault, T. VI, n° 1.438.

(2) L'assureur qui ne pourra opposer au porteur les exceptions opposables à son cédant, exercera pour obtenir le paiement de la prime, le privilège qui lui est conféré par l'art. 191, 10°, C. comm.

conclusion sur cette discussion le passage suivant qui pose excellement les règles à suivre en matière d'opposabilité des exceptions au porteur d'un titre à ordre.

« Il faut s'en tenir à la règle suivant laquelle les exceptions opposables aux endosseurs ou aux porteurs précédents, quand il s'agit de titres à ordre ou au porteur, ne le sont pas au dernier porteur. Quand il s'agit des formes de l'endossement, on s'accorde en général à appliquer à tous les titres à ordre les mêmes dispositions du Code de Commerce relatives à la Lettre de Change (art. 137-138, C. comm.). *Il est logique et naturel d'appliquer* aussi *à tous les titres à ordre* les règles concernant les effets de l'endossement de ces titres. *Il est arbitraire, de faire, à cet égard, des distinctions entre les règles de forme et les règles de fond; il est aussi arbitraire de distinguer entre les différentes exceptions* (1) ».

C'est là, suivant nous, la véritable doctrine et le mieux est d'y rester inébranlablement attachés (2).

Le développement que nous avons donné à l'examen de cette question, nous permet de dire sans insister, que nous appliquerions la même règle à l'exception de réticence que prétendrait opposer l'assureur au porteur.

Il y a ici, en outre, une grande analogie avec l'excep-

(1) Lyon-Caen et Renault, *Traité*, t. IV, n° 1.457, p. 432. — V. également, t. IV, n° 157, *in fine*, p. 124.

(2) Sur la question en général. V. Dans notre sens, Cauvet, t. I, n° 104, Pandectes françaises, V° *Assurances maritimes*, n° 1.579. — *Mars.*, 29 mai 1856. *Rec. Mars.*, 1856, 1, 172 (cité à tort en faveur de l'opinion opposée par certains auteurs). — Contrà: Lyon-Caen et Renault, *Traité*, t. VI, n° 1.438, — Desjardins, t. VII, p. 28. — Boistel, n° 751. — *Nantes*, 19 janvier 1884. *Jurispr. Nantes*, 1884, 1, 249. — Alauzet, t. V, n° 2.086, admet la déduction de la prime par les assureurs, mais il prend soin de dire que ce n'est pas en vertu d'une compensation, mais de l'art. 1.613, Code civil. Il nous paraît difficile d'appliquer ce texte à la difficulté.

tion de dol en matière de Lettre de Change, exception qui est inopposable au porteur (1).

Indépendamment des arguments juridiques que nous avons présentés, nous ajouterons que la théorie contraire nous parait destructive du crédit commercial. Le titre à ordre a pour grande utilité de faciliter les opérations de commerce par la certitude qui s'attache au paiement à intervenir. Si l'on fait brèche à ces avantages, on détruit en grande partie cette utilité (Cf. En ce sens Lyon-Caen et Renault sur le paiement des chèques faux, T. IV, p. 404, note 2, *in fine*).

Signalons, en terminant, la clause suivante qui se rencontre dans un grand nombre de polices anglaises et américaines « free from any liability for unpaid premiums » (2), c'est-à-dire : le porteur est libre de toute obligation envers les assureurs pour primes impayées.

Les Anglais, ces grands « carriers » du monde, appliquent donc l'idée que nous défendions tout à l'heure, celle de la plus grande extension des droits du porteur, dans l'intérêt d'un commerce bien entendu. Rien ne s'oppose dans l'état de notre législation, nous espérons l'avoir démontré, à l'adoption d'une solution identique.

La controverse qui se produit dans notre droit, n'en est pas moins à notre avis des plus regrettables. Mais il est à craindre que notre législation commerciale sur ce point, comme sur beaucoup d'autres, ne se modifie pas rapidement, car par la nature même des choses, les porteurs français de traites documentaires détiennent

(1) Dans notre sens. Lyon-Caen et Renault, T. VI, n° 1457. — Lyon-Caen, *Rev. Crit.* 1892, p. 631. — Contrà : *Paris*, 3 fév. 1891, S. 94, 2, 301 et la note. — *Cass.*, 31 juillet 1893, S. 94, 1, 212.

(1) Voyez le texte complet, *suprà*, p. 119.

des polices étrangères (anglaises le plus souvent ou modelées sur ces dernières), profitent de la largeur de vues qui préside aux théories commerciales des peuples plus avancés que nous en ces matières et n'ont pas à souffrir des règles surannées de notre Code de commerce. Ce sont les porteurs étrangers, ayant en mains des polices françaises, qui s'aperçoivent combien notre législation est sur ce point défectueuse et en subissent les conséquences. Là se trouve peut-être la raison du développement considérable que prennent en France les agences des Compagnies étrangères de navigation ou d'assurances.

Ces diverses difficultés exposées et résolues, dans quelles circonstances un porteur de traites documentaires pourra-t-il avoir à exercer une action contre les assureurs de la cargaison, qui constitue son gage ?

ARTICLE IV

Actions du porteur impayé dans leurs rapports avec l'assurance.

La marchandise peut avoir péri en mer totalement ou seulement en partie.

§ 1. — Perte totale.

Diverses hypothèses doivent être distinguées :

1° Le tiré a accepté.

Il n'en est pas moins tenu, malgré le sinistre, de payer la traite. Il est en effet propriétaire depuis le jour où la vente a été conclue et les risques sont pour son compte. C'est ce qu'indique l'art. 1.138, C. civ., qui dispose que l'obligation de livrer rend le créancier propriétaire et met la chose à ses risques, dès l'instant où elle a dû être livrée, encore que la tradition n'en ait point été faite. (V. en outre les art. 1.245, 1.302, 1.583 et 1.585, C. civ., et au point de vue des risques dans le contrat de transport l'art. 100, C. comm., qui n'est qu'une application des textes pré cités.)

L'acheteur, s'il se conforme aux obligations légales qui lui incombent, recevra les documents et agira ensuite personnellement contre les assureurs. Le porteur, en ce cas, n'aura donc pas à se préoccuper d'exercer une action contre ces derniers.

2° Le tiré a refusé son acceptation ou s'est refusé au paiement après avoir accepté.

En ce cas, le porteur devra faire immédiatement protester la traite et signaler sans retard le sinistre aux assureurs, afin de ne pas encourir de déchéance pour avis tardif (1).

Le porteur a ici le choix entre deux partis et peut agir soit contre le tiré, comme cessionnaire des droits du tireur, soit contre les assureurs.

a. — S'il agit contre le tiré, celui sera condamné à lui verser le montant intégral de la traite, dont il est débiteur malgré la perte totale, ainsi que nous l'avons dit.

b. — Le porteur peut préférer agir contre les assureurs, surtout si le tiré ne lui paraît pas solvable. Il tou-

(1) D'après l'art. 436, C. comm., le porteur est déchu de tout recours s'il n'adresse sa réclamation aux assureurs dans le délai de 24 heures.

chera alors, sous les justifications de droit, la valeur de l'assurance.

c. — Nous ne parlons pas du cas où le porteur voudrait agir contre le tireur. Nous pensons que celui-ci lui ferait observer avec juste raison, qu'ayant en mains un titre lui donnant le droit de toucher une somme équivalente à la valeur des marchandises données en nantissement, il doit, conformément aux usages, agir préalablement contre les assureurs, qui sont contraints de payer. Ces raisons seraient justifiées, car la police d'assurance remplace la garantie accessoire dérivant du contrat de gage et a précisément pour but d'éviter qu'en cas de sinistre, le tireur soit soumis aux recours du porteur (1).

Il pourra arriver, toujours dans l'hypothèse de perte totale, que l'assurance ait été contractée pour une valeur inférieure à celle des marchandises.

a. — Le porteur agit contre le tiré.

Il ne paraît pas qu'il doive en résulter d'inconvénients pour lui. Le tiré sera, en effet, condamné à payer le montant de la traite, sans égard à l'insuffisance du risque couvert par la police (2).

b. — Le porteur agit contre les assureurs.

Il se trouvera, en ce cas, supporter une perte égale à la différence existant entre le montant de la traite qu'il a

(1) Nous verrons plus loin (V. Ch. VI. Section I), que le porteur a le droit de recourir immédiatement contre le tireur, mais qu'en fait, et à moins de conventions spéciales, il doit user tout d'abord des droits qui lui sont conférés par les diverses sûretés dont il est muni.

(2) Le tiré agira ensuite contre son vendeur, pour la différence existant entre les sommes payées au porteur et celles qu'il aura touchées des assureurs, car quoiqu'obligé au paiement des marchandises, il est fondé dès lors que l'assurance est contractée à ses frais, à exiger une police régulière couvrant leur valeur totale.

escomptée et les sommes que lui paieront les assureurs, conformément à une police qui ne couvre pas les risques pour la valeur réelle des marchandises. Le porteur recourra pour le surplus contre le tireur.

c. — Le porteur peut enfin, ici, — à la différence du cas où l'assurance couvre entièrement les risques, — agir immédiatement contre le tireur. En effet, dans cette hypothèse, le tireur est en faute de ne pas avoir contracté une assurance pour la valeur totale des marchandises et surtout de ne pas avoir avisé l'escompteur de cette particularité, qui restreint les garanties auxquelles ce dernier avait droit.

§ 2. — Perte partielle.

Le porteur peut agir, comme dans le cas de perte totale, soit contre le tiré, soit contre les assureurs.

I. — Action contre le tiré.

Il n'y a pas de difficulté. Le porteur réclamera au tiré acceptant la totalité du montant de la traite, et ce sera ce dernier qui recourra ensuite contre les assureurs.

Si le tiré refuse, le porteur fera protester et pourra agir, comme dans le cas de perte totale, soit contre le tiré, comme cessionnaire de la créance du tireur, soit contre les assureurs.

II. — Action contre les assureurs.

En cas de perte partielle, le porteur d'une police d'assurance a le choix entre l'action d'avaries et le délaissement, si la perte ou détérioration s'élève aux trois quarts de la valeur des marchandises assurées.

Le délaissement est réglé par le Code de commerce

dans ses articles 369 à 397 et l'action d'avaries dans les articles 349 à 369, et 397 à 410.

Suivant les cas, l'un ou l'autre des deux procédés est préférable. Il y a avantage à délaisser et à obtenir le paiement intégral des assureurs, comme dans le cas de perte totale, lorsque les marchandises qui subsistent sont à ce point détériorées, que leur vente ne donnerait pas de résultats satisfaisants. Il y a encore avantage à préférer le délaissement, quand la police contient une majoration de la valeur des marchandises assurées, ce qui est presque toujours le cas en pratique. Enfin, ce mode de règlement ne soumet pas le porteur aux déductions opérées du chef des franchises (1).

D'autre part, dans l'action d'avaries, les marchandises étant conservées par l'assuré, il peut y avoir, suivant les circonstances, bénéfice à les vendre à un prix peut-être supérieur à la somme qui serait touchée des assureurs.

Que le porteur agisse par l'action en délaissement ou par l'action d'avaries, et que la perte soit totale ou partielle, il devra d'ailleurs fournir toutes les justifications qui sont exigées en pareil cas, c'est-à-dire prouver : 1° le chargé ; 2° son intérêt à la chose assurée ; 3° la fortune de mer (2).

L'art. 14 de la police française sur facultés dispose :

(1) On sait que les franchises ont pour effet, soit de dispenser l'assureur de supporter certaines avaries, soit de limiter ses obligations au cas où l'avarie dépasse un tant pour cent de la valeur assurée. V. Sur les franchises : Lyon-Caen et Renault, *Traité*, T. VI, n° 1.296, p. 332.

(2) La preuve de la valeur de la chose assurée est également exigée lorsque la police ne la mentionne pas.

« Les primes seront payées par l'assuré et les pertes et « avaries réglées par l'assureur au porteur de la police et « des pièces justificatives ».

La preuve du chargé et celle de l'intérêt se feront ordinairement par le connaissement (1); subsidiairement, par tous autres moyens (art. 109, C. comm.) tels que feuilles de sortie de la douane, factures consulaires ou autres, livres de bord, etc... (2).

Toutes ces preuves peuvent être d'ailleurs contredites par les assureurs (3).

Nous avons signalé plus haut un cas particulier de traite documentaire, celui où un capitaine engage son navire et les marchandises qu'il transporte pour son compte personnel, en garantie d'avances à lui faites et souscrit un billet à ordre au profit du prêteur. La police porte fréquemment en ce cas la mention : « The ownership of draft to be deemed proof of interest ». Dans cette hypothèse, par conséquent, les assureurs ne pouvant, pour la preuve de l'intérêt, se faire représenter un connaissement qui n'existe pas, étant donnée la nature de l'opération, exigent uniquement la représentation de la traite. En dehors de ce cas particulier, le connaissement remplit d'une façon infiniment plus logique le but poursuivi, que ne peut le faire un simple Billet à ordre, car il caractérise d'une façon précise le chargement, il en indique le propriétaire ou le gagiste intéressé. Il ne faut pas oublier cependant que la traite ou le Billet à

(1) V. *Cass.*, 24 juillet 1883, S. 84, 157, et la note de M. Lyon-Caen.

(2) Les procès-verbaux des agents des douanes ne font foi jusqu'à inscription de faux que pour les contraventions et non entre particuliers. V. *Cass.*, 4 août 1829. *Rec. Mars.*, 1830, 2, 7.

(3) V. Alauzet, T. V, n° 1.873. — De Valroger, T. II, n° 741.

ordre, dans un effet documentaire, portent *toujours* l'indication qu'ils sont émis à l'occasion de tel chargement. L'effet négociable pourrait donc, le cas échéant, remplacer le connaissement, à ce point de vue, dans une certaine mesure.

Ces indications données, nous ne pouvons entrer ici dans les nombreux détails du règlement des assurances. Bornons-nous à signaler la difficulté suivante à raison de son importance au point de vue des droits du porteur.

Lorsqu'il s'agit d'une avarie commune, nous pensons, bien que la question soit controversée, que l'assuré peut exiger des assureurs le montant total de l'assurance, sans que ceux-ci puissent faire venir en déduction, les sommes que le porteur aurait touchées des autres contribuables à l'avarie commune. L'engagement de l'assureur ne comporte pas de restrictions, les rapports entre les divers intéressés à la cargaison du navire lui sont étrangers et il ne nous paraît pas qu'il puisse s'en prévaloir (1).

Notons enfin, qu'en cas de naufrage ou d'échouement avec bris, le délaissement est admis, même si les marchandises ont été sauvées et sont arrivées à leur destination (2).

Les droits du porteur d'une police d'assurance comprise dans un effet documentaire sont donc, en résumé, les suivants :

(1) *Sic.* Lyon-Caen et Renault, *Traité,* T. VI, n° 1292. — Desjardins T. VII, n° 1.610. — Laurin, T. IV, n° 201, *Trib. Comm. Marseille. Rec. Mars.*, 1828, 1, 337. — *Contrà,* de Valroger, T. IV, n° 1.776. —*Aix*, 4 février 1858. *Rec. Mars.*, 58, 1, 66.

(2) V. *Cass.*, 20 janvier 1869. S. 69, 1, 213, D. 69, 1, 367. — *Marseille,* 28 septembre 1857. *Rec. Mars.*, 57, 1, 229.

Qu'il s'agisse d'une perte totale ou partielle, si le tiré a accepté, aucune difficulté ne peut s'élever ; le tiré sera contraint de payer (1).

Si le tiré a refusé, le porteur peut agir à son choix contre le tiré comme cessionnaire de la créance du tireur ou contre les assureurs. Il ne peut, à moins de convention spéciale dérogeant aux usages, agir de suite contre le tireur. Sa qualité de créancier gagiste porteur d'un effet documentaire implique qu'il doit, à moins de conventions spéciales, se payer sur l'objet donné en nantissement ou l'indemnité d'assurance, avant de recourir contre le patrimoine général du débiteur.

Le porteur ne peut agir contre le tireur que dans le cas où, l'assurance ayant été contractée pour une somme inférieure à la valeur réelle des marchandises, l'indemnité à payer par les assureurs le laisserait en déficit (2).

Nous n'avons parlé jusqu'ici que de l'assurance maritime, et c'est en effet celle qui se rencontre directement en matière de traite documentaire. Mais nous devons envisager les droits du porteur jusqu'à la terminaison de l'opération. Or, il arrive assez fréquemment, comme nous le verrons, que les tirés refusent leur acceptation au moment ou celle-ci leur est demandée.

Force est alors au porteur, qu'il ait fait protester ou non, de faire emmagasiner les marchandises ou de les faire entrer à l'entrepôt des douanes. Il est contraint,

(1) Si le tiré a accepté, seulement à concurrence des marchandises arrivées franches d'avaries, et que le porteur se contente de ce paiement partiel, il recourra contre les assureurs pour le surplus.

(2) Pour ce qui concerne les recours du porteur contre le tireur, voir pour plus de détails, *infrà* : *Du porteur impayé*, Ch. VI.

pour sauvegarder ses droits et ceux du tiré, au cas où celui-ci accepterait par la suite, de faire assurer les marchandises contre l'incendie (1).

Cette assurance sera faite bien entendu à la charge de ces dernières et, s'il y a refus définitif du tiré, vente du gage et découvert pour le gagiste, les sommes déboursées pour contracter l'assurance contre l'incendie devront venir en addition de celle à réclamer aux endosseurs antérieurs ou au tireur.

Il n'y a sur ce point rien de particulier à signaler, sinon que le porteur de traites documentaires peut se trouver parfois dans l'imposibilité de faire assurer contre l'incendie, par suite du défaut d'agences de Compagnies d'assurances au lieu d'arrivée de la cargaison. Il y a là un danger dont les banquiers doivent se préoccuper, lorsqu'ils escomptent des effets documentaires.

SECTION III

DOCUMENTS DIVERS

Nous avons étudié dans les sections précédentes le connaissement et la police d'assurance. D'autres pièces leur sont également adjointes, qui concourent à la formation de l'effet documentaire. Ces documents ont été cités et analysés, au Ch. I. Nous nous bornons ici à faire un rappel en ce qui les concerne.

(1) Certains contrats de gage ou instructions générale jointes aux documents prévoient le cas. (V. *suprà*, p. 29 et p. 30, n° 1).

CHAPITRE IV

DE LA POSSESSION DES MARCHANDISES CONSTITUÉES EN GAGE

Quelle que soit la nature du gage constitué au profit d'un créancier, la possession des choses données en nantissement est d'une importance égale à une condition de formation du contrat, puisqu'en son absence le but poursuivi n'est pas atteint, c'est-à-dire que le privilège ou ne prend point naissance ou disparaît. Et cette nécessité de la possession de l'objet ergagé est tellement essentielle, qu'on a pu (l'erreur a été relevée par M. Lyon-Caen) considérer que l'endossement du connaissement qui a pour but la mise en possession, constituait le titre lui-même en nantissement.

L'étude de la possession dans notre matière est particulièrement intéressante, et par l'importance des intérêts engagés dans ces sortes d'affaires, et par une particularité toute spéciale.

Dans le gage sur meubles corporels ordinaire, le

créancier gagiste possède en effet l'objet qui constitue sa garantie, par des rapports directs et matériels avec lui. Dans le gage sur meubles corporels, mais *portant cette fois sur des marchandises en cours de route, et pendant la période de transport seulement,* le créancier gagiste, quoique ayant en nantissement des meubles corporels, n'en a pas la détention matérielle, qui est exercée par un tiers : le capitaine. Mais le connaissement, qui a servi à mettre le créancier gagiste en possession, continue à jouer un rôle des plus importants au point de vue du maintien de la possession pendant le transport, car, durant cette période, l'existence même de la possession dépend, comme nous le verrons, *de la détention du connaissement.*

La possession du porteur d'effets documentaires suppose donc un élément qui ne se rencontre pas dans le gage sur meubles corporels, tel qu'il est ordinairement pratiqué ; dans celui-ci, la possession portant directement sur l'objet donné en nantissement n'a pas pour condition nécessaire l'existence aux mains du créancier gagiste d'un titre spécial.

Nous avons à examiner la nature de la possession du gagiste, les conditions nécessaires au maintien de cette possession, les circonstances dans lesquelles elle peut se trouver perdue, jusqu'au moment soit de l'acceptation ou du paiement de la traite, soit de la réalisation du gage, si le tiré refuse le paiement ou se trouve, par suite de faillite notamment, dans l'impossibilité de l'effectuer. Mais avant d'entrer dans cette étude, une question préliminaire mérite d'être examinée.

SECTION I

DE LA POSSESSION « SYMBOLIQUE » ET DE LA POSSESSION RÉELLE.

On a dit, parlant de la possession des marchandises en cours de route, que le créancier gagiste en avait la possession symbolique. Des auteurs éminents se sont élévés contre cette terminologie. « C'est là une erreur, « il n'y a qu'une seule espèce de possession. Les « expressions, possession symbolique, possession ma- « térielle qu'employaient souvent les anciens auteurs, « sont aujourd'hui définitivement condamnées. L'erreur « qu'elles impliquent est relevée dans les cours de « droit les plus élémentaires » (1).

Cette terminologie, employée par la Cour de Cassation (2), est-elle absolument vicieuse ?

M. Lyon-Caen, énumérant les éléments de la possession, détermine l'erreur juridique que l'expression renferme suivant lui, en démontrant que si le *corpus* et l'*animus* se trouvent ordinairement réunis, le *corpus* peut être détenu par un tiers pour le propriétaire ou gagiste. « Le porteur du connaissement a l'*animus domini* à l'égard des marchandises et le capitaine les détient pour le compte de celui-ci ».

(1) V. Lyon-Caen, *Rev. Critique*, 1893, p. 273. Lyon-Caen et Renault, *Traité*, t. V, p. 480.

(2). V. *Cass.*, 12 mai 1885, S. 86, 1, 473 et les conclusions de l'Avocat général M. Desjardins.

Cf. Vidari., t. V., p. 213 : « Il possesso è invece simbolico, quando « il creditore o il terzo, senza avere per anco avuta la fisica disponi- « bilità della cosa data in pegno, tiene tuttavia nelle mani i docu- « menti idonei per ottenerla poi. Ciò che principalmente avviene, « quando il pegno sia costituito soprà merci viaggianti ».

Sans doute, cette analyse est exacte; mais peut-être ne démontre-t-elle pas que l'expression de possession symbolique renferme une erreur. De ce que le capitaine détient pour le gagiste, il ne résulte pas en effet que la possession de celui-ci ne puisse s'appeler ni être en fait une possession symbolique, bien au contraire. Elle est dite symbolique, précisément parce que le porteur n'a pas la détention matérielle.

Cette expression *ne désigne pas d'ailleurs une espèce particulière de possession*, comme elle peut donner à le croire ; la possession est une, cela est admis par tous. Mais cette possession, *une dans sa nature*, peut se manifester et se manifeste suivant des *formes diverses*. Or, nous croyons que, dans le gage documentaire, la possession du créancier gagiste pendant le transport maritime est bien *dans la forme* une possession symbolique.

Avant l'embarquement de la cargaison, le connaissement est transmis à ce gagiste pour le mettre en possession, donc la transmission du titre joue ici un rôle capital ; sans lui, pas de possession (1).

Dès que les marchandises sont chargées, le capitaine détient le *corpus* : soit. Mais l'*animus* du gagiste est nécessaire pour compléter la notion de possession. Cet *animus* devrait suffire, comme dans le gage ordinaire, indépendamment de la détention d'un titre quelconque ; or, la transmission du connaissement est indispensable à son efficacité, car nous verrons que la possession est ici solidaire de la détention du titre, puisque la

(1) Il en est de même dans le warrant.

perte de celui-ci, de l'avis général, entraîne pour le créancier la perte de la possession.

Tout le monde admet la tradition feinte ou symbolique, c'est-à-dire la tradition d'un objet par celle des clefs du magasin qui le contient. Dans ce cas, l'on dit unanimement qu'il y a tradition et « tradition symbolique » ; il paraît logique d'admettre dans notre cas la « possession symbolique ».

On peut aussi invoquer dans le même sens, les termes de l'article 1.141, C. civ., lequel, en cas de vente du même objet mobilier à deux personnes successivement, déclare que la préférence doit être donnée à celle « qui a été mise en possession réelle ». Ce texte nous paraît impliquer, qu'il existe une autre *forme* de possession; sinon, la loi se serait contentée d'accorder la préférence au créancier mis en possession le premier, sans donner de qualification à sa possession. On peut en conclure que, dans l'article 1.141, il est fait allusion précisément à la possession *symbolique*, laquelle consisterait, pour un des créanciers, à détenir un ordre de livraison par exemple (1), possession que la loi a estimée ici, devoir être primée par la possession *réelle*.

En somme, lorsqu'on adopte les expressions de possession réelle et de possession symbolique, il ne semble pas qu'il puisse en résulter une erreur de droit, car ces expressions ont trait à la manière dont se manifeste la possession et non à sa nature intrinsèque.

(1) V. Baudry-Lacantinerie, *Précis de Droit civil*, 4e édit., t. II, n° 875, p. 621.

SECTION II

ÉTUDE GÉNÉRALE DE LA POSSESSION.

ARTICLE I

De la possession dite symbolique des marchandises.

Passons à l'application, au gage documentaire, des principes relatifs à la possession en général.

Nous croyons devoir faire, dans cet examen, une distinction entre l'époque où les marchandises sont encore en cours de route et celle où les marchandises sont entrées, après le débarquement, dans les magasins du porteur ou dans un dépôt public. Cette distinction est fondée sur l'étude des conditions de publicité de la possession dans les deux hypothèses, conditions dont l'existence assure le maintien du privilège et dont l'absence entraine au contraire l'extinction de ce même privilège.

§ 1. — Les marchandises sont en cours de route.

Le créancier gagiste, ici, comme dans tout nantissement, est un détenteur précaire quant à la propriété, mais il n'en possède pas moins véritablement, car s'il n'a pas l'*animus domini* qui conduit à la prescription, il a l'*animus possidendi* pour le compte du propriétaire.

Sa possession doit réunir les conditions de toute possession, car celle-ci est toujours la même, qu'elle s'applique à un meuble corporel ou à un titre. Elle devra être effective, sans qu'il soit cependant nécessaire qu'elle réunisse toutes les conditions énumérées dans l'article

2.229, C. civ., et dont certaines ont trait spécialement à la possession d'un fonds immobilier, dans le but d'en acquérir la propriété par la prescription. Nos lois n'ayant pas formulé de théorie générale de la possession, le juge devra déterminer si les conditions indispensables, pour retirer de la possession les bénéfices qu'elle comporte, ont été remplies.

Il faut du reste remarquer qu'en matière de traite documentaire, la possession du créancier gagiste est exercée par un tiers convenu : le capitaine, et cela ne va pas sans inconvénients. Si, en effet, le capitaine, par erreur ou par fraude, délivre les marchandises à une personne non inscrite au connaissement, le gagiste, victime de cet abus de confiance, n'aurait, suivant une certaine doctrine, qu'une action personnelle en violation de mandat contre son mandataire infidèle, sans pouvoir répéter les marchandises contre le tiers de bonne foi, l'art. 2.279 ne s'appliquant pas, d'après la jurisprudence, à l'abus de confiance (1).

Nous avons signalé précédemment le cas où le capitaine d'un navire, obligé d'emprunter pour les besoins de sa navigation, souscrit un billet à ordre au profit du prêteur et déclare lui donner en gage son vaisseau et son fret (2). On peut se demander si, dans ce cas, la condition de la possession de l'objet donné en nantissement est bien réalisée au profit du créancier gagiste, puisque le capitaine, paraissant être, dans l'hypothèse, le débiteur lui-même, ne peut, comme détenteur précaire, jouer le rôle de tiers convenu entre les parties (3).

(1) V. *infrà*, ch. VI.
(2) V. le document, in-extenso, *suprà*, p. 19.
(3) V. *Douai*, 26 janvier 1893, S. 93, 2, 233.

En effet, le capitaine semble être ici débiteur ; il ne l'est pas en réalité (1). L'emprunt est contracté par lui comme mandataire exprès ou tacite de l'armateur, lequel est tenu, suivant l'art. 216, C. comm., des engagements que le capitaine a dû souscrire, en cours de route, pour ce qui touche au navire ou à l'expédition.

« Or, le mandant devient créancier et débiteur par le fait « du mandataire qui, personnellement, ne s'oblige pas « et n'oblige pas les autres envers lui, parce que sa « personne s'efface pour faire place à celle du man- « dant (2) ». Par conséquent, le capitaine, dans notre hypothèse, agissant comme mandataire et n'étant pas débiteur, peut jouer le rôle de tiers convenu entre l'armateur et le banquier escompteur du billet à ordre, créancier gagiste.

La même solution devrait être admise, dans le cas où le capitaine aurait souscrit son engagement, sans signaler sa qualité de mandataire. Il doit être considéré alors comme porte-fort de l'armateur, qualité qui, suivant la doctrine et la jurisprudence, n'a pas besoin d'être exprimée et s'induit des circonstances de la cause (3). Or, il est incontestable qu'ici, personne ne doutera, lorsque le capitaine souscrira un billet à ordre, qu'il ne s'engage dans l'intérêt de son armateur. Au point de vue de la possession du créancier gagiste, d'ailleurs, il y aurait peut-être lieu d'appliquer ici, par analogie, l'art. 1.157, C. civ., aux termes duquel, « lorsqu'une clause est susceptible de deux sens, on doit plutôt l'en-

(1) V. Lyon-Caen et Renault, *Manuel*, n° 1.013, *in fine*, p. 710.
(2) V. Baudry-Lacantinerie, *Précis*, 4e édit., t. III, n° 907, p. 567.
(3) V. Baudry-Lacantinerie, *Précis*, 4e édit., t. II, n° 824, p. 575.

tendre dans celui avec lequel elle peut avoir quelque effet, que dans le sens avec lequel elle n'en pourrait produire aucun. »

Si le capitaine est propriétaire de son navire, il est débiteur personnel et définitif de l'engagement qu'il souscrit. Il ne peut, dès lors, jouer le rôle de tiers convenu ni posséder le gage pour son créancier.

Dans cette dernière hypothèse, par conséquent, le banquier qui escompterait le billet à ordre souscrit par le capitaine et garanti en apparence par des marchandises, ne posséderait en réalité aucun nantissement valable. C'est là un point sur lequel l'escompteur doit porter son attention.

Remarquons que pendant le cours du voyage, les questions de validité de possession ne s'agiteront presque jamais. Celles ayant trait à la perte de la possession méritent au contraire d'être examinées dès maintenant.

Voici un cas susceptible de se présenter assez fréquemment. Un commerçant ayant acheté une quantité donnée de marchandises et ayant calculé les échéances des effets qu'il a à encaisser et qui lui permettront de payer le porteur, peut, par suite de la faillite d'un ou de plusieurs de ses débiteurs, se trouver à l'échéance de la traite documentaire sans fonds disponibles suffisants pour solder cette traite. On conçoit qu'en pareil cas, le porteur accorde à son débiteur des délais pour se libérer (1). Le porteur peut même, afin de recevoir un paiement plus rapide, aller jusqu'à remettre à son débiteur les connaissements pour lui permettre de se

(1) V. à cet égard le chapitre suivant.

porter réclamateur, de prendre livraison et de vendre, à charge de payer la traite sur le prix à provenir de ladite vente.

Cette manière de procéder entraîne pour le créancier gagiste la déchéance de son privilège, car par la remise des connaissements à son débiteur, il perd la possession des marchandises.

Nous avons indiqué précédemment, qu'en cours de route, la possession était exercée matériellement par le capitaine, tiers convenu, et que le gagiste avait seulement l'*animus possidendi*. Nous avons également fait remarquer que, dans la possession d'un meuble corporel, détenu par un tiers, le possesseur avait l'*animus* et possédait ainsi indépendamment de tout *instrumentum*. Mais ici — et c'est la particularité des opérations documentaires — le connaissement est réputé à tel point le signe tangible dela possession, que sa remise au débiteur est considérée comme devant entraîner pour le créancier la déchéance de son privilège.

Et, en effet, par cette remise, le créancier gagiste, s'il n'abdique pas formellement l'*animus possidendi* qui complète la détention du *corpus* par le capitaine, agit tout au moins de telle sorte que les tiers, au vu du connaissement qui sert à transmettre la possession, croiront légitimement à la possession et aux droits du détenteur. Or nous verrons que la publicité de la possession est exigée par la loi uniquement dans l'intérêt des tiers.

La remise du connaissement au débiteur, *alors que les marchandises sont encore en cours de route*, fait donc, à notre avis, perdre au créancier la possession de son gage et entraîne pour lui la déchéance de son privilège.

Nous voyons difficilement comment cette opinion, adoptée par tous, peut se concilier avec celle qui n'admet point que la possession du créancier soit symbolisée par la détention du connaissement. Il faudrait alors, en effet, considérer l'*animus possidendi* comme suffisant, indépendamment de tout titre, pour conserver la possession ; et en ce cas, comment la remise du connaissement au débiteur impliquerait-elle abdicationde la possession?

On a invoqué, en sens contraire, des arguments qui nous paraissent loin d'être concluants.

On a dit, qu'il n'y avait pas, dans les cas que nous avons indiqués plus haut, dépossession, mais simple dessaisissement (1). Où se trouve le criterium de la distinction entre le dessaisissement et la dépossession ? Veut-on dire qu'il y avait un mandat donné au débiteur par le créancier ? Mais ce mandat a précisément pour effet d'abolir la condition d'existence du privilège : la possession par le créancier. Dire qu'il y a un mandat n'est pas une explication ; ce seraient, à supposer qu'il existât, ses effets qu'il s'agirait de déterminer.

On s'appuie d'ailleurs, généralement dans cette discussion, sur des considérations pratiques plus ou moins justifiées, mais non sur des arguments juridiques précis.

« Considérant, que la détention momentanée qu'a eue S.
« des documents maritimes et la vente qu'il a faite d'une
« partie des marchandises ne peuvent être considérées
« comme impliquant la renonciation par la CompagnieAlgé-
« rienne à son contrat de nantissement, que ce contrat
« devait être exécuté de bonne foi suivant la commune
« intention des parties, en se conformant aux usages du

(1) V. la note sous *Douai*, 26 janvier 1893, dans la *Rev. Int. du Droit Marit.*, t. IX, p. 151.

« commerce dans l'intérêt bien entendu des contractants ; « qu'il se serait écarté de son but et serait devenu préjudi- « ciable à toutes les parties si le Banquier qui, par ses « avances avait permis au commerçant de réaliser des achats « supérieurs à ses ressources disponibles, avait suivi d'un « œil jaloux son gage jusqu'à sa destination et en eut exigé « alors la réalisation par une vente aux enchères qui en « jetant sur le marché une masse de marchandises aurait « occasionné la ruine de l'opération. — Considérant, que « c'est donc en exécution des conditions inhérentes au « contrat qu'il a été procédé ; que S. a pu avoir momenta- « nément la possession des documents pour acquitter le « fret mis à sa charge.... (1) »

L'argumentation de cet arrêt ne saurait nous convaincre.

La loi, dans l'article 2.076, C. civ., a décidé que le maintien du privilège du créancier gagiste était subordonné absolument à la possession de l'objet donné en nantissement, et cette décision est basée sur l'intérêt des tiers. En effet, lorsque le créancier gagiste a d'une manière effective et publique la possession d'un objet appartenant au débiteur, nul ne peut être induit en erreur et croire que ledit objet fasse partie de l'actif libre de celui avec lequel il serait disposé à contracter. Toutes les fois, au contraire, que les tiers peuvent supposer que celui-ci est propriétaire, sans restriction, ils traitent avec lui, dans la persuasion qu'en cas de faillite par exemple, l'objet considéré représentera une valeur de son patrimoine devant servir à les désintéresser. C'est donc uniquement *au point de vue des tiers* qu'il faut se placer, pour déterminer si ceux-ci ont pu croire que la chose « engagée » appartenait sans limitation au débiteur. Cela ne nous paraît pas contestable.

(1) *Alger*, 7 février 1888, S. 93, 1, 466.

Or, l'arrêt qui précède se place uniquement au point de vue *des parties*. Il déclare « que le contrat de nantissement devait être exécuté de bonne foi suivant la commune intention des parties »... « dans l'intérêt bien entendu des contractants ». Ces expressions sont exactes en soi, mais à notre avis, erronées, dès qu'on veut leur faire produire contre les tiers des effets qu'elles démentent elles-mêmes, puisqu'elles se réfèrent aux rapports des parties contractantes. Or, bien que les Tribunaux aient un pouvoir souverain d'appréciation pour décider si la possession a été perdue ou non, ce pouvoir souverain ne peut s'exercer qu'en se conformant à l'esprit de la loi qui est, comme nous l'avons vu, un esprit de protection pour les tiers. L'examen des rapports entre les parties contractantes ne saurait donc être ici d'aucun poids.

L'arrêt dit encore, que le contrat serait devenu préjudiciable aux parties, si le créancier avait suivi son gage « d'un œil jaloux ». Mais la jalousie du créancier, si tant est qu'il y ait jalousie, est ici la *condition* légale du maintien de ses droits.

La Cour ajoute que les banquiers ne pouvaient procéder au déchargement, ni avoir un service organisé dans un tel but. Sans doute, ils n'opéreront pas eux-mêmes le débarquement, mais ils s'adresseront à des commissionnaires dont c'est précisément la profession. Nous verrons du reste que, dans les opérations documentaires, il est d'une pratique courante que le banquier soit, par la force des choses, obligé de se porter réclamateur (1).

(1) V. *infrà*, chap. V, section II.

Cette dernière considération invoquée par l'arrêt ne saurait d'ailleurs avoir aucune influence sur le fond du droit, car c'est aux parties à savoir par quel contrat elles se lient et à connaître la nature de leurs moyens d'action.

On a enfin, invoquant le droit d'appréciation souveraine des tribunaux, rappelé, par analogie, que la possession peut ne pas être considérée comme perdue, malgré la remise faite des clefs du magasin au débiteur, afin que celui-ci donne ses soins à la chose. Mais cette solution est loin de pouvoir être adoptée d'une manière absolue, (V. *infrà*, art. 2).

Dès maintenant, faisons remarquer que l'hypothèse a trait au cas où les marchandises sont à terre et emmagasinées, c'est-à-dire dans des conditions où la faculté de visite et d'échantillonnage ne fait aucun doute. Il en est autrement à notre avis, quand le débiteur présente à quiconque veut le voir, un titre lui donnant droit à la délivrance, qu'il traite personnellement avec le capitaine, paie le fret, emmagasine et vend. Il n'y a plus ici à parler d'une intervention temporaire du débiteur, auprès de la marchandise restée, malgré cela, aux yeux de tous, sous le contrôle du créancier ; là, les rôles sont renversés et c'est le débiteur qui se comporte en possesseur *absolu*. La possession du créancier n'existe plus même en apparence ; il n'a en effet ni la détention de la marchandise, ni le titre lui-même.

En résumé, l'arrêt de la Cour d'Appel d'Alger, en tirant des rapports *entre les parties* des arguments pour caractériser la possession du créancier, laquelle ne doit être considérée qu'en se plaçant *au point de vue des tiers*, a commis une erreur *de droit*. Mais, dès que l'on se place au véritable point de vue — celui des tiers — c'est bien uniquement par des considérations pratiques, que l'on peut examiner si la possession a été perdue ou non. C'est pourquoi les tribunaux ont ici un pouvoir souverain d'appréciation échappant au contrôle de la Cour de Cassation.

Les solutions que nous défendons sont consacrées par l'arrêt suivant de la Cour de Douai (1) dont nous citons les principaux considérants à raison de leur importance doctrinale. Nous les transcrivons à cette place, bien que l'espèce rentre, en fait, dans les cas, examinés plus loin sous les paragraphes 2 et 3, car nous verrons qu'au point de vue de la perte de la possession, ces deux cas doivent être assimilés à celui où la marchandise est en cours de route.

« Attendu, qu'après avoir été régulièrement nantie, ainsi « qu'il vient d'être dit, à titre de gage, par le connaisse- « ment, de la cargaison du « Cordova », la Société Géné- « rale s'est volontairement dessaisie de ce document qu'elle « a remis le 14 avril 1892 à ses débiteurs propriétaires de « cette cargaison.

« Que porteurs dudit connaissement D. Morel et Com- « pagnie ont acquitté les droits de douane, pris livraison « de la marchandise, déchargé le navire et facturé plus « des trois quarts du chargement à leurs acheteurs, le tout « en leur nom, au vu et su de la Société Générale et sans « protestation de sa part.

« Attendu, qu'aux termes de l'article 92 du Code de « Commerce, le privilège conféré au créancier gagiste par « l'article 2.073 du Code civil, ne subsiste qu'autant que le « gage a été mis et est resté en la possession du créan- « cier ou d'un tiers convenu entre les parties ;

« Qu'il est incontestable en fait, qu'au moment où les

(1) *Cour d'Appel de Douai*, 26 janvier 1893, S. 93, 2, 233.

« appelants ont pratiqué leur saisie et introduit leur ins-
« tance, la marchandise par eux revendiquée, n'était plus
« en la possession de la Société Générale.

« Que le titre représentatif de cette marchandise se trou-
« vait entre les mains de D. Morel et Cie *qui en usaient*
« *comme de chose à eux appartenant ;*

« Que ce titre leur avait été remis sans que cette remise
« fut nécessitée par l'intérêt de la conservation de la mar-
« chandise ;

« Que le navire ou les wagons qui contenaient alors
« ladite marchandise, n'avaient à aucun point de vue le
« caractère de magasins de la Société Générale ;

« *Que la condition imposée par cette Société à ses débiteurs,*
« *dans sa lettre sus-visée, d'opérer le déchargement pour son*
« *compte, ne pouvait avoir pour effet, surtout à l'égard des*
« *tiers, de constituer D. Morel et Cie ses mandataires et de*
« *substituer à leur qualité de débiteur celle de tiers convenu*
« *entre les parties ;*

« *Qu'à l'égard des tiers, cette dernière qualité ne peut*
« *appartenir au débiteur ;*

« *Que le gage ne leur est opposable qu'autant que le débi-*
« *teur en soit matériellement dessaisi et que le créancier soit*
« *mis et reste en possession de la chose gagée ;*

« *Que toute restitution, même conditionnelle, faisant rentrer*
« *cette chose dans les mains du débiteur en la plaçant osten-*
« *siblement dans son patrimoine, opère dépossession légale du*
« *créancier et rend celui-ci non recevable à se prévaloir de*
« *son privilège....* »

L'argumentation de l'arrêt qui précède nous paraît inspirée par des véritables principes du droit en la matière et nous ne pouvons qu'y adhérer pleinement.

§ 2. — La marchandise est arrivée, mais se trouve encore à bord.

Nous avons dit que la remise du connaissement au débiteur, alors que les marchandises étaient en cours de route, faisait perdre au créancier gagiste la possession de son gage et par suite son privilège. Cela est exact également lorsque, le navire étant arrivé, les marchandises sont encore à bord. Les conditions de la possession sont, en ce cas, les mêmes que lorsque le navire est encore en cours de route, car la publicité de la possession ne peut dériver pour les tiers que du connaissement. Or, celui-ci indique que la marchandise est aux droits du créancier gagiste, porteur du connaissement ; elle ne peut donc être considérée comme faisant partie de l'actif libre du débiteur. Nous ne pensons pas que la détention de la marchandise par le capitaine constitue, à l'égard des tiers, la possession publique du créancier. Cette détention sera en effet ignorée des intéressés, c'est-à-dire des créanciers du débiteur autres que le porteur de l'effet documentaire.

La remise du connaissement aura donc, dans le cas où la marchandise arrivée se trouve encore à bord, le même effet que lorsqu'elle se produit en cours de route ; le porteur créancier gagiste perdra irrévocablement son privilège.

§ 3. — La marchandise est débarquée, mais n'est pas encore emmagasinée.

Quid, par exemple, si la marchandise est à quai, en gare ? Peut-elle être considérée dans ces hypothèses comme étant en la possession réelle et matérielle du gagiste ? La jurisprudence a eu fort souvent à résoudre ces questions en cas de faillite, lorsqu'il s'agissait de savoir si des marchandises se trouvant dans ces situations, pouvaient être considérées comme entrées dans les magasins du failli et échappaient par conséquent à la revendication du vendeur impayé. Sans examiner la question de faillite, les solutions données par les Tribunaux peuvent s'appliquer ici *a fortiori*, l'Art. 576 étant plus restrictif que l'Art. 92, C. comm.

Nous estimons que l'on ne pourrait assimiler aux magasins du gagiste ou à un dépôt public les quais d'un port ou d'une gare, qui sont des lieux de transit et ne sauraient être constitués magasins ou considérés comme tels, qu'en vertu d'une convention spéciale bien difficile à concevoir (1).

Nous ne croyons pas non plus que des marchandises sur allèges puissent être considérées comme étant en la possession réelle du gagiste; mais nous serions disposés, contrairement à des arrêts rendus en matière de faillite, à admettre qu'un bateau *appartenant au créancier gagiste* doit être assimilé à ses magasins.

En résumé, dans tous les cas où les marchandises sont, soit sur allèges, soit sur quais, soit en gare, nous estimons que la remise du connaissement au débiteur fait perdre au créancier la possession des objets qui constituent son gage. Il y a ici les mêmes raisons de décider que dans les hyothèses où la marchandise est en cours de route ou non débarquée.

(1) *Orléans*, 24 mai 1859, S. 60, 2, 87. — *Aix*, 4 mai 1869, S. 70, 2, 71. — *Limoges*, 24 mars 1870, S. 70, 2, 202.

ARTICLE II

De la possession des marchandises sous la main mise du créancier gagiste.

§ 1er. — Généralités.

Lorsque le tiré a demandé des délais pour vérifier la marchandise, le porteur, obligé de se porter réclamateur, a dû faire emmagasiner soit dans ses magasins soit dans un dépôt public. (*Infrà,* ch. V).

A dater de ce moment le porteur exerce une possession matérielle. Avant d'examiner quelles sont les conditions que doit réunir cette possession, faisons remarquer qu'il ne peut plus être question ici de perte de possession par la remise du connaissement au tiré.

En effet, la détention précaire du capitaine a pris fin et la possession du porteur n'est plus subordonnée à la condition nécessaire de la détention du connaissement. La possession du créancier gagiste pouvait se trouver perdue pendant la traversée du navire, parce que le connaissement étant un titre à la délivrance des marchandises, sa détention par un autre que le porteur de l'effet documentaire faisait apparaître aux yeux des tiers que le débiteur avait la disposition du gage.

Ces raisons ne trouvent plus leur application, du jour où la marchandise est emmagasinée. La remise au débiteur du connaissement, titre à la délivrance, ne saurait dès lors faire perdre la possession au créancier gagiste, puisque la délivrance a été effectuée et que le connaissement portant la mention « accompli » ne pourrait faire illusion aux tiers. Ceux-ci prétendraient à tort avoir cru que les marchandises fussent dans l'actif libre du débiteur. Cette persuasion ne saurait se baser que sur des actes d'intervention directe du possesseur sur l'objet lui-même. C'est là, en effet, le droit commun de la possession, dans lequel on rentre dès qu'ont pris fin les particularités relatives à des marchandises en cours de route, sur lesquelles ni le débiteur ni le créancier n'exercent de possession matérielle.

En un mot, la remise du connaissement ne fait plus, après le débarquement, perdre la possession, c'est-à-dire qu'à cet égard, comme à tous autres, il est désormais vide de signification.

Examinons maintenant les conditions que doit réunir la possession du créancier gagiste sur les marchandises entreposées ou dans ses magasins.

La possession en matière de gage doit être effective. Les auteurs et la jurisprudence sont sur ce point formels et en parfait accord (1). C'est ainsi qu'il a été jugé, à bon droit, qu'il n'y avait pas possession effective du créancier gagiste, si celui-ci, ayant reçu en nantissement des machines, avait désigné comme tiers détenteur le propriétaire de l'usine où se trouvaient lesdites machines, données en gage par le locataire, alors que ce dernier en avait la possession et la garde. Une solution contraire devrait être admise, si le locataire, tout en gardant l'accès des locaux où se trouvaient les machines, n'avait

(1) Guillouard. *Nantissement*, n° 94. — Baudry-Lacantinerie et de Loynes, *Traité*, t. 1, n° 64. — *Cass.*, 25 novembre 1891, 91, 2, 735, S. 93, 1, 465. — *Cass.*, 29 décembre 1875, S. 76, 1, 109, D. 76, 1, 219.

pas à sa disposition les clefs de l'atelier, restées aux mains du propriétaire tiers convenu (1).

Cette dernière affirmation présentée d'une façon aussi générale nous laisse des doutes. Le but de la possession en matière de gage est, on le sait, un but de publicité destiné à avertir les tiers que tel ou tel objet ne fait plus partie de l'actif libre du débiteur. Or, dans la seconde hypothèse prévue, il nous paraît difficile de donner une solution générique. Il doit y avoir là place à une appréciation des faits. Si le locataire, dans l'espèce citée, tout en étant obligé de demander les clefs au tiers convenu, a l'accès presque permanent des locaux et que ce soit une simple formalité pour lui que de réclamer ces clefs, chaque matin par exemple, il nous paraît évident que le but de la loi n'est pas rempli et que les tiers ignoreront presque certainement la constitution de gage qui s'est produite. En pareil cas donc il faudrait décider que le privilège du gagiste est perdu.

Au reste, il ne peut y avoir en la matière que des solutions particulières, la Cour de Cassation reconnaissant aux Tribunaux un pouvoir souverain d'appréciation, pour décider si la possession du créancier gagiste est une possession effective ou non (2).

Leurs décisions ne sont donc point susceptibles d'un recours en cassation (3).

(1) *Cass.*, 19 mars 1878, S. 78, 1, 261.

(2) V. *Cass.*, 17 août 1871, S. 71, 1, 134. — *Cass.*, 28 avril 1884, S. 86, 1, 116 et 117; D. 85, 1, 59, — *Cass.*, 29 décembre 1375, S. 76, 1, 109. — *Cass.*, 25 novembre 1891, S. 93, 1, 465.

(3) *Sic.* Crépon. *Du Pourvoi en Cassation en matière civile*, t. III, n° 772.

§ 2. — Des actes d'intervention du débiteur sur la chose donnée en gage.

La possession du gagiste doit être réelle et effective. S'ensuit-il que cette possession soit exclusive de toute intervention temporaire du débiteur, et que, sous peine de voir s'éteindre son privilège, le créancier ne doive plus, du jour du contrat de nantissement, ou plus exactement du jour de son entrée en possession, tolérer désormais aucun rapport entre le propriétaire de l'objet et cet objet lui-même ? Ce serait là une solution excessive. Possession, publicité pour les tiers sont synonymes ; toutes les fois donc que l'intervention du débiteur ne portera pas atteinte à la publicité requise, cette intervention sera compatible avec la possession du créancier gagiste et son privilège se maintiendra intact.

Ici, comme plus haut, sur la question de savoir s'il y a possession effective ou non, les Tribunaux ont le plus large pouvoir d'appréciation, pour décider si une possession, au début effective et véritablement publique, s'est trouvée ou non viciée par la suite, au point d'entraîner la perte du privilège. (V. les arrêts cités à la note 2, de la page précédente).

A. — On reconnaît généralement que le débiteur peut donner ses soins à la chose, pourvu toujours que la possession exclusive du créancier n'en soit pas affaiblie. Troplong *(Du Nantissement*, n° 313) s'exprime ainsi : « Rien, dans la nature du nantissement, ne s'oppose à « ce que la possession du créancier soit mélangée d'une

« intervention du débiteur « à titre précaire » pour soi-
« gner et conserver la chose (1) ».

C'est à cette idée que s'attache également la jurisprudence. Ainsi, pour citer un exemple reproduit partout et approuvé par tous, un arrêt décide que le créancier ayant un gage sur des vins mousseux exigeant des soins spéciaux, a pu, sans perdre la possession, accorder à des reprises différentes, à son débiteur, l'entrée des locaux, afin que celui-ci pût donner aux vins des soins que ses connaissances spéciales permettaient à lui seul de leur donner (2).

Sur ce point, comme dans tout ce qui se rattache à la possession en matière de gage, il y une question de mesure à observer. Le juge est ici un véritable ministre d'équité qui, en face de la règle précise, mais très large, de l'art. 2.080, Code civil, a un pouvoir absolu pour décider, suivant la nature de l'objet donné en gage et les circonstances de la cause.

Les soins à donner aux marchandises par le débiteur sont donc compatibles avec le maintien du privilège du créancier.

B. — Ces rapports du débiteur avec les marchandises objet du nantissement ne sont pas les seuls. Il possède, d'après les usages du commerce, le droit de visite et d'échantillonnage (3).

En matière terrestre, l'objet du gage est presque toujours examiné et agréé par le créancier avant la cons-

(1) Dans le même sens, Pont., *Petits Contrats*, t. 2, n° 1.127, p. 618, qui aboutit à des conséquences que nous estimons excessives.

(2) *Cass.*, 4 août 1842, S. 42, 1, 925.

(3) V. Lepeltier, *Le Portefeuille*, p. 188.

titution et il sait la valeur de ce qui lui est confié, comme le débiteur connaît la nature, quantité et valeur de choses qui sont sa propriété. On ne conçoit donc aucune intervention justifiable de ce débiteur pour visiter ou prélever des échantillons. Dans la traite documentaire au contraire, le gage a été conféré au créancier sur des marchandises que le débiteur n'a jamais vues et dont la qualité, partant la valeur, lui sont absolument inconnues. Il est donc juste et raisonnable de lui permettre, dans l'intérêt même du créancier, de se faire une idée exacte de la cargaison sur laquelle repose toute la combinaison juridique de la traite documentaire.

Ces particularités relatives au gage documentaire sont de telle nature, qu'elles expliquent les facilités données au débiteur et justifient principalement le droit d'échantillonnage qui paraît le plus exorbitant.

Au point de vue légal, l'exercice de ces droits par le débiteur est justifié par sa qualité de propriétaire des marchandises. L'échantillonage et la visite des marchandises ne portent d'ailleurs pas atteinte à la possession du créancier gagiste et le pouvoir souverain d'appréciation des Tribunaux s'exerce à leur égard, pour les autoriser, dans les mêmes conditions, qu'en ce qui concerne la faculté laissée au débiteur de donner ses soins à l'objet du gage lorsque cela est nécessaire.

Nous devons examiner, avant de quitter l'étude de la possession, des questions qui, comme on le verra, s'y rattachent intimement : ce sont celles relatives aux conflits qui s'élèvent entre différents porteurs d'un même connaissement.

SECTION III

DES CONFLITS ENTRE PORTEURS DE DIVERS EXEMPLAIRES D'UN MÊME CONNAISSEMENT

Le Code de commerce, article 282, exige la rédaction du connaissement en quatre originaux au moins. En pratique, le nombre de ceux-ci est, pour des raisons diverses, parfois considérable (six ou huit, en faisant abstraction des duplicatas).

Un chargeur peut, *ad inopiam vergens* et dans l'illusion de sauver sa situation, endosser à la fois sur le même chargement plusieurs connaissements à des escompteurs différents. Le fait s'est présenté assez fréquemment. Deux cas peuvent surgir.

§ 1er. — La délivrance des marchandises n'a pas eu lieu.

Les deux porteurs se présentent en même temps au capitaine et réclament livraison des marchandises.

Conformément aux principes généraux, la préférence se réglera d'après la date respective des endossements (1), car c'est elle qui détermine lequel des deux porteurs a été le premier mis en possession de la marchandise.

La date des endossements sera généralement facile à prouver, puisque conformément à l'article 137, C. comm., tout endossement doit être daté.

Mais il peut arriver que ceux-ci aient été faits le

(1) V. *Cass.*, 12 mai 1885, S. 86, 1, 473. — *Rouen*, 7 mai 1887, D. 89, 2, 81. — Solution admise déjà dans l'ancien droit. V. une sentence du Parlement, de mai 1754, citée par Emérigon, *Traité des assurances*, Ch. XI, Sect. III, § 7.

même jour. Alors se présente la question de savoir, s'il est licite de rechercher, pour fixer la priorité des endossements les uns sur les autres, l'heure à laquelle ils ont été passés, ou si l'on doit s'en tenir simplement à la règle établie par l'article 2.147 Code civil, pour les inscriptions hypothécaires et suivant laquelle un rang identique est assigné à toutes les inscriptions prises le même jour.

Nous serions disposés à considérer, avec la généralité des auteurs, que la recherche de l'heure est licite, quoique la loi n'y soit guère favorable en général (V. art. 1.304, 2.260, C. civ.). L'existence même de l'art. 2.147, C. civil laisse en effet supposer que le droit commun permet de régler les questions de priorité d'après les heures où les actes ont été accomplis. Cette solution paraît du reste la seule logique, car dès qu'on l'abandonne on tombe dans l'arbitraire : pourquoi en effet se borner à déclarer égaux les droits nés le même jour et non pas aussi ceux nés deux, trois jours après ?

L'art. 332, C. com., qui prescrit à l'assureur de mentionner dans la police si le contrat a été passé avant ou après midi fournit également un argument en faveur de la solution que nous avons adoptée.

La preuve de l'inexactitude d'un endossement, nous l'avons assez longuement indiqué précédemment, est toujours permise aux tiers qui ont intérêt à le contester. Ils pourront donc administrer cette preuve et par tous moyens, puisque l'on se trouve en matière commerciale. (Art. 109, C. comm).

De même, si la date des endossements n'est pas contestée, la preuve de l'heure à laquelle ils ont été passés pourra être faite par la correspondance des parties, leurs livres de commerce etc,... (1). Dans cet ordre d'idées, un jugement du Tribunal de Honfleur (2) a décidé que les numéros d'ordre des chèques (il s'agissait de chèques documentaires) n'étaient pas une présomption suffisante pour établir la priorité de l'un des porteurs sur l'autre.

Il peut arriver qu'il soit absolument impossible de déterminer l'heure à laquelle des endossements datés du même jour ont été passés. En ce cas, les porteurs du connaissement doivent venir en concours (3).

§ 2. — La délivrance des marchandises a eu lieu en faveur de l'endossataire second en date.

Le porteur du connnaissement portant un endossement postérieur à celui du premier a obtenu du capitaine la délivrance des marchandises.

Le premier endossataire conserve-t-il le droit préférable qui résulte pour lui de l'antériorité de l'endossement passé à son profit, ou bien la délivrance, effectuée en faveur du second porteur, a-t-elle eu pour effet de lui faire perdre le privilège qu'il avait jusque-là conservé ?

Telle est la question qui s'est posée plusieurs fois et qui a été résolue en sens opposés par de hautes autorités.

(1) Nous ne pouvons mieux faire, sur les divers points qui précèdent et relatifs à la recherche de l'antériorité des actes les uns sur les autres, que de renvoyer à l'étude très complète de M. Chavegrin, dans une note étendue sous *Cass.*, 12 mai 1885. S. 86, 1, 473.

(2) *Trib. de Honfleur*, 29 juin 1882, S. 86. 1, 473.

(3) V. *Cass.* 17 août 1859, *Rec.* Hâvre 59. 2. 280. — *Caen*. 6 juin 1882. S. 84. 2. 136. — *Cass.*, 12 mai 1885. S. 85. 1. 473. D. 85. 1, 185. — *Rouen*, 7 mai 1887. D. 89, 2, 81.

MM. Lyon-Caen et Renault, *Traité*, t. V, n° 726, et M. O. Marais dans une étude doctrinale (*Revue internationale du Droit Maritime*, t. V, p. 281 et suivantes), se prononcent pour la perte du privilège du premier endossataire lorsque le second a obtenu la délivrance.

Au contraire, M. Desjardins (1) en ses conclusions sur une espèce rapportée dans Sirey, 86, 1, 473 (*Cass.*, 12 mai 1885), et M. Levillain dans une note étendue sous *Rouen*, 7 mai 1887, D. 89, 2, 85, se prononcent pour le maintien du privilège du premier endossataire.

C'est à cette dernière opinion que nous croyons devoir nous rallier.

L'argument principal invoqué en sens contraire consiste à dire que la loi, dans les art. 2.076, Code civil, et 92, C. comm., exige pour la conservation du privilège du gagiste, non seulement que celui-ci ait été mis en possession, mais qu'il y soit resté. Nous n'avons garde de contredire une vérité aussi certaine. C'est cependant la méconnaissance de ce principe que l'on impute à l'opinion que nous soutenons et il faut reconnaître que les auteurs qui la défendent semblent avoir donné assez de prise à cette critique, car M. Desjardins en ses conclusions dans l'affaire Bossière-Brochner, et

(1) M. Desjardins avait auparavant, dans son *Traité de Droit Commercial Maritime*, t. IV, n° 945, adopté la solution contraire. D'autre part, M. Lyon-Caen, après avoir défendu la solution à laquelle nous nous rangeons, est revenu sur sa première opinion et accorde par conséquent la préférence au porteur qui a obtenu la délivrance des marchandises. (V. M. Lyon-Caen, *Rev. Critique*, 1890, p. 384).

M. Levillain, dans la note citée, se bornent à présenter à l'appui de leur thèse des considérations pratiques, évidemment insuffisantes pour répondre à l'argument de droit invoqué à juste titre par leurs adversaires.

Voici comment s'exprime M. Levillain, *loco citato* :

« Nous croyons que, dans ce cas, la priorité appartient « à celui qui a été nanti régulièrement le premier du con- « naissement et que, si les deux ont été nantis simultané- « ment, ils doivent venir en concurrence. La transmission « du connaissement, régulièrement opérée, investit celui « au profit duquel elle a eu lieu de la possession de la « marchandise, comme le ferait une possession effective; et, si « elle est de bonne foi, elle lui en confère irrévocablement « la propriété ou consolide définitivement le gage qui lui a « été attribué. *La livraison, même matérielle, qui, par la « suite, aurait eu lieu entre les mains de tel ou tel, ne sau- « rait porter atteinte à ses droits.* C'est donc uniquement « d'après l'ordre dans lequel les cessions ou négociations « des connaissements ont eu lieu et sans qu'il y ait à se « préoccuper des livraisons effectives, opérées ultérieure- « ment, que doit se déterminer le rang entre les divers « porteurs ».

M. Desjardins se demande, dans ses conclusions, si on ne doit pas appliquer au second endossataire la maxime *occupantis melior solet esse conditio*.

« Je ne le pense pas, continue l'éminent avocat-général. « Qu'est-ce que peut engendrer cette possession ? Un droit « de rétention fondé sur l'art 2.082, C. civ., rien de plus. Le « commissionnaire (telle était dans l'espèce la qualité du second « endossataire) peut assurément opposer ce droit au com- « mettant qui réclame les marchandises sans rembourser « les avances, mais non aux tiers. Ainsi que l'enseigne « M. le Président Pont (*Petits contrats*, Tome II, n° 1.184, « et 1.185), le droit de rétention du gagiste n'a d'effet que

« dans les rapports du créancier et du débiteur. Il laisse « donc aux autres créanciers du débiteur la faculté de « saisir la chose donnée en nantissement et de la faire « vendre sans tenir compte de la possession du gagiste et « sans avoir à le désintéresser ».

L'argument tiré du fait que le créancier qui a pris possession n'a qu'un droit de rétention, ne paraît pas de nature à résoudre la difficulté. En supposant que le droit de rétention soit personnel et non réel, ce qui est une question des plus controversées, il faudrait démontrer que le créancier mis en possession réelle a uniquement un droit de rétention.

Il s'agit donc de déterminer pourquoi le premier endossataire n'a pas perdu la possession de son gage. On a vu par les extraits qui précèdent que cette démonstration n'a pas été tentée.

Peut-être est-elle possible. En effet, on dit dans l'opinion que nous discutons, que le second endossataire a perdu la possession par la remise que le capitaine a faite au premier de la marchandise; le capitaine a en effet cessé de ce jour d'être un tiers convenu et d'avoir la détention matérielle pour le compte du premier créancier gagiste.

Cette analyse nous paraît insuffisante. Elle suppose que la détention matérielle par le capitaine est indispensable pour que la possession subsiste au profit du premier porteur. Or, nous ne croyons pas qu'il en soit ainsi.

La loi française n'a pas établi de théorie générale de la possession, sauf en ce qui concerne les conditions spéciales imposées à la possession en vue de la prescription acquisitive. Il faut donc en cas de difficultés se référer aux principes établis par les jurisconsultes romains.

On admit à Rome que la possession des *saltus hiberni* ou des *saltus æstivi* destinés aux pâturages des troupeaux transhumants, pouvait se maintenir, malgré l'absence de possession matérielle pendant un certain nombre de mois et être conservée par conséquent *animo solo*, jusqu'au moment où les intéressés viendraient les réoccuper (D. de Vi, XIIII, 16, 1, § 26).

La distinction des meubles et des immeubles n'a jamais acquis à Rome l'importance qu'elle devait avoir dans les législations postérieures. Cette conservation de la possession *animo solo* ne s'appliqua, au début, qu'aux fonds immobiliers. Mais sous Justinien, elle a été étendue aux meubles comme aux immeubles. C'est ce qui ressort des textes qui suivent :

«... uti ille vincat, et in re soli *et in re mobili*, qui pos- « sessionem nec vi nec clam nec precario ab adversario « litis contestatæ tempore, detinet ».

Et plus loin :

« Quinctiam, *animo solo retineri possessionem placet*, id » est ut *quamvis neque ipse sit in possessione neque ejus nomine* « *alius*, tamen si non relinquindae possessionis animo dis- « cesserit, *retinere possessionem videatur* (1) ».

Cette théorie est celle qui est encore appliquée aujourd'hui en matière d'actions possessoires, pour l'exercice de la réintégrande. Nous ne voyons pas de raisons, dans le silence de la loi, pour ne pas appliquer en matière mobilière les mêmes principes, basés sur les mêmes

(1) Instit. Livre IV. Titre XV. *De interd.*, § 4 et 5.

raisons d'équité. On nous objectera, peut-être, que ces observations ne peuvent trouver leur application que lorsque la dépossession a été le résultat d'une violence. Mais une simple voie de fait suffit (1) et même une simple dépossession opérée d'autorité privée (2). Or, cette dépossession peut avoir été exécutée sur une chose à l'égard de laquelle depuis longtemps aucun acte exprès de possession n'a été fait, c'est-à-dire que celui qui opère la dépossession peut être d'entière bonne foi.

Le second endossataire, supposé de bonne foi, a pris possession des marchandises, soit. Mais il n'a pu empêcher que le premier ne conservât l'*animus possidendi* sur la chose dont son contradicteur a obtenu la délivrance de la part du capitaine.

On a prétendu (3), que le connaissement conservé par le premier endossataire n'avait plus aucune signification, puisque c'était un titre à la délivrance des marchandises, livraison désormais effectuée au profit d'une autre personne. Nous ne voyons pas, pour notre part, en quoi ce fait peut influer sur la solution. D'abord, le connaissement, s'il est un titre donnant droit à la délivrance, est également la preuve d'un droit, non seulement contre le capitaine, mais contre le chargeur; nous avons montré d'ailleurs que nous considérions que la possession était valablement retenue *animo solo*.

On a soutenu (4), qu'accorder au second endossataire la survivance de sa possession, c'était établir à son profit un véritable droit de suite mobilier, car

(1) V. Boitard, 12e édit., n° 626, p. 616.
(2) V. *Cass.*, 18 février 1835, S. 35, 1, 886.
(3) O. Marais, article cité.
(4) O. Marais, article cité.

l'art. 2.279, C. civ., alinéa deuxième, ne s'applique pas même à l'abus de confiance, et encore moins à une livraison faite de bonne foi par le capitaine. Nous ne pensons pas que cet argument soit décisif. A notre avis, l'art. 2.279, C. civ., est étranger à la difficulté. Il tranche une question de propriété et nous sommes ici en matière de possession. Le texte qui devrait s'appliquer par analogie, serait bien plutôt l'article 2.280, alinéa 2, ajouté par la loi du 11 juillet 1892, et qui, précisément dans une question de privilège, admet la revendication du bailleur lorsque les meubles, objet de son privilège, ont été déplacés sans son consentement.

Enfin, on a dit (1) que, si la possession matérielle et la possession symbolique avaient le même effet, il était contradictoire de l'affirmer et de donner la prééminence à la possession symbolique sur la possession réelle (2).

Nous avons essayé de montrer que ces expressions ne touchaient pas au fond du droit. Dans la théorie de la jurisprudence, on considère que la possession, qualifiée de « symbolique » uniquement pour la commodité du langage, n'a pas été perdue par le premier endossataire. La préférence accordée à celui-ci est basée sur ce que les principes du droit semblent militer en sa faveur et non point sur ce qu'il serait un possesseur d'une espèce particulière.

Les considérations qui précèdent nous conduisent à la conclusion qu'en cas de conflit entre deux porteurs

(1) V. M. Lyon-Caen, sous *Cass.*, 31 mai 1892, S. 94, 1, 81.

(2) Faisons observer que certains auteurs qui rejettent ces expressions en les discutant, sont amenés, par la force même des choses, à les employer. Cf. O. Marais, Article cité, qui parle, p. 293, de la *possession par le titre* et de la *possession par le fait*.

de connaissements, tous deux de bonne foi, lorsque le second endossataire a obtenu la délivrance, le privilège du premier n'en subsiste pas moins, car sa possession n'a pas été perdue (1).

Quel est le résultat de cette théorie au point de vue pratique? Elle nous paraît, quoi qu'on en ait dit, être plus conforme à l'équité que la thèse adverse. Il est juste en effet qu'un créancier dont les droits sont nés antérieurement à ceux d'un second créancier, ne se trouve pas lésé par la concession ultérieure et abusive des mêmes droits à ce dernier, lorsque le premier en date n'a commis aucune faute, ni aucune négligence, et que le seul fait d'un tiers constitue une intrusion dans ses droits.

Nous avons supposé jusqu'ici que les deux porteurs en conflit tenaient tous les deux leurs droits du chargeur.

Différentes autres hypothèses peuvent se présenter, lorsque l'un des porteurs tient ses droits d'un mandataire soit du chargeur soit du destinataire. Leur examen n'est pas sans intérêt.

Voici le résumé des cas ainsi prévus (2) :

A. — Le *destinataire* se trouve en conflit avec un tiers porteur auquel le chargeur a transmis un exemplaire avec mission de recevoir *à titre de mandataire* pour le

(1) Dans notre sens, Desjardins en ses conclusions, *Cass.*, 12 mai 1885, S. 86, 1, 473. — Levillain, note sous *Rouen*, 7 mai 1887, D. 89, 2, 81. — *Rouen*, 22 juillet 1886, *Rec. Havre*, 87, 2. 74. — *Cass.*, 31 mai 1892, S. 94, 1, 41. — Contrà, Lyon-Caen et Renault, t. V, n° 726. — M. Lyon-Caen, *Revue Crit.*, 1890, p. 531 et suivantes. — *Havre*, 30 août 1881. *Rec. Havre*, 81, 1, 234.

(2) Levillain. Note dans D. 89, 2, 81.

destinataire. Il est d'évidence que le destinataire doit être préféré.

B. — Même hypothèse, mais le mandataire du chargeur a transmis l'exemplaire à lui confié à un tiers de bonne foi.

La préférence nous paraît devoir être accordée ici encore au destinataire, car l'art. 2.279 règle bien les rapports entre celui qui a été rendu propriétaire en vertu d'un abus de confiance et le propriétaire dépouillé. Mais il faut supposer que le mandataire infidèle a été constitué par le propriétaire lui-même. Tel n'est point le cas, puisque le mandataire a été constitué par le chargeur et qu'il n'a pu transmettre à un tiers des droits sur la marchandise que réserve faite de ceux existant déjà au profit du destinataire.

C. — Le conflit s'élève entre tiers porteurs qui tiennent leurs droits du chargeur, mais l'un comme mandataire, l'autre comme créancier gagiste.

L'application des règles du mandat, lequel ne limite aucunement les droits du mandant, doit conduire à préférer celui qui tient ses droits de ce dernier. Le mandant conserve toute faculté de transmettre l'exemplaire qu'il a conservé à titre de propriété ou de gage. Le mandataire n'a pas d'intérêt personnel à exiger la délivrance et du reste, l'endossement opéré par le chargeur peut être considéré comme ayant révoqué le mandat par lui donné.

D. — Le conflit s'élève entre tiers porteurs tenant leurs droits, l'un du chargeur, l'autre du destinataire, mais le destinataire est ici un simple mandataire.

Nous appliquerions ici l'art. 2.279, dans le sens où nous l'avons entendu sous le paragraphe B. Le tiers porteur tenant ses droits du chargeur serait préféré à celui qui tient ses droits du mandataire.

E. — Le chargeur et le destinataire non mandataire, ayant des droits propres, ont chacun consenti un droit de gage. En ce cas, la préférence se détermine d'après l'ordre des endossements. (En ce sens, Levillain, note citée).

En ce qui touche les paragraphes A. B. D. et E, les hypothèses envisagées ne nous paraissent pas devoir se produire *en matière de traite documentaire*. Dans chacun des quatre cas prévus, en effet, il faut supposer que le destinataire possède un des originaux du connaissement qu'il a transmis, soit à un mandataire pour prendre livraison, soit à un tiers à titre onéreux.

Or, nous avons eu l'occasion de faire remarquer qu'il est contraire à la logique, que le tireur, lorsque c'est lui-même qui est porteur de l'effet documentaire, transmette au tiré destinataire un exemplaire du connaissement, puisque ce dernier pouvant prendre alors livraison des marchandises, ne se préoccuperait plus de faire honneur à la traite.

Le seul cas susceptible de se présenter est celui prévu par le paragraphe C. Cependant il y a lieu de remarquer que, si le porteur n'est pas le tireur lui-même, mais un escompteur, ce dernier ne consentira à escompter les effets qui lui sont présentés, que si mention est faite sur l'exemplaire qui lui est remis, du nombre des originaux créés et qu'il lui soit justifié entre les mains de qui se trouvent les autres exemplaires. Nous verrons en outre plus loin que, suivant une pratique qui tend à se généraliser, il est créé des séries de connaissements avec la mention « non transférable » sur les exemplaires qui appartiennent soit au capitaine, soit au chargeur. Il faut donc supposer pour que notre hypothèse se réalise, à la fois fraude du chargeur et méconnaissance de ses intérêts par l'escompteur. C'est ce qui s'est produit en effet dans les espèces que fournit la jurisprudence et que nous avons examinées plus haut.

CHAPITRE V

DROITS ET DEVOIRS DU PORTEUR

Après avoir donné un aperçu général de la Traite documentaire, puis étudié ses éléments, il convient d'examiner les devoirs du porteur, à partir du jour où il est devenu créancier gagiste et la marche qu'il devra suivre pour arriver, soit au paiement de la traite, soit si cela devient nécessaire, à la réalisation de son gage.

SECTION I

DROITS ET DEVOIRS DU PORTEUR QUANT A L'ACCEPTATION DE LA TRAITE.

ARTICLE I

De l'époque où l'acceptation est requise et du sursis au protêt.

Le porteur, dès qu'il a la traite à sa disposition, doit présenter ou faire présenter celle-ci au tiré pour obtenir son acceptation. L'acceptation est demandée en pratique dès que la traite parvient au banquier chargé du recouvrement, même avant l'arrivée des marchandises. Il importe en effet d'être fixé dès le début sur les intentions du tiré. Il peut paraître très strict d'exiger l'acceptation, avant que ce dernier ait pu se rendre compte de la qualité de la marchandise et de sa conformité avec celle qu'il a entendu acheter. Mais il faut observer que, lorsque l'acceptation lui sera demandée, l'examen des documents lui permettra de se rendre un compte, approximatif il est vrai, de la qualité, mais en tous cas de la réalité et de la consistance du chargement. En outre, il faut se pénétrer de cette vérité que, si la défiance est souvent nécessaire, elle ne se comprend que difficilement, lorsque deux négociants honorables sont en rapports constants l'un avec l'autre. Enfin, s'il est exact que l'acceptation oblige irrévocablement le tiré au paiement de la traite, il est non moins certain que, si la marchandise n'est pas de la qualité stipulée ou si elle est avariée, il pourra refuser d'en prendre livraison et agir même en dommages-intérêts contre son vendeur (1).

L'exigence de l'acceptation immédiate n'en est pas moins très rigoureuse. En effet, légalement, le refus d'acceptation devrait conduire à un protêt et à exiger du tireur et des endosseurs, conformément à l'art. 120, C. comm., une caution ou le remboursement de la Lettre de Change. D'autre part — et ce point nous intéresse particulièrement ici — le porteur pourrait, suivant les usages du commerce approuvés par les auteurs, réclamer au tiré non acceptant des dommages-intérêts. Mais il y aurait

(1) Des conventions spéciales, conclues entre le tireur et l'acheteur, stipulent parfois, comment la quantité et la qualité de la marchandise devra être appréciée, et dans quels cas seulement il pourra y avoir lieu à résolution de la vente. V. la reproduction d'un contrat intervenu entre tireur et tiré, correspondants habituels, pour tout ce qui a trait au règlement de leurs opérations documentaires, *infrà*. Annexe, art. 1, 2 et 5 du contrat.

une grande sévérité à appliquer aux effets documentaires ces usages qui sont suivis lorsqu'il s'agit d'une lettre de Change ordinaire. Il parait logique, en effet, que l'acceptation ou le paiement d'une traite documentaire soit subordonné à l'examen des marchandises dont le prix constitue la provision, car le tiré doit savoir si cette provision est l'équivalent des sommes qu'il aura à payer au porteur.

Aussi, la pratique a-t-elle senti les graves inconvénients qui résulteraient de l'application en notre matière des usages que nous signalions et il n'est pas en général levé immédiatement de protêt faute d'acceptation, sauf dans des cas particuliers : relations suivies faisant défaut entre le tireur et le tiré, habitudes commerciales rigides de la part du porteur, rentrées rapides nécessaires, etc. Le protêt faute d'acceptation n'ayant pas été levé, nous le supposons, des dommages-intérêts ne seront pas réclamés à l'époque du refus *temporaire* d'acceptation. S'il y a par la suite refus définitif, il deviendra nécessaire pour le porteur de réaliser son gage ou, suivant les circonstances, de recourir contre les endosseurs antérieurs ou le tireur; et dans ce dernier cas, le porteur pourrait même exiger concurremment du tiré, des dommages-intérêts pour refus injustifié.

Il est à peine besoin d'ajouter qu'il en serait de même, si le refus d'acceptation définitif, au lieu de se produire après un refus d'acceptation temporaire, se manifestait dès la première présentation de l'effet au tiré; la demande en dommages-intérêts n'aurait ici encore rien de contraire aux usages du commerce spéciaux aux effets documentaires, lesquels ne s'appliquent qu'au cas de refus temporaire.

Malgré les délais bénévolement accordés au tiré, la solution de principe est certaine. L'acceptation est *toujours* demandée avant vérification quelconque de la marchandise et le porteur a le droit, en se refusant à temporiser, d'introduire immédiatement, après un refus même temporaire d'acceptation, et comme cessionnaire des droits du tireur, une action en paiement contre le tiré, qui a provision.

L'arrêt suivant est intéressant à ce titre ; il pose exactement la question :

« Attendu, y est-il dit, que la Société H-K....., avait acheté « les divers lots litigieux payables contre documents ; « qu'elle avait donc à en effectuer le règlement avant « toute vérification et délivrance effective, la convention « ayant expressément substitué à celles-ci une livraison « purement virtuelle sous les espèces des documents repré- « sentatifs de la marchandise ;

« Attendu que la défenderesse n'a pas effectué ce paiement, « qu'elle a donc la première manqué à ses obligations et ne « peut être ainsi admise à opposer comme défense à l'action « une exception *non adimpleti contractus*, car rien ne permet « de dire que les demandeurs aient renoncé, comme elle le « soutient, à leur droit d'exiger paiement contre documents ;

« Attendu que la question de savoir si oui ou non la « marchandise répond à ce qu'elle devait être, ne fait pas « dans ces conditions obstacle à ce que les acheteurs soient « dès ores contraints à payer, leur faute de n'avoir pas « payé ne pouvant les mettre dans une situation meilleure « que celle qu'ils avaient stipulée et les inconvénients d'un « paiement préalable et éventuellement ceux d'un paiement « à des étrangers d'une marchandise non conforme ayant « été voulus par les parties et devant ainsi être subis par « elles ». (1)

(1) *Anvers*, 28 mars 1898. *Rec. Anvers*, 1898, p. 210.

Cet arrêt condamne le tiré à payer la traite intégralement. Il nomme ensuite des experts chargés d'apprécier la qualité de la marchandise et surseoit à statuer jusqu'à dépôt de leur rapport. Il décide ensuite que, dans une instance ultérieure et d'après les conclusions des experts, ou bien la Cour attribuera définitivement au porteur le paiement fait par le tiré, ou bien le premier sera condamné à restituer au second une somme évaluée d'après la différence de qualité qui aura pu être constatée dans la marchandise.

La solution générale donnée par cet arrêt, les mesures qu'il ordonne et la manière dont il conçoit le règlement définitif de la contestation, nous paraissent devoir être complètement approuvés et sont susceptibles de fournir les plus utiles indications dans le cas où des litiges analogues s'élèveraient.

ARTICLE II

De la communication des documents au tiré.

Les tirés exigent généralement que les documents soient laissés entre leurs mains, pour leur permettre de les examiner à loisir, avant de donner une acceptation qui, on le sait, est irrévocable. Il y a là un danger des plus graves. Si le tiré est de mauvaise foi, il refusera de restituer les pièces au banquier et, au moyen du connaissement se portera réclamateur, acquittera les droits et prendra livraison de la marchandise. Le créancier gagiste, ayant perdu la possession de son gage, son privilège se trouvera alors irrévocablement éteint.

Il nous parait utile de distinguer plusieurs hypothèses.

A. — Le connaissement est à personne dénommée.

Si le connaissement retenu par le tiré est à personne dénommée et porte le nom du tireur ou de l'escompteur, il faudrait, pour que le tiré pût se constituer un droit fictif à la délivrance et se porter réclamateur, qu'il inscrivît au dos du titre une formule de cession à son nom et signifiât cette cession au capitaine. C'est là une hypothèse peu vraisemblable, même en prêtant au tiré l'intention de commettre une fraude.

B. — Le connaissement est à l'ordre du tireur ou de l'escompteur.

Si le connaissement est à ordre et porte le nom du tireur ou de l'escompteur et que l'endossement dernier en date soit un endossement régulier, le tiré devra, pour s'habiliter lui-même à prendre livraison de la marchandise, inscrire sur le titre un endossement complet à son profit.

Dans les deux cas qui précèdent, (addition frauduleuse d'une formule de cession ordinaire ou d'un endossement), il faut remarquer que le tiré se rend passible des pénalités portées par les art. 147 et 164, C. pén., (travaux forcés à temps et une amende de 500 à 3.000 francs pouvant être portée au quart du bénéfice procuré par le faux). Il est à supposer que peu de tirés envisageront de sang froid une semblable perspective.

C. — Le connaissement est à l'ordre du tiré.

Il arrive parfois que, par une erreur certaine sur les exigences légales, le tireur transmet à l'escompteur un connaissement à l'ordre du tiré lui-même. Deux conséquences fâcheuses en dérivent. La première, que le tireur n'a pu endosser valablement le connaissement à l'escompteur, partant lui transmettre la possession des marchandises ; la seconde, que dans l'hypothèse qui nous occupe, si le tiré retient les connaissements, il lui sera extrêmement aisé de prendre livraison des marchandises, car il n'aura pas en ce cas à commettre un faux, puisque le titré indique que la délivrance doit être faite à sa personne. Le danger de la remise des documents est donc ici beaucoup plus grand que lorsque les connaissements sont à l'ordre du tireur ou de l'escompteur.

Remarquons que l'escompteur n'ayant pas, dans le cas spécial que nous visons, la possession des marchandises, n'a pas à perdre le bénéfice du contrat de gage, bénéfice qui n'est jamais né à son profit ; la remise des documents n'entraîne donc pour lui aucune modification à ses droits. Il perd néanmoins tout l'avantage que lui procurait la rétention de documents, sans valeur il est vrai quant à l'exercice d'un prétendu droit de gage, mais qui, conservés par lui, incitaient le tiré à payer, leur obtention étant indispensable à ce dernier pour obtenir la marchandise.

D. — Le connaissement porte un endossement en blanc.

Le connaissement endossé en blanc porte au dos comme tout titre endossé dans ces conditions la signature de l'endosseur.

L'endossement en blanc est très fréquent comme dernier endossement des effets documentaires. C'est en effet le moyen logique, pour le bénéficiaire, de conférer à un banquier le mandat de recouvrer la traite en son nom et de remettre les documents au tiré.

Or, l'endossement en blanc est suffisant pour obtenir la délivrance des marchandises. Le danger de la remise du connaissement au tiré est donc grave ici, mais il est corrigé par le fait que ce dernier se rend coupable, s'il se porte réclamateur, d'un abus de confiance qui le rend passible des peines édictées par les Art. 405 et 407, Code pénal, c. à d. un emprisonnement d'un an à cinq ans et une amende de cinquante à trois mille francs.

L'examen des diverses hypothèses qui précèdent conduit aux conclusions suivantes :

1° Ne jamais remettre les connaissements au tiré, *même en exigeant de lui un reçu motivé*, à moins de confiance absolue.

2° On pourra lui remettre les connaissements avec le moins de danger, lorsque ceux-ci seront au nom du porteur ou de l'escompteur *avec un endossement régulier*.

3° On court le plus de risques, lorsque les connaissements sont à son ordre, ou à l'ordre du tireur ou de l'escompteur *revêtus d'un endossement en blanc*.

Nous n'avons pas parlé du cas où le tireur, en avisant le tiré de l'émission de la traite, lui envoie en même temps un des exemplaires du connaissement à son nom ou à son ordre. Cette manière de procéder véritablement stupéfiante s'est parfois produite en pratique. Il est évident que le banquier est alors dans la quasi impossibilité de sauvegarder les droits attachés à la traite, à moins de faire les plus grandes diligences pour se présenter le premier comme réclamateur. Encore faudrait-il qu'il fût avisé de l'envoi d'un exemplaire du connaissement au tiré, pour qu'il pût prendre ses mesures en conséquence.

En résumé, il est indispensable que les connaissements adjoints à une traite documentaire soient créés à l'ordre du tireur ou de l'escompteur. Tout en évitant les conséquences désastreuses qui peuvent se produire dans les autres hypothèses, cela permet au banquier mandataire, en cas de difficultés insolubles avec les tirés, de négocier les connaissements à des tiers, s'il y trouve intérêt.

Nous ne voyons pas de système véritablement pratique pour se couvrir avec sûreté, lorsque le connaissement porte un endossement en blanc. La meilleure manière de procéder serait sans doute que le bénéficiaire fît en faveur de son mandataire pour recouvrement, un endossement régulier indiquant une valeur fournie qui ne l'a pas été réellement. A supposer que le mandataire soit malhonnête et remplisse le blanc à son profit, ce qui est une hypothèse peu vraisemblable, la preuve commerciale se faisant par tous moyens, il serait aisé au tireur de prouver que la valeur n'a pas été réellement fournie.

Un autre moyen consisterait pour le banquier *mandataire* à ne remettre au tiré des documents endossés en blanc, qu'après avoir préalablement régularisé l'endossement à son nom à lui mandataire. Si c'est le bénéficiaire lui-même qui communique les documents au tiré, aucune difficulté ne peut se présenter, puisqu'il est alors libre de régulariser l'endossement à son nom.

Le porteur, l'escompteur originaire le plus souvent, adresse fréquemment des instructions spéciales au banquier, son mandataire, pour lui interdire de laisser les documents en communication au tiré. En effet ladite remise aurait pour effet de lui faire perdre *ipso facto*, avec la possession de la marchandise, son privilège sur celle-ci, lorsqu'elle n'est pas encore entrée dans ses magasins ou dans un dépôt public.

D'autre part, certains tirés se refusent absolument à accepter sans vérification attentive des documents, sachant qu'ils ne sont point restituables légalement contre leur acceptation, fût-elle déterminée par l'existence de documents, reconnus falsifiés par la suite.

Dans de pareilles circonstances, c'est au mandataire à concilier, dans la mesure du possible, les exigences de son mandat et celles des tirés et son rôle n'est pas sans difficultés ; il serait en effet, étant données les instructions du tireur — et même à leur défaut — responsable dans les termes du droit commun, des fautes commises dans l'exécution du mandat qui lui est confié (article 1.992, C. civ.).

Les tarifs des banquiers ne contiennent pas, à notre connaissance, de clause les déchargeant, dans le cas de remise indue au tiré, de toute responsabilité. Et en effet, il en serait de cette clause, comme de toute autre analogue (clauses de non garanties dans les contrats de transports) ; elle serait inopérante, personne ne pouvant se soustraire vis-à-vis d'autrui aux conséquences de ses fautes ou de celles de ses agents (1).

Les inconvénients qui se produisent en cas de remise des documents paraissent pouvoir être évités, en exigeant du tiré la signature d'un reçu contenant l'obligation pour lui de restituer les effets dans un délai. Nous disons « paraissent pouvoir être évités » car si le tiré est de bonne foi, le reçu est une précaution qui se trouvera inutile et s'il est de mauvaise foi, peu lui importera d'avoir signé un reçu dont il fera bon marché. Le plus

(1) Cf. *Cass.*, 12 juin 1894, S. 95. 1. 161 et la note de M. Lyon-Caen.

sûr, est de ne pas remettre les documents au tiré quand on a des doutes et de lui laisser un temps suffisant pour l'examen des effets dans l'entrevue qu'aurait avec lui un employé intelligent.

Indépendamment de la communication proprement dite des documents, les tirés manifestent souvent une autre exigence. Ils peuvent craindre qu'ayant accepté avant l'arrivée des marchandises contre remise d'un exemplaire du connaissement, un autre original ait été négocié d'autre part et que, malgré leur vigilance, un second porteur ne parvienne à se faire délivrer la cargaison. Aussi, les tirés demandent-ils parfois (principalement sur la place d'Anvers), que le tireur ou le porteur se portent garants vis-à-vis d'eux, que tous les exemplaires du connaissement, les duplicatas et les triplicatas leur seront remis.

Voici un exemple d'instructions données par un porteur étranger au banquier, son mandataire pour recouvrement en France, et autorisant ce dernier à se conformer aux demandes des tirés :

The FIRST NATIONAL BANK OF CHICAGO has received the full sets of Bills of Lading, one copy of which is attached to the following draft. N°..... AMOUNT..... DRAWEES..... and obligates itself to forward the remaining copies by next mail.

Its correspondent is hereby authorized to give the requisite guarantee, to this effect, if called to do so.

FIRST NATIONAL BANK.
By. *A. T.....*

La pièce qui précède consiste en une fiche spéciale annexée aux documents. Elle est parfois remplacée par une « Lettre de garantie » qui est ainsi conçue :

BANQUE D'ANVERS.

Vous avez accepté/payé..... traite de F^{cs}..... fournie sur vous par M. N..... à..... à l'encontre des marchandises suivantes :

» » »

» » »

N'ayant pu vous remettre qu'un seul exemplaire du connaissement, nous nous engageons à la demande et pour compte de M. N..... à vous faire tenir les autres exemplaires, dès qu'ils nous seront parvenus ; nous vous garantissons contre toutes les conséquences pouvant résulter de la non livraison de ces pièces dans le cas où nous ne les recevrions pas.

BANQUE D'ANVERS.

On voit que les termes employés dans cette lettre engagent d'une manière très précise la responsabilité du signataire. Aussi est-elle le plus fréquemment employée.

ARTICLE III

De la vérification des marchandises par le tiré

Indépendamment de l'examen des documents, le tiré peut demander à vérifier la marchandise avant de donner son acceptation.

Nous avons précédemment montré que le droit de visite et d'échantillonnage est justifié par les circonstances particulières dans lesquelles se trouve le tiré, qui est acheteur de marchandises qu'il n'a jamais vues et dont il lui importe cependant de constater la qualité. Ce droit est d'ailleurs compatible avec le maintien du privilège du créancier gagiste (le porteur), puisqu'il ne porte point atteinte à la publicité de sa possession à l'égard des tiers.

Au cas où le tiré a accepté, il est devenu, par cette acceptation, débiteur de la traite, car il a consenti à satisfaire au mandat de payer à lui adressé par le tireur. Mais cette acceptation de la traite a-t-elle pour effet de le rendre propriétaire des marchandises, ce qui justifierait ses droits de visite et d'échantillonnage en faisant apparaitre son intérêt à les exercer (1) ?

Cette conséquence ne nous parait pas justifiée. En effet, la vente étant parfaite par le seul consentement des parties, bien que la livraison n'ait pas été effectuée ni le prix payé (art. 1583, C. civ.), l'acceptation de la traite, qui n'est émise qu'en règlement de cette vente, ne peut avoir pour effet d'opérer un transfert de propriété qui en est absolument indépendant et se trouve effectué d'ores et déjà (2).

Le tiré étant propriétaire, il est parfaitement exact de dire que « le tiré a le droit de vendre la marchandise » et que « le porteur créancier gagiste » qui s'opposerait à ce qu'il prélevât des échantillons, l'empêcherait d'user de son droit de propriété et serait par suite passible de dommages-intérêts (3). Mais il faut décider que le tiré possède les droits de visite et d'échantillonnage, indépendamment de toute acceptation, les droits qu'il invoque étant les corollaires du droit de propriété que lui a conféré la vente.

Ces droits dérivant pour le tiré de sa qualité de propriétaire et cette qualité lui appartenant indépendamment de toute acceptation, le tiré les posséderait même

(1) V. Lepeltier, *Le Portefeuille*, p. 188, *in fine*.

(2) Rappelons que s'il s'agit de denrées, la vente n'est parfaite que du jour de leur individualisation.

(3) Lepeltier, *op. et loc. citatis*.

s'il avait refusé d'accepter temporairement, pour s'accorder un délai lui permettant de vérifier, soit l'authenticité des documents, soit la nature et la qualité des marchandises. En effet, le refus temporaire du tiré n'entraine point la résolution de la vente ; le droit de propriété restant maintenu, les bénéfices accessoires qui en dérivent subsistent par là même (1).

· Si, au contraire, les documents sont contre acceptation, et que le tiré ait exprimé un refus *définitif*, une solution inverse doit être adoptée.

Dans cette hypothèse, en effet, la vente est résolue au profit du vendeur conformément à l'art. 1657, C. civ., qui dispose, que : « En matière de vente de denrées et effets mobiliers, la résolution de la vente aura lieu de plein droit et sans sommation, au profit du vendeur, après l'expiration du terme convenu pour le retirement ». Or, on sait que, d'après la jurisprudence, il n'est pas nécessaire qu'un terme ait été stipulé. Il suffit qu'il résulte des usages ou de la nature de la convention. Le terme convenu pour le retirement est, dans notre hypothèse, l'époque où l'acceptation de la traite aurait dû être donnée. La vente étant résolue, sauf la faculté pour le vendeur d'en exiger l'exécution, le tiré se trouve donc sans droit et sans intérêt à visiter ou échantillonner une cargaison du sort de laquelle il s'est désintéressé.

Le porteur peut et doit par conséquent refuser au tiré toute intervention en ce qui regarde la marchandise.

(1) Lorsqu'on soutient que l'acceptation rend le tiré propriétaire et lui permet par là même de visiter et d'échantillonner la marchandise, on se trouve dans l'impossibilité de justifier théoriquement l'existence de ces droits à son profit en cas de refus d'acceptation.

Dans le cas où cette intervention est justifiée, son exercice n'est pas sans soulever certaines difficultés.

A la différence de celles qui naissent relativement à la communication des documents, le porteur ici n'a rien à craindre de l'examen par le tiré de la cargaison, ni de l'échantillonnage. Ce sont les transporteurs qui opposent certaines fins de non recevoir, lorsque la marchandise est encore à bord. La plupart des compagnies refusent en effet de laisser visiter ou échantillonner sur leurs navires. Ce refus paraît justifié. Tout d'abord, on ne voit pas bien comment il serait possible de visiter des caisses qui se trouvent peut-être à fond de cale, sans demander au personnel du bord un travail parfois très difficile et très long et auquel il n'est nullement obligé. De plus, le capitaine ayant déjà fait sa déclaration en gros, la douane pourrait s'opposer au prélèvement d'échantillons avant la visite.

Mais quoique en principe et jusqu'à la délivrance du bon à enlever délivré par l'Administration des Douanes, l'intéressé ne puisse disposer de la marchandise ni échantillonner, la pratique a conduit à l'y autoriser. (1)

Mais les difficultés n'en subsistent pas moins avec le capitaine, tant que la marchandise n'est pas débarquée. Il faut donc, de toute nécessité, pour pouvoir procéder à l'échantillonnage, se porter réclamateur et

(1) Les échantillons prélevés avant ou pendant la vérification sont soumis aux droits. Le porteur devra donc en faire l'avance. Le vérificateur porte en déduction du poids ou de la valeur totale. (droits *ad valorem*), le poids ou la valeur des objets prélevés et mentionne la décharge de la quote-part des droits, afférents à la partie échantillonnée. (V. Circulaire administrative du 1er mars 1832).

La marche suivie serait analogue, si au moment où le tiré réclame le droit d'échantillonner, la marchandise était déjà entreposée.

prendre livraison. Le réclamateur peut alors le pratiquer, grâce à la tolérance de la Douane. Dans notre hypothèse, le porteur sera contraint d'agir comme destinataire ; il autorisera ensuite le tiré à se rendre compte de la nature des marchandises.

SECTION II

DROITS ET DEVOIRS DU PORTEUR QUANT A LA MARCHANDISE.

ARTICLE I

Circonstances où le porteur est tenu de se comporter en destinataire.

Nous venons d'indiquer les difficultés qui se présentent quant à la communication des documents au tiré ou quant aux demandes d'échantillonnage. Examinons quelles conséquences il y a lieu de tirer de ces observations, en ce qui touche l'obligation qu'il peut y avoir pour le porteur de se porter réclamateur.

Si les difficultés relatives à l'examen des documents sont aplanies avant l'arrivée de la marchandise et si l'acceptation est obtenue en cas de documents contre acceptation, ou le paiement reçu s'il s'agit de documents contre paiement (1), le porteur remet les documents au

(1) En cas de documents contre paiement, la Lettre de Change sera généralement à vue ; il n'y aura donc pas de délai entre l'acceptation et le paiement. En tous cas, l'on conçoit que la traite puisse être payée avant l'arrivée des marchandises.

tiré (2), et se trouve déchargé quant à la marchandise de toute responsabilité.

Si au contraire le tiré a refusé temporairement l'acceptation ou le paiement, pour pouvoir *échantillonner la marchandise*, le porteur est obligé, qu'il s'agisse d'ailleurs de documents contre acceptation ou de documents contre paiement, de se comporter en véritable destinataire.

Voici les circonstances dans lesquelles le porteur se trouvera forcé d'agir comme tel et de veiller sur la marchandise.

1° Refus *définitif* du tiré, précédant l'arrivée de la marchandise et basé sur ce fait qu'il conteste l'existence de l'achat opéré par lui; il paraît peu vraisemblable.

2° Refus *définitif* basé sur le fait que le chargement est d'une *quantité* inférieure à celle prévue. Le tiré peut avoir connaissance de cette circonstance par un examen superficiel des documents.

3° Refus *temporaire ou définitif* basé sur la non communication des documents. Il n'y aura là en général qu'un refus temporaire, car même si l'on continue à lui refuser la remise des connaissements, l'échantillonnage et les renseignements qu'il trouvera auprès du capitaine ou de la douane suppléeront sans doute à l'examen des

(1) Si le connaissement est à personne dénommée, il faudra opérer une cession suivant les règles du droit civil; s'il est au nom du tiré, sa remise pure et simple suffira. Si le connaissement est à ordre, avec un endossement régulier comme endossement final, il faudra faire un endossement au nom du tiré. Si, le connaissement toujours à ordre est au nom du tiré (il ne peut, en ce cas, y avoir d'endossement au dos), la remise du titre suffit. Même solution, si le dernier endossement d'un connaissement à l'ordre du tireur ou de l'escompteur, est un endossement en blanc. C'est le cas le plus fréquent, nous l'avons déjà fait observer.

titres et il reviendra sur son refus. Mais le porteur n'aura pas moins dû prendre livraison.

4° Refus *temporaire* basé sur une demande d'échantillonnage.

Telles sont, à peu près, les diverses hypothèses dans lesquelles le porteur de l'effet documentaire se trouvera obligé d'agir comme s'il était le véritable destinataire des marchandises. Il nous reste à exposer quels sont les devoirs qui lui incombent à cet égard.

Remarquons auparavant, que dans le cas de refus temporaire d'acceptation prévu au n° 4 *suprà*, le porteur est forcé de se porter réclamateur. Il a, il est vrai, trois jours pour faire sa déclaration de détail à la douane et il peut sembler que ce délai soit largement suffisant pour permettre au tiré de vérifier la marchandise. Mais les difficultés viennent des Compagnies de transport. Celles-ci ne peuvent laisser leurs bâtiments séjourner improductivement dans un port, s'ils n'y trouvent pas de fret de retour ; au contraire, s'ils en ont trouvé, il est nécessaire de pouvoir recharger immédiatement. Dans les deux cas, le transporteur a besoin que son navire soit déchargé dans le plus bref délai ; il s'attribue donc par une clause du connaissement (qui fait la loi des parties) le droit d'opérer le déchargement dès l'arrivée du navire (1), ou exige, s'il croit pouvoir accorder un certain délai, des surestaries d'un taux élevé (2).

(1) « The goods to be received by the consignee as fast as the steamer can deliver and any extra charge incured after being discharged, necessary for the steamer quick dispatch, to be paid by the Owner or Consignee of the goods. » (Hamburg American Line). — « If delivery shall not be taken by the consignees immediately the vessel is ready to discharge, the goods will be landed by the commander and deposited, *at the expense of the Consignees and at their risk*, on the

Si, ne se conformant pas aux dispositions *ad hoc* portées au connaissement, ni le porteur, ni le tiré ne se portaient réclamateurs, le transporteur consignerait, aux frais et risques du destinataire et ne serait plus responsable de la cargaison, vis-à-vis du tiré et des endosseurs.

Le porteur est tenu envers le débiteur (ici le tiré) aux termes de l'article 2.080, C. civ., de la perte ou de la détérioration du gage survenues par sa faute ou par sa négligence. La responsabilité contractuelle dérivant du contrat de gage est celle dont les limites sont indiquées par l'article 1.137, C. civ., c'est-à-dire que le porteur créancier gagiste est tenu d'apporter à la conservation de la chose, les soins d'un bon père de famille et rien de plus.

Cette responsabilité persiste, même après le refus *temporaire* d'acceptation ou de paiement, opposé par le tiré, car d'après les usages du commerce, le porteur qui ne lève pas de suite le protêt faute d'acceptation ou de paiement, consent par là-même à se conduire vis-à-vis du tiré comme si aucun refus n'était intervenu.

Si le porteur a la détention des marchandises pendant la période s'étendant de l'arrivée de celles-ci à la présentation pour acceptation et que les marchandises s'avarient par sa faute, pas de difficultés ; il est responsable dans les termes du droit commun. Mais si la détérioration

enclosed Steam-Ship-Warf provided for that purpose or sent to Public Store. » (Prince Line, Pacific Ports, conditions additionnelles). Cf. Cie générale Transatlantique, Lignes de New-York, art. 6.

(2) « Cattle (bestiaux) to be received by consignee immediately the ship is ready to deliver, otherwise demurrage (surestaries) to be paid by consignee at the rate of L 60 0/0 per day » (Blue Cross Line).

survient, même par sa négligence, entre l'époque du refus temporaire d'acceptation ou de paiement et celle de la délivrance au tiré, cette circonstance d'un refus d'acceptation antérieur pourrait, conduire le juge à diminuer le montant des dommages-intérêts Si en effet le porteur est en faute d'avoir négligé les soins à donner à l'objet du gage, le tiré peut être en faute d'autre part d'avoir, par la prolongation injustifiée des délais, forcé le porteur à s'employer pour la garde d'objets dont il aurait dû, lui tiré, prendre livraison.

Cette modération des dommages-intérêts pourrait cependant ne pas se produire, si le Juge estimait que le porteur a accordé de trop longs délais et que le défaut de protêt faute d'acceptation, est en partie la cause, qui, en n'indiquant pas au tiré la ferme résolution d'agir, a contribué à ce que ce dernier ne se soit pas empressé de régulariser sa situation.

ARTICLE II

Du connaissement, titre à la délivrance des marchandises.

Le connaissement que le porteur détient est le titre nécessaire pour obtenir la délivrance des marchandises.

§ 1er. — Particularités relatives au Through Bill of Lading.

Nous avons précédemment indiqué les principales caractéristiques du connaissement direct américain, le *Through Bill of Lading* (1).

(1) V. *suprà*, Ch. I, p. 20.

Nous référant à ces explications, nous devons signaler ici une conséquence résultant de l'adoption de ce titre et relative à la délivrance des marchandises.

Lorsque le vendeur, tireur de la traite, présente l'effet documentaire à un banquier pour en obtenir l'escompte, à Saint-Louis ou à Pittsburgh, par exemple, il a déjà réglé avec une Compagnie de Chemins de fer son expédition jusqu'au port d'embarquement et cette Compagnie lui a délivré un Trough Bill of Lading de Saint-Louis ou de Pittsburgh, jusqu'au Hâvre. Il présente au banquier sa traite, le Through Bill of Lading et les documents annexes. Le banquier escompte l'effet documentaire dans ces conditions et le fait parvenir à un banquier français chargé d'en opérer le recouvrement. Ce mandataire, si nous supposons qu'il doive prendre livraison, se présente à la Compagnie de navigation transporteur et réclame la cargaison. C'est ici que la difficulté se présente. La Compagnie qui a embarqué à New-York, par exemple, a délivré au chargeur (agent de la Compagnie de Chemins de fer), des connaissements, et le capitaine du navire qui a effectué le transport en possède l'un des exemplaires.

Lorsqu'à destination, le porteur se présente avec le Through Bill of Lading, la Compagnie maritime refuse de délivrer. Elle se base pour ce faire, sur ce que le Through Bill of Lading est un document inconnu pour elle, qui ne constate pas le contrat spécial de transport maritime passé avec elle et n'est pas l'un des exemplaires du titre détenu par le capitaine. On conçoit, en effet, facilement que la prudence commande au transporteur de ne pas tenir compte d'une pièce, qui n'a pas été souscrite par ses agents et ne relate pas les conventions réciproques qui existent entre elle et l'ayant droit (1).

Les conséquences de ce refus de délivrer sont pleines d'inconvénients. Il faut renvoyer en Amérique le Through Bill of Lading à la Compagnie de chemins de fer, obtenir en échange les connaissements à elle délivrés par la Compagnie de navigation et attendre le retour de ces nouvelles pièces pour pouvoir entrer en possession de la cargaison. Ce sont là des complications et des délais qui suivant les circonstances peuvent être désastreux.

Il faudra d'abord payer à la Compagnie de navigation le prix du magasinage effectué par elle dans ses docks ou le montant des droits d'entrepôt. De plus, la marchandise peut s'avarier et perdre de sa valeur, ou les cours baisser ou s'effondrer, s'il s'agit de denrées. Dans les deux cas, la perte pourra être considérable. Il peut arriver, en outre, que le tiré refuse alors de prendre livraison et aucun recours ne pourra être exercé contre lui, s'il n'a pas accepté la traite et que son refus soit légitimé par la dépréciation survenue, qui l'empêche de revendre dans les conditions qu'il avait prévues.

(1) Le Through Bill, lui-même indique, du reste, que le contrat de transport qu'il constate, est exécuté et terminé par la remise de la marchandise à la Compagnie de navigation. L'article 12, titre 1 du « Revised Export Bill of Lading as per Joint Traffic Association circular, december 16, 1896 », porte : « *This contract is executed* « and accomplished and all liability hereunder terminates *on the* « *delivery of the said property to the Steamship Company* and the « inland freight charges shall be a first lien, due and payable by the « S. S. Company ».

Et l'article 17, titre 11, ajoute : « It is agreed that the property « covered by this Bill of Lading is *subject to all conditions expres-* « *sed in the regular forms of Bills of Lading in use by the steam-* « *ship Company* at time of shipment ».

Quoiqu'il en soit, le banquier mandataire est désintéressé dans la question ; son mandat est dans cette hypothèse plus difficile à remplir et sa durée plus longue, mais ses frais, quoique plus élevés, lui seront remboursés par le banquier escompteur. Le préjudice sera pour ce dernier, car nous ne pensons pas qu'il puisse agir avec succès contre son endosseur, le tireur, qui a été de bonne foi, et lui a remis des documents réguliers dont c'était à lui de vérifier les caractéristiques spéciales. Le banquier escompteur doit donc avoir la précaution de n'escompter des effets documentaires avec Through Bill of Lading, qu'en stipulant que la Compagnie de chemins de fer lui remettra, dès qu'elle les aura entre les mains, l'un des exemplaires du connaissement maritime, qu'il expédiera à son mandataire au lieu d'arrivée des marchandises.

Ces difficultés ne se présentent pas avec toutes les Compagnies. Il est prudent néanmoins de les prévoir, partant de les éviter.

§ 2. — Délivrance des marchandises en vertu d'un endossement en blanc.

Un endossement en blanc, réputé par la loi française simple procuration, est-il suffisant pour exiger la délivrance ?

Présentons quelques observations préliminaires.

Dans la pratique des traites documentaires, l'endossement en blanc est presque universellement employé. Théoriquement, on peut concevoir qu'un porteur ayant fourni la valeur, soigne lui-même l'acceptation de la traite et se porte, s'il y a lieu, réclamateur en cas de difficultés avec le tiré ; mais la plupart du temps, il en est autrement. En effet, l'escompteur de la traite du tireur au lieu d'expédition est à peu près toujours un banquier, lequel s'il a besoin comme un commerçant de rentrer dans ses débours, a pour profession principale d'escompter des effets et de les recouvrer à son profit. Il arrivera donc fréquemment que l'endossement à l'escompteur soit le seul qui ait été fait pour valeur fournie. Si néanmoins cet escompteur endosse à nouveau dans les mêmes conditions à un second banquier, il y aura toujours un endossataire qui recouvrera. Que cet endossataire soit un particulier ou le banquier escompteur originaire, il est infiniment probable dans les deux cas qu'une traite et le connaissement adjoint, émis dans l'Inde par exemple ou aux États-Unis, ne seront endossés que par des banques ou des négociants de ces pays. Le tiré habitant en France ou en Angleterre, il faudra que les effets soient recouvrés au lieu de son domicile. Or, comme nous venons de l'indiquer, la série des endossements que nous pourrions appeler « à titre onéreux » étant terminée, la plupart du temps, au lieu d'émission des dits effets, le bénéficiaire est obligé de charger un banquier, son correspondant au lieu du paiement à intervenir, de faire opérer la rentrée des traites, ou à défaut, de prendre livraison de la cargaison et de réaliser. Le mandat qui dès lors apparaît comme le moyen nécessaire d'arriver à la conclusion de l'opération, sera naturellement donné par un endossement en blanc. C'est ce qui explique la fréquence de ces endossements comme derniers endossements des effets documentaires.

L'endossement en blanc ainsi universellement employé est-il suffisant pour exiger la délivrance, avons-nous dit ? Il faut répondre affirmativement (1).

Peu importe au capitaine à quel titre le porteur se présente, qu'il soit propriétaire des marchandises, ou créancier gagiste, ou mandataire d'un porteur ayant l'une de ces deux qualités. Les marchandises doivent être délivrées au porteur régulier du récépissé de chargement, le seul titre qui confère à son détenteur le droit de les obtenir.

Ce droit accordé au porteur en vertu d'un endossement en blanc, n'a trait qu'à la délivrance des marchandises. Dans les termes du droit commun, les tiers peuvent bien prouver la non réalité du contrat de gage et faire annuler les effets dérivant de l'endossement du connaissement. Mais ceci est affaire entre les intéressés au contrat de gage, à la catégorie desquels n'appartient pas le capitaine qui joue, il est vrai, le rôle de tiers convenu entre les parties, mais n'a pas à rechercher la validité du contrat qui les a mis en rapports.

§ 3. — Régularité du titre et identité du porteur.

Le capitaine, cependant, n'est obligé de délivrer les marchandises au porteur que si ce dernier lui présente un titre n'offrant en apparence aucune irrégularité. Il n'a pas à examiner quels sont les rapports intervenus entre son chargeur et le titulaire actuel du connaisse-

(1) En ce sens, de Valroger, *Droit Maritime*, T. II, n° 731. — Boistel p. 923. — Desjardins T. IV, n° 911. — Laurin sur Cresp., T. II, p. 118. — La loi belge. Art. 41, loi du 21 août 1879 dispose . « Le porteur du connaissement, même en vertu d'un endossement en blanc, a seul le droit de se faire délivrer le chargement par le capitaine ».

ment même revêtu d'un endossement falsifié (1) à moins bien entendu que la fraude n'apparaisse à l'examen du titre. C'est en ce sens qu'on a dit que provision était dûe au titre (2).

Le capitaine, indépendamment de la régularité du titre, doit vérifier l'identité de celui qui se présente et s'assurer qu'il est bien le titulaire indiqué au connaissement, un de ses mandataires ou employés (3). Cela fait, sa responsabilité est à couvert envers son armateur et il doit délivrer la marchandise. Le porteur d'un connaissement, même en vertu d'un endossement falsifié, si la fausseté n'en est pas apparente, est donc assuré, sans avoir à faire aucune justification, de pouvoir prendre livraison sur présentation de son titre.

§ 4. — Des oppositions à la délivrance (art 149, C. comm.).

Mais le capitaine ne peut-il refuser la délivrance, en se basant sur une défense qui lui aurait été signifiée de la faire, par des tiers intéressés ?

On sait que l'article 149, C. comm., n'admet d'oppositions au paiement d'une Lettre de Change, qu'en cas de perte du titre ou de la faillite de porteur. Cet article est-il une conséquence de la clause à ordre ou en est-il indé-

(1) *Cass.*, 25 mai 1894, S. 94, 1, 453. — *Cass.*, 7 février 1895, S. 96, 2, 28.

(2) V. *Cour de Saïgon*, 4 juin 1895. *Rev. Int. du Droit Maritime*, T. X, p. 778.

(3) En ce sens : *Cass.*, 21 novembre 1887, S. 88, 1, 169. — *Cass.* 11 novembre 1878, S. 81, 1, 398. — Lyon-Caen et Renault. *Précis*. T. II, n° 1.890 ; Desjardins, T. II, n° 557. En sens contraire : *Trib. Mars.*, 30 avril 1891. *Rev. Int. du Drt. Marit.*, 1891, 92, p. 42. Dans ce dernier arrêt, le réclamateur portait le même nom que le véritable destinataire ; cette circonstance ne saurait modifier la solution générale.

pendant ? En d'autres termes, un capitaine de navire doit-il tenir compte seulement des oppositions à la délivrance de la marchandise, signifiées dans les seuls cas énumérés dans l'article 149, ou bien doit-il considérer comme valables toutes oppositions faites à la requête des créanciers du chargeur ? La question présente un intérêt capital au point de vue des droits du porteur.

Suivant une certaine doctrine, l'art 149, ne se rattache pas à la clause à ordre, mais est une disposition particulière à la Lettre de Change. Quant au connaissement, il y aurait possibilité pour les créanciers du chargeur (tireur) de pratiquer avec succès des saisies-arrêts sur la marchandise, pour interdire au capitaine d'en faire la délivrance au porteur. Ces saisies-arrêts devraient en tous cas, pour produire effet, avoir été signifiées, soit avant la notification au débiteur cédé (article 1.689 C. civ.), si le connaissement est à personne dénommée, soit avant l'endossement ou la tradition du connaissement, si celui-ci est à ordre ou au porteur.

On invoque à l'appui de cette solution cette double considération tirée du texte : 1° que les mots « Il n'est admis.... » font supposer que la règle générale, à moins d'une disposition dérogatoire au droit commun, tel que l'article 149 particulier à la Lettre de Change, est la liberté pour tout individu de pratiquer les saisies-arrêts qu'il juge utiles à la conservation de ses droits et ; 2° que les rédacteurs de l'article 149 en se servant du mot « Lettre de Change » ont entendu établir une restriction toute spéciale à ce titre, laquelle ne saurait, comme toutes les exceptions, s'étendre en dehors du cas spécialement visé.

Ces considérations ne manquent pas de valeur. Elles

ne nous convainquent pas cependant. Nous plaçant non plus au point de vue des mots, mais au point de vue du fond du droit, nous pensons qu'au contraire le droit d'opposition doit être limité pour le connaissement, comme il l'est pour la Lettre de Change.

En effet, le connaissement est un titre à ordre de même que la Lettre de Change ; et de même que pour cette dernière, par conséquent, les exceptions opposables à l'endosseur ne le sont pas au porteur. Le débiteur, ici le capitaine, ne peut donc invoquer contre le porteur qui se présente pour recevoir le paiement de son titre, (paiement qui consiste ici en la délivrance des marchandises), des saisies-arrêts pratiquées par des ayants-droit de l'endosseur dudit porteur. La clause à ordre a des effets sur lesquels nous avons suffisamment insisté précédemment. Elle confère au titre des avantages comparables à ceux d'un billet de banque, c'est-à-dire en fait une sorte de monnaie fiduciaire par la presque certitude du paiement à intervenir. On ne saurait, en l'absence d'un texte précis, enlever à un titre à ordre cette utilité si nécessaire aux opérations commerciales. (1)

§ 5. — Consistance du chargement. — Force probante du connaissement.

Il peut s'élever entre le porteur et le capitaine certaines difficultés portant sur la réalité du chargement ou sa consistance.

L'art. 283 C. comm. déclare qu'un connaissement,

(1) Dans notre sens, Lyon-Caen et Renault, T. V., n° 719 *bis*, *Paris*, 21 décembre 1872, D. 71, 2, 410. — Cf. *Trib. Seine*, 9 janvier 1893. *Le Droit* du 21 janvier 1893. — Contrà, Debray. *La clause à ordre*, page 273.

rédigé dans les formes prescrites, fait foi entre toutes les parties intéressées au chargement, entre elles et les assureurs (1).

L'examen de ce texte consiste en réalité à déterminer quelles sont les parties et quels sont les tiers, et à appliquer les règles générales concernant la preuve, telles qu'elles sont prévues par le code civil pour les limites dans lesquelles elle peut s'étendre, et par le code de commerce quant aux modes de l'administrer. (Art. 1341-1347-1356-1368, C. civ., art. 109, C comm).

Les rapports entre le capitaine et l'armateur ne nous intéressent point. Au contraire, il importe de savoir quels sont ceux qui existent entre le destinataire et le capitaine.

On doit appliquer ici les règles ordinaires de la preuve, c'est-à-dire que le destinataire non partie au contrat de transport est un véritable tiers et qu'il peut prouver, contre le capitaine, la réalité d'un chargement contesté par ce dernier, ou la consistance véritable de ce chargement, s'il y constate des manquants. Inversement, le capitaine ne peut prouver vis-à-vis du destinataire, qui est un tiers à son égard, contre les énonciations du connaissement. Ces solutions sont évidentes et ne peuvent donner lieu à aucune discussion.

En résumé, lorsque le porteur se présente au capitaine pour obtenir remise de la cargaison, il est certain de pouvoir administrer, par tous moyens, la preuve de son

(1) Nous n'avons pas à examiner ici, la question (purement théorique d'ailleurs, en face d'un texte précis), de savoir s'il y a à l'égard des assureurs dérogation aux règles ordinaires de la preuve. Cette dérogation n'existe pas. V. Lyon-Caen et Renault. *Traité*, T. V. n° 705 *in fine*, p. 471.

droit à un chargement donné, tel qu'il est porté sur un connaissement qui lie le capitaine par sa signature (1).

§ 6. — Avaries. — Manquants.

Les preuves à administrer contre le capitaine pourront être ici d'un emploi assez fréquent; les connaissements portent des clauses excessivement nombreuses déchargeant le transporteur de toute responsabilité concernant soit le bris, soit le coulage, soit l'effacement des marques, soit le poids ou le contenu, etc. (2).

(1) Lyon-Caen et Renault, *Traité* T. V, n° 708. — Alauzet, T. V, n° 1873. — Boistel, n° 1247. — Droz., *Assur. Marit.*, T. I, n° 359. — *Trib. Mars.*, 13 mars 1872, *Rec. Mars.*, 72, 1, 109; *Trib. Mars.*, 18 février 1873, *Rec. Mars.*, 73, 1, 1030; *Cass.*, 2 juillet 1834, S. 37, 1, 785.

(2) Cf. les clauses suivantes : Connaissements américains : *Central States Dispatch :* « Weight, Measure, Guage, Quality, Condition, Quantity, Brand, Contents and Value unknown and the Carriers not accountable for the same. — Cies anglaises : V. *Royal Mail, S.S., C°*, art. 4. — *Castle Mail Packet* C°, art. 6. — Cies allemandes : V. *Hamburg American Line.* — Cies françaises : Cie *Transatlantique :* « Le Capitaine et la Compagnie ne sont point responsables de la « casse ou rupture des objets fragiles, ni du coulage des liquides, « du poids, de la mesure, du contenu et de la valeur des colis, n'acceptant quant à ce, aucune responsabilité tirée des énonciations du « connaissement, ni du défaut ainsi que la non identité des marques « et numéros ». On considère que les clauses « poids inconnu » « numéros et marques inconnus » ne sont valables que si le capitaine a été dans l'impossibilité de procéder au pesage ou à la vérification des inscriptions. — *Cass.*, 8 août 1882, D. 83, 1, 249, et les renvois. En dehors de cette hypothèse, elles ont pour effet de placer la preuve à la charge de l'intéressé. V. *Cass.*, 26 mai 1897, *Rec. Int. du Drt. Marit.*, T. XIII, p. 7. ; *Trib. Havre*, 24 février 1897, *Ibid.* p. 76; *Anvers*, 10 mai 1897, *ibid.* p. 181. D'autres arrêts décident, que le seul fait par le capitaine de ne point remettre des colis conformes à ceux portés au connaissement, prouve la faute du transporteur. En ce sens, *Anvers*, 31 mars 1888, *Rev. Int. du Droit Maritime*, T. IV, n° 91 et *Anvers*, 25 sepembre 1890, *ibid.* T. VI, p. 325. Une loi du 13 février 1893, promulguée aux Etats-Unis,

Il pourra donc arriver que le porteur de l'effet documentaire, obligé de prendre livraison, se trouve dès le début obligé d'intenter contre le capitaine des actions judiciaires pour arriver à faire valoir ses droits. Il aura pu, il est vrai, prendre livraison, nonobstant le préjudice qui en résulte pour lui ; mais il devra, en ce cas, n'accepter la cargaison qu'en signifiant par ministère d'huissier, ses réserves quant à toutes réclamations et actions qu'il jugerait utile de faire valoir par la suite (1).

Ces réserves sont d'autant plus opportunes, quant aux simples réclamations à adresser à la Compagnie transporteur, que les connaissements portent fréquemment une clause, déclarant déchus de tout recours les intéressés qui n'auraient pas avisé lesdits transporteurs dans un délai déterminé (2). Cette stipulation est incontestablement valable.

Un inconvénient plus évident encore, est celui qui dérive, lorsque la Compagnie transporteur est étrangère,

frappe de nullité absolue toute clause d'irresponsabilité par laquelle le transporteur s'exonère à raisons d'erreurs sur les marques, insuffisance ou absence de celles-ci. V. *Cass.*, 26 mai 1897, *Rev. Int. du Drt. Marit.*, T. XIII, p. 7, précité, sur l'application de cette loi au cas de litige en France. — Cf. sur la question en général Desjardins, T. IV, n° 931, et suivants ; Dalloz, Supplément au Répertoire, V° *Droit Maritime*, n° 930 à 939, et les nombreux arrêts cités ; V. également C. de Comm. allemand, art. 656 à 660.

(1) L'art. 435 C. comm., dispose du reste : « Sont non recevables toutes actions contre le capitaine et les assureurs pour dommage arrivé à la marchandise si elle a été reçue sans protestation.

(2) *Hamburg American Line.* « Notice of any claim arising under « this Bill of Lading must be given by the Consignee to the « Company's agent at the port of destination within 48 hours, « after the landing of, or failure to deliver the same ; and the « claim to be preferred only in Hamburg and to be made there « within two months from the time of its accrual, otherwise all « right of claim to be forfeited ». Cf. *Prince Line* (Pacific Ports). art. 18.

de l'attribution de compétence aux Tribunaux de son pays (1) (V. Art. 2, C. Procéd. civ.).

§ 7. — Décharge à donner en échange des marchandises et paiement du fret.

Le porteur du connaissement peut, à notre avis, se faire délivrer la marchandise sur la présentation de l'original qui est entre ses mains, sans que le capitaine puisse exiger la remise de tous les exemplaires du connaissement (2).

On a invoqué en sens contraire, par analogie, l'Art. 148 C. comm., qui semble établir que le tiré n'est pas libéré, s'il paie sur une seconde ou troisième, sans retirer la première portant son acceptation. Cette analogie fût-elle exacte, nous ferons remarquer qu'il n'y a pas en ce cas libération, parce que l'exemplaire non retiré *portait une acceptation*. Le paiement ayant été fait sur une seconde, la première peut avoir été endossée après acceptation et le porteur de cet exemplaire se trouverait lésé, si le paiement lui en était refusé. Mais la raison principale est que l'acceptation est irrévocable. En matière de connaissement, il n'y a pas d'acceptation ; le paiement — ici délivrance — se fait sur présentation du titre. Le capitaine n'a donc à craindre aucune responsabilité et l'exigence de tous les exemplaires ne se comprendrait pas.

(1) Cette clause est incontestablement valable : V. *Cass.*, 29 février 1888; *Rec. Int. du Drt. Marit.*, T. VII, p. 657; *Cass.*, 1er février 1898, *Ibid*, T. XIII, p. 605. — L'attribution de compétence à un tribunal désigné est également licite et doit sortir à effet. V. *Cass.*, 16, 22, 23 février 1898, *Rec. Intern. du Drt. Marit.*, pp. 611, 607, 609. Cf. sur l'attribution de compétence le document cité en annexe (art. 9).

(2) V. *Cass.*, 17 août 1859. *Rec. Havre*, 59. 2. 280 ; *Trib. comm. Rouen*, 9 avril 1889, *Rec. Int. du Drt. Marit.*, T. V, p. 39.

Mais si la présentation d'un seul exemplaire est nécessaire et suffisante, la remise en est-elle indispensable ? Nous ne le pensons pas ; l'art. 285, C. comm. en prévoyant la remise d'un reçu au capitaine, indique bien que celle du connaissement lui-même n'est pas nécessaire. C'est du reste l'usage du commerce. Le destinataire ou réclamateur — ici le porteur de l'effet documentaire — peut avoir besoin du connaissement pour baser ses recours, s'il y a lieu.

Certaines Compagnies prennent des précautions particulières et exigent la remise du connaissement. Nous signalons à titre d'exemple la clause suivante :

« If the word « order » is written hereon immediately « before or after the name of the party to whose order the « property is consigned, *the surrender of this Bill of Lading* « properly indorsed *shall be required* before the delivery of « the property at destination. If any other than the aforesaid « form of consignment is used herein, the said property « *may at the option of the carrier, be delivered without* « *requiring the production* or surrender of this Bill of Lading.» (The Clyde SS. C°, New-York).

Le transporteur, on le voit, fait ici une différence entre le connaissement à ordre et le connaissement à personne dénommée ou au porteur ; dans le premier cas, il exige la remise du titre et non dans le second. Il y a là très probablement une précaution prise contre un endossement qui pourrait être fait après la délivrance.

Dans certains pays, la douane délivre les marchandises à la personne inscrite au connaissement comme destinataire, sans que celle-ci ait à représenter le connaissement. C'est ce qui a lieu dans la République Argentine. La douane délivrant ainsi sans titre est évidemment responsable vis-à-vis du chargeur ; mais c'est une action à intenter chaque fois qu'elle se refusera à reconnaître sa faute, ce qui malheureusement est assez fréquent en matière administrative.

Il y a là un inconvénient capital, car le tiré, une fois en possession des marchandises, peut refuser tout paiement ou temporiser et l'opération se prolonge indéfiniment. Ces difficultés sont prévues par les tarifs des banquiers mandataires, qui se déchargent à cet égard de toute responsabilité. Mais la perte pour le porteur n'en est que plus certaine.

Les difficultés préliminaires à la délivrance de la marchandise étant résolues, le porteur doit, avant de prendre livraison, payer le fret au capitaine. Celui-ci (Art. 306-307 C. comm.) a un privilège sur le chargement pour le paiement du fret. Il ne peut cependant, aux termes desdits articles, retenir la marchandise; il doit la consigner jusqu'à paiement. Son privilège est perdu après un délai de 15 jours, si ayant, non consigné, mais délivré les marchandises, celles-ci sont passées en mains tierces.

On a jugé (1) que le commissionnaire, agent du propriétaire, si le connaissement était à son ordre, était à ce point réputé destinataire à l'égard du capitaine, que la remise des marchandises à son mandant dans les 15 jours, faisait perdre au capitaine son privilège. Remarquons, pour un effet documentaire, que si cette jurisprudence se confirmait, la remise des marchandises au tiré propriétaire, par le porteur qui a pris livraison entre le refus d'acceptation et le paiement, éteindrait

(1) *Cass.*, 9 juin 1845, S. 46, 1, 53.

dans les mêmes conditions le privilège du capitaine. Si le porteur réalise son gage dans les 15 jours de la livraison, par une vente aux enchères, il est de même libéré du fret, au cas où le capitaine n'a pas agi en justice avant cette vente.

Quand des difficultés surgissent sur le paiement du fret, le porteur peut ou prendre livraison en payant le fret sous réserves, ou laisser le capitaine consigner et agir en justice, ou enfin défendre à l'action du capitaine. Suivant la solution donnée au litige, ou le porteur obtiendra l'imputation sur le fret réellement dû des dépens et des droits de magasinage, ou il sera forcé de s'exécuter.

ARTICLE III

Des Formalités en Douane, de la mise en Entrepôt, et du magasinage privé.

Toutes difficultés aplanies et le fret payé, le porteur, ayant obtenu la délivrance du capitaine, est astreint dès lors à remplir, à l'égard de la douane, la série des formalités imposées à tout réceptionnaire de « Marchandises importées par les Bureaux des Ports ».

En vertu des Art. 9 de la loi du 27 août 1791 et de l'Art. 4 de la loi du 4 germinal an II, toute marchandise importée doit être déclarée.

Le capitaine doit, dès l'arrivée de son navire, remettre son manifeste aux bureaux de la douane pour celui-ci y être transcrit. C'est la déclaration en gros.

Dans les trois jours (1), le réclamateur est obligé de

(1) La déclaration anticipée est impossible. V. *décis. administratives* des 12 août 1840 et 22 avril 1841. La déclaration addition-

faire une déclaration de détail, mais en pratique il y a une tolérance. La loi est très stricte en ce qui concerne l'exactitude de la déclaration. Elle doit contenir l'indication du poids, de la mesure, du nombre et de la qualité des marchandises ainsi que de leur valeur, si elles sont sujettes à un droit *ad valorem*. Toute fausse déclaration aboutissant à une différence de droit de 12 francs entraîne la confiscation et une amende de 100 francs (Loi du 22 août 1791, titre II, art. 21).

Dès que les déclarations sont faites, sur des imprimés spéciaux fournis par la douane, les marchandises étant sous le contrôle des préposés, il est impossible au réclamateur d'exercer sur elles aucun acte de disposition. Mais antérieurement à la déclaration de détail, la pratique a conduit à permettre au destinataire d'examiner et d'échantillonner les marchandises (1). (V. *suprà*, p.194).

Les déclarations étant rédigées et remises, les agents de douanes procèdent à la vérification des marchandises en présence du transporteur ou du réclamateur. Cette dernière prescription est obligatoire (Loi du 14 Fructidor, An III, Art. 8). La visite est constatée par un certificat établi conformément à des réglementations de détail qui n'ont pas ici d'intérêt (V. Loi du 22 août 1791, titre 13) et les droits peuvent alors être acquittés. Remarquons que, lorsque le réclamateur a besoin d'entrer rapidement en possession de la marchandise, il a la faculté de consigner à l'avance le montant approximatif des droits dont elle est passible. Ce cas sera susceptible de se produire assez fréquemment, lorsque le porteur

nelle tardive est impossible également, Art. 7, Titre 11, Ordonnance de février 1867.

(1) La pesée est interdite, V. *Décis. adiministrative* du 8 août 1833.

de l'effet documentaire aura subi de la part du tiré un refus d'acceptation temporaire, basé seulement sur une demande d'examen ou d'échantillonnage de la marchandise. Son intérêt, surtout s'il n'est pas un banquier mandataire, mais personnellement endossataire pour valeur fournie, est de voir les difficultés s'aplanir le plus rapidement possible et ses démarches et débours prendre fin.

Il est délivré au porteur, après liquidation des droits, un « Bon à enlever » et la marchandise, libre, est désormais à sa disposition.

Nous n'avons pas à entrer ici dans l'examen des hypothèses de transbordement, réexpéditions par voie de terre en transit ordinaire ou international. Le porteur peut avoir intérêt suivant les cas à diriger les marchandises constituant son gage sur une place différente, où la réalisation pourra lui donner des résultats plus satisfaisants (1); mais nous croyons devoir nous borner à raisonner dans l'hypothèse plus simple où l'opération doit se terminer sur la place de réception.

Les marchaundises étant à la disposition du porteur, celui-ci doit, jusqu'à ce que le tiré ait accepté ou payé, les conserver et prendre toutes les dispositions nécessaires pour qu'elles ne s'avarient point. Il doit par conséquent s'occuper de leur magasinage, et ce n'est pas là une des moindres obligations qui lui incombent.

Le porteur a le choix entre l'entrepôt réel, l'entrepôt fictif ou le magasinage dans ses propres magasins, s'il en possède, sans déclaration d'entreposition. Il doit

(1) Cf. à cet égard, l'art. 1.236, C. civ. allemand. V. *infrà*, ch. VIII, section I.

prendre parti au moment du débarquement et faire soit une déclaration d'entrée en entrepôt, soit une déclaration de mise en consommation.

Il n'a pas dans le premier cas à payer les droits, puisque la fiction de l'entrepôt réel consiste à réputer les marchandises qui s'y trouvent sur territoire étranger. Le droit ne devient exigible que lors de la déclaration de mise en consommation. Cette manière de procéder par emmagasinage aux Entrepôts est la meilleure que puisse adopter le porteur, car il n'a ni à avancer le montant des droits, ni à vérifier la bonne garde des marchandises. L'usage de l'entrepôt fictif est très improbable en matière d'effets documentaires. Nous n'en parlerons pas.

Si le porteur fait une déclaration de mise en consommation, il est astreint au paiement des droits et se trouve forcé d'emmagasiner dans des hangars privés, où les frais sont ordinairement plus élevés que ceux d'entrepôt.

Les difficultés de magasinage sont surtout fréquentes dans les pays du Centre ou du Sud-Amérique et en Orient. Le porteur de traites documentaires émises en France et plus directement son mandataire au lieu d'arrivée, se trouve souvent dans l'obligation de supporter des frais considérables.

Nous croyons utile d'indiquer ici quelques dispositions particulières de lois étrangères relatives au régime des douanes et que le porteur d'un effet documentaire doit connaitre, sous peine d'éprouver des surprises et de supporter des frais excessifs.

La connaissance de ces particularités est nécessaire au moment où l'on présente à l'escompteur un effet documentaire sur un pays déterminé, car elle lui permet de se rendre un compte exact des difficultés que pourra rencontrer la liquidation de l'opération; s'il s'agit du banquier chargé comme mandataire du recouvrement, elle lui indiquera l'étendue et la complexité des devoirs que rencontrera l'accomplissement de son mandat. Suivant les cas, l'escompteur pourra donc se trouver amené à refuser l'escompte ou à ne le faire qu'à des conditions plus dures pour le tireur et d'autre part, le banquier mandataire saura s'il doit élever le taux de la commission qu'il réclame à son mandant (1).

Au Chili, il résulte d'une loi du 3 mars 1897, que les marchandises destinées à la réexportation ne peuvent séjourner en douane plus d'un an (en France 3 ans). Après ce délai, il est obligatoire de réexporter et il est impossible d'obtenir la mise en consommation.

En ce qui concerne les marchandises expédiées pour la consommation, elles sont « de dépèche forcée », c'est-à-dire que dans un délai de huit jours, courant du reçu du manifeste, elles doivent être enlevées des Entrepôts de la douane.

Il faut donc que les traites documentaires soient acceptées ou payées dans ce délai, sinon il devient nécessaire de recourir à un magasinage spécial, dont les frais peuvent devenir très onéreux.

En Turquie d'Asie, la douane perçoit des droits exorbitants qui vont doublant chaque semaine.

A Jaffa, spécialement, il n'existe pas de faculté d'entrepôt en douane. Le magasinage privé est donc néc s-saire.

(1) V. sur les tarifs des banquiers à ce sujet, *suprà*. « *De la Traite documentaire en général* », p. 36.

Ces exemples montrent suffisamment à quel point le porteur d'effets documentaires doit connaître le régime des douanes des différents pays. Nous n'insisterons pas davantage. C'est à chaque banquier à se constituer un dossier des plus complets à cet égard.

Lorsque le porteur de l'effet a emmagasiné en Entrepôt ou dans des locaux privés, il doit encore faire assurer les marchandises contre l'incendie. C'est là une mesure de prudence indispensable. Il existe encore des difficultés sur ce point. Il arrive que, par force majeure, aucune Compagnie n'ayant d'agence au port d'arrivée, l'assurance devient impossible. C'est un risque dont l'escompteur doit tenir compte.

Lorsque les soins complexes nécessités pour l'obtention de la marchandise, les formalités de douane, le magasinage, ont pris fin, deux hypothèses peuvent se présenter.

SECTION III

DU PARTI DÉFINITIF PRIS PAR LE TIRÉ.

ARTICLE I

Le tiré accepte ou paie.

En ce cas, le porteur remet les documents au tiré, attend l'échéance, si la traite n'est pas échue, ou reçoit le paiement, si la traite est à vue. Dans chacune de ces deux éventualités, le porteur touchera du tiré lors du paiement le montant de la traite augmenté des frais et débours qui auront été faits à la charge de la marchandise.

Le tiré, malgré les raisons qui ont pu l'inciter à refuser

temporairement au début, est en effet responsable des délais qui ont occasionné au porteur les débours qu'il a dû faire. Les motifs donnés plus haut, au sujet des dommages-intérêts dont il peut être passible, militent encore ici en faveur du porteur pour le remboursement de ses frais.

Néanmoins, le porteur ou son mandataire ne seraient pas fondés à exiger le remboursement de frais de surestaries, magasinage ou autres, qui proviendraient du fait que les documents n'auraient pas été, par négligence, présentés au tiré avant l'arrivée du navire.

Dans cette hypothèse, en effet, le tiré qui aura accepté dès qu'il a été mis à même de le faire, soutiendrait à bon droit, que son acceptation eût été acquise au porteur, si ce dernier la lui avait demandée, antérieurement à l'arrivée du navire. Les frais faits par le porteur doivent donc ici être supportés par lui personnellement.

D'ailleurs, les art. 1.610 et 1.611 du Code civil, aux termes desquels le vendeur est tenu de dommages-intérêts envers l'acheteur, au cas où la délivrance n'est pas opérée au terme convenu, sont applicables ici. Le porteur, créancier gagiste, est en effet aux droits du vendeur et le retard apporté par lui à la livraison le rend responsable envers le tiré. Ainsi, dans le cas qui nous occupe, non seulement le porteur ne sera pas remboursé de ses frais, mais pourra être passible de dommages-intérêts (1).

Lorsque le porteur peut exiger le remboursement de ces frais, ceux-ci comprendront : le fret, les frais de

(1) V. *Anvers*, 19 Mars 1898, *Rec. Anvers*, 1898, p. 197.

déchargement, le timbre des connaissements, les frais de permis de douane, ceux de statistique, les frais de vérification, les droits de douane proprement dits, les frais de magasinage, d'assurance contre l'incendie, etc...

ARTICLE II

Le tiré a refusé définitivement l'acceptation ou le paiement.

Le porteur doit immédiatement faire lever le protêt faute d'acceptation ou de paiement. Il conserve les documents et doit apporter ses soins à réaliser le gage ou à agir, suivant les circonstances, contre les divers garants ou obligés au paiement.

C'est à cette étude qu'est consacré le chapitre qui suit.

CHAPITRE VI

DU PORTEUR IMPAYÉ

Lorsque le porteur de l'effet documentaire a éprouvé de la part du tiré un refus de paiement ou même un refus définitif d'acceptation, il doit rechercher les moyens de rentrer dans le découvert qui résulte pour lui de la somme versée au précédent endosseur ou au tireur dont il a escompté l'effet.

SECTION I

ORDRE DES ACTIONS SUR LE GAGE ET SUR LES AUTRES BIENS DU DÉBITEUR.

Le droit de gage qu'il possède sur les marchandises lui permet de faire vendre celles-ci et de se payer sur leur prix. Mais tout en étant créancier gagiste, il est porteur d'une traite et a de ce chef le droit d'agir contre les endosseurs précédents ou le tireur, conformément aux Art. 164 et suivants du Code de commerce.

Le porteur a-t-il le choix de réaliser son gage ou d'exercer ses recours comme porteur?

Deux ordres de dispositions pourraient paraître susceptibles de donner des indications à cet égard.

Le premier texte est l'Art. 2.209 Code civ. qui dispose que : « Le créancier ne peut poursuivre la vente des « immeubles qui ne lui sont pas hypothéqués, que « dans le cas d'insuffisance des biens qui lui sont hypo- « théqués ».

Quelques auteurs ont pensé, il est vrai, que cette disposition ne se justifiait pas, un créancier privilégié ne pouvant, suivant eux, être présumé avoir renoncé aux droits généraux qui lui compètent, en vertu du droit commun, sur tous les biens de son débiteur (1).

Ce raisonnement ne nous paraît pas convaincant. La loi a estimé, que tout en reconnaissant au créancier privilégié des droits spéciaux, elle ne devait pas lui permettre de conserver son gage et de venir en même temps sur le patrimoine général du débiteur, prendre sa part des sommes sur lesquelles comptaient à juste titre les créanciers chirographaires. Les intérêts de ces derniers, ceux du débiteur lui-même à la situation duquel on porterait sans cela une grave atteinte, la nécessité enfin d'assurer d'une manière simple le règlement de ses dettes, ont paru ici de nature à justifier la restriction des droits généraux du créancier privilégié.

Ces idées semblent confirmées par les textes suivants:

L'Art. 508 C. comm., est ainsi conçu :

« Les créanciers hypothécaires inscrits ou dispensés « d'inscription et les créanciers privilégiés ou nantis d'un « gage n'auront pas voix dans les opérations relatives au « concordat pour lesdites créances et *elles n'y seront comptées*

(1) Baudry Lacantinerie. *Précis*. 1e édit.. T. III. 1563, p. 937.

« *que s'ils renoncent à leurs hypothèques, gages ou privi-* « *lèges* ».

L'Art. 546 décide d'autre part que : « Les *créanciers* du « failli qui seront *valablement nantis de gage ne seront* « *inscrits dans la masse que pour mémoire* (Cf. égale- « ment art. 501, C. comm.).

Les dispositions qui précèdent et les observations faites sur l'Art. 2.209, C. civ. pourraient donc amener à la conclusion suivante, savoir, que le créancier gagiste impayé devrait réaliser son gage avant d'agir contre son débiteur quel qu'il soit.

Cependant cette doctrine ne peut être admise *en droit.*

On pourrait en effet lui objecter qu'elle tend à transporter en matière de gage mobilier un texte spécial à l'hypothèque. Enfin on lui opposerait l'art. 9 de la loi du 28 mai 1858, qui dispose, que « le porteur du warrant n'a de « recours contre l'emprunteur et les endosseurs qu'après « avoir exercé ses droits sur la marchandise et en cas « d'insuffisance ».

L'argument consisterait à déclarer que l'existence même de ce texte implique une dérogation au droit commun, dérogation toute spéciale au gage sur marchandises warrantées. Ce dernier argument est décisif.

Aussi, *en droit,* faut-il nécessairement admettre que le créancier gagiste possédant un gage suffisant, peut le négliger et, agissant contre le patrimoine général de son débiteur, se rembourser sur les valeurs à en provenir (1).

Cette solution entraîne, à notre sentiment, des consé-

(1) Cf sur le droit anglais, Story, *Commentaires on the Laws of Bailments,* § 315, p. 211.

quences fâcheuses, lorsqu'il s'agit d'un gage constitué dans les conditions ordinaires. Elle entraînerait les effets les plus regrettables, si elle était appliquée en matière de Traites documentaires.

Tout d'abord, elle est contraire à l'intention du tireur, qui en conférant un droit de gage à l'escompteur et en lui transmettant une police d'assurance pour le prémunir contre toute perte au cas de sinistre, a ainsi légitimement estimé que sa responsabilité ne se trouverait engagée, que lorsque le porteur aurait épuisé les sûretés à lui conférées.

En outre et parce que le recours immédiat contre les garants serait désastreux pour ceux-ci, il est admis que le porteur contracte l'obligation, d'après des usages commerciaux certains, de réaliser son gage avant d'agir contre son cédant.

Si en effet, la cargaison donnée en gage consiste en objets susceptibles de dépérissement rapide et soumis à des fluctuations de cours toujours possibles, le recours exercé par le porteur sans se préoccuper de réaliser son gage, forcerait le vendeur à chercher sur une place d'outre-mer un acheteur immédiat des marchandises, en tous cas à charger un mandataire qu'il ne possède peut-être pas au lieu de dépôt desdites marchandises, de faire tout ce que réclame la sauvegarde de ses droits.

Dans ces circonstances, qui sont les circonstances normales en matière d'effets documentaires, les relations d'affaires exigent, nous le répétons, que le porteur réalise son gage avant d'agir contre le tireur.

Cet usage permanent du commerce est d'ailleurs confirmé par deux documents que nous avons cités précédemment.

Le premier (Certificate of hypothecation) s'exprime ainsi :

« But if the drawees decline to accept the Bill or to pay « same, then you are hereby authorized, to place the « above mentioned property in the hands of your Brokers « for sale and to apply the proceeds towards the payment « of the Bill, the undersigned hereby agreeing in case of « any deficiency to pay the full amount, *of said deficiency* « upon demand (1). »

Voici la partie de la seconde pièce qui a trait à la discussion présente :

« *Dans le cas d'insuffisance du produit de la vente,* vous « êtes autorisé par les présentes à tirer sur nous au change « commercial du jour *pour le montant manquant* et nous « nous engageons par les présentes à accepter et payer « dûment ces tirages (2). »

En fait, le porteur d'un effet documentaire, *à moins de conventions spéciales ad hoc avec le tireur,* a donc l'obligation de réaliser son gage avant d'exercer ses recours contre son garant.

Remarquons d'ailleurs que, si les marchandises données en gage ne consistent pas en denrées, mais en machines spéciales, en meubles ou objets manufacturés quelconques non susceptibles de dépérissement et non soumis à des cours, il est admis qu'en cas de non paiement par le tiré, les marchandises sont réexpédiées au tireur. Il n'en résultera généralement pour lui aucun autre préjudice qu'une affaire manquée et comme, dans cette hypothèse, il aurait été infailliblement soumis au

(1) V. le texte complet, *suprà* p. 29.
(2) V. le texte complet, *suprà* p. 31.

recours du porteur (la vente publique n'ayant pas donné un résultat satisfaisant), il est préférable pour les deux parties qu'il rembourse immédiatement le créancier gagiste à l'amiable.

Enfin une dernière difficulté reste à résoudre. On pourrait être tenté, en invoquant le dernier alinéa de l'art. 9 de la loi du 28 mai 1858 spécial aux warrants, de considérer comme impossible, avec l'adoption de la solution qui précède, l'exercice des recours du porteur contre les endosseurs précédents ou le tireur. En effet, l'art. 165, C. comm., accorde au porteur un délai de quinzaine seulement pour faire citer en justice son cédant, à défaut de remboursement. Or, si l'on suppose que le porteur réalise son gage, il est contradictoire qu'il agisse en même temps contre son cédant. Cependant, il faudra que la marchandise soit réalisée dans un très court délai, afin de laisser au créancier gagiste un temps suffisant pour faire citer en justice les endosseurs précédents ou le tireur, au cas où la vente du gage n'aurait pas donné de résultats satisfaisants (1). (C'est ce qui explique que, frappé de cet inconvénient, le législateur de 1858 ait décidé que puisqu'il imposait la réalisation du warrant avant tout recours, le délai établi par l'art. 165, C. comm., ne courrait que du jour où la vente des marchandises serait un fait accompli).

Cette objection ne paraît pas décisive. Le texte de l'art. 9 de la loi du 28 mai 1858 est sans doute unique-

(1) L'objection peut paraître d'autant plus forte, que l'Art. 93 n'autorise la vente du gage que huit jours après la notification faite au débiteur. Le délai de citation du cédant en justice, se trouve donc réduit à 7 jours au maximum. En fait les délais nécessités par la vente, rendraient la citation impossible.

ment applicable aux warrants. Si donc l'on considérait, par exemple, une Lettre de Change documentaire émise de Bordeaux sur le Havre, l'inconvénient signalé serait évident et sans remède. Mais il n'en est pas de même, en matière d'effets documentaires internationaux, les seuls dont il y ait lieu de s'occuper à raison de leur importance.

La décision de l'Art. 9 de la loi précitée s'explique facilement, car il s'agit en l'espèce d'un nantissement dans lequel les deux parties, créancier gagiste et garant, habitent tous deux sinon le même lieu, au moins des villes relativement peu distantes l'une de l'autre. En matière d'effets documentaires, les distances qui séparent le créancier gagiste et le tireur de la traite sont toujours considérables. Et alors s'appliqueront des textes analogues dans les différents pays à notre art. 166 C. comm., qui accorde aux porteurs de lettres tirées en France et payables outre-mer des délais de deux à huit mois pour exercer leurs recours, du jour de la date du protêt.

Par conséquent, si l'on suppose que le porteur d'une traite documentaire émise sur la France, réalise tout d'abord son gage, il aura toujours un délai plus que suffisant pour que la validité de son recours ne soit nullement compromise.

Examinons maintenant les questions qui se rattachent à la réalisation du gage.

SECTION II

RÉALISATION DU GAGE

ARTICLE I

Observations Générales.

Le droit commun quant à la réalisation du gage est contenu dans l'art. 93, C. Comm., qui établit des règles plus libérales que celles du Code civil, puisqu'il supprime la nécessité de recourir à une autorisation de justice.

Mais, de même qu'en matière de gage civil, la réalisation amiable est interdite(1), de même la loi commerciale, tout en facilitant la réalisation du gage, eu égard aux nécessités du commerce, a repoussé, dans l'art. 93, § 4, C. comm., cette solution qui se rapproche par trop du pacte commissoire. On ne saurait donc admettre la validité d'une clause, autorisant le porteur d'une traite documentaire, à faire vendre les marchandises au mieux de ses intérêts, au cas de non-acceptation ou de non-paiement (2).

Le créancier gagiste ne saurait davantage invoquer un usage commercial suivant lequel, par exemple, le créancier d'une traite fournie de l'Inde sur la France, avec connaissements à l'appui, aurait mandat du tireur,

(1) V. Baudry Lacantinerie. *Précis*, 4e édition, T. III, n° 1.207, *in fine*.

(2) V. *Marseille*, 20 juillet 1887. *Rec. Mars.*, 87, 1, 273. Cf. *Suprà : De la Traite Documentaire en général*, p. 33.

en cas de non paiement ou non acceptation, de faire vendre les marchandises sans avis et quand il le jugerait convenable, en vente publique ou privée (1).

Des conventions entre les parties ou de prétendus usages commerciaux ne sauraient être accueillis ici. Ils seraient contraires à l'ordre public et tomberaient sous le coup de l'art. 6, C. civ. auquel l'art, 93, § 4, C. comm. fait allusion. Le fait même que ce dernier texte, modifiant en un sens favorable au commerce l'art. 2.078, C. civ., a lui-même posé d'autres règles relatives à la réalisation du gage, indique assez que les conventions privées ou les usages ne peuvent prévaloir contre ses dispositions.

La solution de principe est donc certaine (2).

On vient de voir que l'Art.93, C. comm. modifie l'Art. 2.078, C. civ. Avant 1863, ce dernier texte formait le droit commun en matière de réalisation d'un gage même commercial. Depuis, la loi a établi des règles spéciales à cet égard : mais a-t-elle entendu créer ainsi un système exclusivement commercial, qui, se suffisant à lui-même, exclut par là désormais tout recours à l'emploi des formalités du droit civil ?

Les travaux préparatoires déclarent expressément que la loi nouvelle « abroge » l'art 2.078 du C. civ. (3).

Mais les travaux préparatoires ne sauraient, et cela doit être considéré comme un principe général, avoir qu'une autorité en quelque sorte confirmative de ce qui

(1) V. *Trib. Comm. Havre*, 11 juin 1860. *Rec. Mars.*, 60, 2, 143, qui adopte à tort une solution contraire.

(2) V. Lyon-Caen et Renault. *Traité*, T. III, n° 311.

(3) V. Sirey, *Lois annotées* 1863, p. 27, § 8.

ressort, dans une discussion juridique, de l'application des principes généraux et de l'interprétation de la législation positive.

Or, il nous paraît que, « l'art. 2.084 qui suppose « l'existence de dispositions dérogatoires au droit « commun n'est pas suffisant pour écarter l'art. 2.078 « auquel aucun texte ne déroge expressément » (1).

On a soutenu, que l'art. 93, § 4 lui-même, abrogeait l'art. 2.078 (2). La réponse est aisée. Le § 4 de l'art. 93 qui est la reproduction textuelle de l'art. 2.078, § 2, a eu pour but, non pas d'indiquer que les dispositions de l'art. 93 étaient limitatives en matière commerciale, mais de faire ici aux parties, même défense qu'en matière civile, de recourir au pacte commissoire.

On a dit aussi que, lorsque la loi commerciale voulait conserver des dispositions de la loi civile, elle s'y référait spécialement comme dans l'art. 91, § 4. Cette généralisation est des plus hasardées. En outre, l'art. 91, § 4, statue spécialement pour interdire de recourir aux dispositions de faveur édictées dans ses paragraphes 2 et 3 et *impose* le droit civil strict ; ici, au contraire, on tend à démontrer que des contractants jouissant d'un droit favorisé, ne pourraient recourir à des formes plus strictes. Cette conclusion ne nous paraît pas admissible. Les parties sont toujours libres de renoncer à un bénéfice que la loi leur accorde. Personne par exemple ne songerait à nier que malgré l'art. 91, § 1, les parties peuvent, si bon leur semble, soumettre

(1) Aubry et Rau, 4e édit., T. IV, § 534, p. 712.
(2) Pont, *Petits contrats*, T. II, n° 1.152 ; Demangeat, *Droit commercial*, p. 310.

la constitution d'un gage à la nécessité d'un écrit, même solennel.

Nous concluons donc que le créancier gagiste conserve avec les facilités de l'art. 93, le droit de réaliser son gage suivant l'art. 2.078 du Code civil (1).

Il s'ensuit qu'il pourra s'en faire attribuer la valeur sur estimation par experts.

ARTICLE II

Délais et formalités de la vente du gage.

Quand et comment le porteur du connaissement peut-il réaliser son gage ?

L'Art. 93 du Code de Commerce indique que le créancier gagiste peut faire opérer la vente du gage en cas de non-paiement à l'échéance. La règle est donc très simple.

Mais il peut arriver que le porteur ait intérêt à réaliser son gage avant l'échéance, si le tiré a opposé un refus définitif et que la marchandise ne soit pas susceptible de se conserver. Il devra, en ce cas, adresser une requête au président du Tribunal de Commerce ou, à son défaut, au président du Tribunal de première instance, pour obtenir l'autorisation de faire vendre le gage.

La vente ne peut être faite que huit jours après une double signification, l'une au débiteur, la seconde au tiers bailleur de gage (Art. 93, C. comm.). La première signification pourra être faite dans l'acte de protêt des effets ou par acte séparé.

(1) En ce sens, Lyon-Caen et Renault. *Traité*, T. III, n° 313 ; Contrà, Toulouse 27 juillet 1872, S. 74, 2, 178.

En ce qui concerne le tiers bailleur de gage, on a dit, que « comme il s'agit en principal d'une Lettre de Change, le porteur ne peut faire procéder à la vente qu'après avoir rempli les formalités des Art. 164 et suivants C. comm. » (1)

Ces articles, on le sait, règlent l'exercice des recours du porteur de la Lettre de Change contre le tireur et les endosseurs.

Il y a ici à notre avis une confusion entre les droits qui dérivent du contrat de change et ceux qui dérivent du contrat de gage.

Sans doute, le droit de gage est une garantie au cas où la Lettre de Change serait impayée ; mais en dehors de ce rapport tout extrinsèque entre les deux contrats, celui de change et celui de nantissement, le dernier est entièrement distinct du premier et suit ses règles propres.

Dans le cas qui nous occupe, le créancier n'a pas, pour réaliser son gage, à s'occuper des règles du droit de change. L'Art. 93 du Code de Commerce établit à ce point de vue les formalités à accomplir et les établit complètement. Le bailleur de gage sera averti par la signification de l'art. 93, C. comm., et le porteur n'a pas à se préoccuper de la notification du protêt au point de vue de la validité de la réalisation du gage.

Quelles sont les personnes chargées d'opérer la vente des marchandises ?

La plupart du temps, les traites documentaires étant émises à l'occasion d'opérations sur chargements importants, la vente de la cargaison dépassera de beaucoup

(1) Lepeltier, *Le Portefeuille*, p. 191.

la somme de cent francs fixée par la loi et au-dessus de laquelle il s'agit d'une vente en gros (1). Une telle vente rentrera par conséquent dans les attributions des courtiers de commerce.

Notons que l'art. 7 de la loi du 28 mai 1858 (2), et l'art 93, C. comm., tout en donnant compétence aux courtiers pour les ventes des marchandises warrantées et des gages commerciaux en gros, a laissé ces mêmes ventes, lorsqu'il s'agit de gages commerciaux au détail, dans les attributions des commissaires-priseurs (3).

Si une vente en gros était faite par un commissaire-priseur ou une vente au détail par un courtier, nous estimons qu'il n'en saurait résulter, pour le porteur créancier gagiste, aucune conséquence fâcheuse entraînant par exemple pour lui la perte de son privilège. Même en cas de collusion ou de fraude concertée, nous croyons que son privilège resterait intact et qu'il serait seulement passible pour sa part, des dommages-intérêts que la corporation des commissaires-priseurs réclamerait à celle des courtiers.

Enfin, quels seraient pour le porteur les effets de la réalisation de son gage par voie amiable, au mépris des dispositions de l'art. 93, C. comm. ?

Le créancier ne perdrait pas pour cela son privilège. Il ne serait pas même contraint de restituer les sommes perçues par lui à un second créancier gagiste. Mais celui-ci et le débiteur lui-même pourraient réclamer

(1) Loi du 28 mai 1858 et Décret du 30 mai 1863.
(2) Il y a deux lois qui portent cette date. Celle dont il est question ici a trait aux « Ventes publiques de marchandises en gros ».
(3) *Cass.* 5 janvier 1898. *Gazette des Tribunaux* du 6 janvier 1898.

des dommages-intérêts en alléguant que la vente à l'amiable est suspecte par elle-même et qu'il doit leur être tenu compte de la différence entre le résultat insuffisant de la réalisation de gré à gré, et le prix que les marchandises auraient obtenu en vente publique.

SECTION III

RECOURS CONTRE LES ENDOSSEURS PRÉCÉDENTS, LE TIREUR ET LE TIRÉ

La réalisation du gage par le porteur est, nous l'avons dit, la voie normale qu'il doit suivre, lorsque le tiré a opposé un refus de payer ou d'accepter.

Il peut paraître difficile de concevoir que le porteur ait à exercer des recours contre les endosseurs précédents ou le tireur. En effet, les marchandises qui lui ont été données en gage seront la plupart du temps plus que suffisantes pour le désintéresser, le prêteur sur garantie exigeant généralement une sûreté d'une valeur supérieure aux sommes qu'il avance.

Cependant, les recours dont il est question peuvent se produire tout au moins dans trois hypothèses.

A. — Le recours a lieu pour la totalité du montant de la traite, *avant toute réalisation du gage*.

1° L'objet du prétendu droit de gage constitué au profit du porteur n'existait pas ou ne représente pas une valeur équivalente à celle des sommes payées au tireur lors de l'escompte ; et ces faits sont le résultat d'une fraude du tireur.

En pareil cas, la solution générale suivant laquelle le

porteur devrait réaliser son gage avant tout recours contre le tiers bailleur de gage, doit être écartée. En effet, le tireur est ici tenu, sur tout son patrimoine, de réparer la faute qu'il a commise en exagérant sciemment la valeur de la garantie qu'il donnait à l'escompteur. Les autres créanciers du tireur seront donc contraints de supporter les conséquences de la fraude de leur débiteur, car ils ont suivi sa foi.

2° Les marchandises ont péri totalement en mer, et l'assurance contractée par le tireur est nulle, d'une nullité opposable au porteur, comme dans le cas où elle apparaît telle d'après les énonciations du titre. Ou bien le tireur avait affirmé avoir contracté une assurance, en s'engageant à faire parvenir la police au porteur et l'assurance n'existe pas.

Ici encore, le porteur est fondé à agir directement contre le tireur. (V. *suprà*, p. 134 et s.)

B. — Le recours a lieu pour une partie seulement du montant de la traite.

Cette éventualité se produira, lorsque le porteur *ayant réalisé son gage*, celui-ci s'est trouvé insuffisant, sans que le tireur ait commis aucune faute pour lui attribuer une valeur supérieure à sa valeur réelle.

Cela sera vrai surtout, lorsqu'il s'agira de marchandises dont le cours est variable et qui, au moment où elles ont été vendues au tiré, auraient donné à celui-ci par une revente un bénéfice appréciable. Mais les cours peuvent avoir baissé sensiblement, entre le moment où l'achat a été fait et l'époque de présentation ou d'échéance des effets. Ainsi, pour prendre un exemple récent, si un négociant résidant en Europe avait acheté une cargaison de blé au moment de la gigantesque spéculation de Joseph Leiter à Chicago, sur cette denrée, en escomptant une hausse toujours plus accentuée et que la débâcle finale se fût produite avant l'échéance des traites, il est à présumer que le tiré, s'il n'eût été à même de supporter une perte considérable, aurait refusé acceptation ou paiement.

Dans ces circonstances ou autres analogues, le porteur, contraint de réaliser son gage, subit une perte qui peut être très importante ; il recourra alors pour la différence contre les endosseurs antérieurs ou le tireur.

On voit donc que, dans certaines hypothèses déterminées, le porteur peut, soit après la réalisation du gage, soit avant et en ce cas contrairement au mode de procéder général exposé plus haut, exercer un recours contre les endosseurs antérieurs ou le tireur.

Il peut également agir contre le tiré et cette action lui est ouverte en tout état de cause.

En effet, la vente étant résolue par le refus d'acceptation ou de paiement du tiré, il n'y a pas ici à appliquer le raisonnement, qui a été fait précédemment à l'égard du tireur et suivant lequel le créancier gagiste doit d'abord réaliser son gage, avant de s'attaquer au patrimoine général du débiteur. Le droit de gage, du jour de la résolution de la vente, ne porte plus sur les biens du tiré, mais sur ceux du tireur.

Dans quelles conditions l'action du porteur contre le tiré peut-elle s'exercer ?

L'art. 170, § 2 C. comm. déclare que le porteur négligent, qui n'a pas fait dresser le protêt en temps utile (art. 162), ou notifié celui-ci dans le délai de quinzaine (art. 155), est privé de tout recours contre les endosseurs antérieurs ou le tireur, mais qu'il n'en conserve pas moins son action contre le tiré accepteur (1).

Cette solution est exacte, l'acceptation eût-elle été obtenue par dol ou grâce à la remise de documents falsifiés (2).

Si le tiré n'a pas accepté et que la provision ait été faite (en matière de traite documentaire elle existe toujours), le porteur peut également agir contre le tiré comme cessionnaire des droits du tireur. (Art. 170, § 2, C. comm.) (3).

Nous résumons les observations qui précèdent :

La règle générale est que le porteur de l'effet documentaire, créancier gagiste doit, suivant les usages, lorsque le tiré a refusé acceptation ou paiement, procéder à la réalisation de son gage.

Cas exceptionnels, dans lesquels le porteur peut recourir contre les endosseurs précédents ou le tireur.

1° Le tireur a commis une faute en constituant en gage une cargaison fictive ou en exagérant volontairement la valeur des marchandises données en nantissement.

2° Les marchandises ayant péri totalement en mer, la police d'assurance se trouve être nulle par suite d'une fraude ou d'une faute du tireur.

3° Sans aucune faute de la part du bailleur de gage, le gage réalisé se trouve insuffisant. En ce cas, recours pour la différence seulement.

(1) V. Lyon-Caen et Renault, *Traité*, t. IV, n°s 183 et 415.

(2) V. Alauzet, n° 1.341. — Boistel, n° 751. — *Cass.*, 25 mai 1891, S. 91, 1, 453. — *Amiens*, 7 février 1895. S. 96, 2, 28. — Adde sur ce point, *suprà*, p. 66 et s.

(3) V. Lyon-Caen et Renault, t. IV, n° 415. — *Cass.*, 2 juillet 1883, S. 85, 1, 61.

Enfin, le porteur peut, dans toutes les hypothèses et sans distinction, agir contre le tiré, si la provision a été faite (1).

Nous n'avons pas à examiner ici les questions qui se rattachent aux recours établis par la loi contre les endosseurs précédents ou le tireur et qui n'ont rien de particulier au point de vue des effets documentaires.

SECTION V

DES EFFETS DE LA FAILLITE SUR LES DROITS DU PORTEUR.

Nous avons jusqu'ici envisagé les recours du porteur, contre le tireur ou tiré, lorsque ces derniers se trouvaient dans la situation normale de leurs affaires. Il nous reste à indiquer quels sont les droits du porteur en cas de faillite du tireur ou du tiré.

A la différence du créancier chirographaire auquel tous actes d'exécution sont interdits, le créancier gagiste conserve le droit de faire vendre son gage malgré la faillite (art. 548, C. comm.) et cela sans être tenu de faire vérifier ni affirmer sa créance (1).

Nous avons vu précédemment qu'un créancier gagiste pouvait faire vendre son gage, après autorisation *ad hoc*, avant l'échéance, dans le cas d'urgence.

Un des effets de la faillite est, on le sait, la déchéance

(1) V. également sur les recours du porteur de la police d'assusurance, *suprà*, p. 131.

(1) V. Lyon-Caen et Renault. *Traité*, t. VII, n° 551, p. 450 où la question est complètement élucidée. Boistel, n° 938 ; Bédarride, *Des Faillites*, n° 426 ; *Agen*, 20 fév. 1866. D. 66, 2, 149 ; *Lyon*, 16 fév. 1881. S. 82, 2, 41. — *Cass.*, 19 juin 1889. D. 89, 1, 377 et la note S. 89, 1, 480.

du terme, qui frappe le débiteur failli, c'est-à-dire l'exigibilité immédiate. Le créancier gagiste nanti, qui peut procéder à des actes d'exécution malgré la faillite, peut-il en outre pratiquer ces mêmes actes d'exécution, même si sa créance n'est pas échue, c'est-à-dire invoquer la déchéance du terme qui résulte de la faillite elle-même ? La jurisprudence se prononce en ce sens.

Des auteurs éminents repoussent cette solution et estiment exorbitant que des créanciers puissent invoquer la faillite pour faire tomber le terme qui les gêne et écarter les mêmes règles, pour pouvoir procéder à des mesures d'exécution (1).

Cette argumentation est-elle absolument convaincante ? Les termes de l'art. 444, C. comm. sont généraux. Sur ce point, tout le monde est d'accord. Mais, l'exigibilité des créances, dit-on, ne saurait conférer aux créanciers nantis les mêmes droits que s'il n'y avait pas faillite. On pourrait répondre que les créanciers nantis n'écartent pas les règles de la faillite pour procéder à des mesures d'exécution, puisque c'est la loi elle-même qui les y autorise dans l'art. 548, C. comm., sans faire aucune distinction entre les dettes échues ou non échues. La réalisation du gage avant l'échéance ne causera d'ailleurs généralement aucun préjudice aux créanciers chirographaires. La solution que nous indiquons nous paraît découler nécessairement de ces deux principes certains :

1° Que la faillite rend les dettes exigibles ;

(1) V. Lyon-Caen et Renault, t. VII, n° 262, p. 212 et 213 et les autorités citées à l'appui.

2° Que les créanciers nantis conservent leur droit d'action (1).

En cas de faillite, les créanciers du failli peuvent invoquer l'art. 508, C. comm., pour refuser, au porteur créancier gagiste, le droit de prendre part au concordat comme tel et d'y voter ; ce texte étant formel, leur prétention doit triompher, que le concordat soit du reste par la suite homologué ou non (2).

Mais il y a lieu de préciser.

L'art. 508, C. comm., suivant une certaine doctrine, statue uniquement dans le cas où le privilège est établi sur les biens du failli lui-même (3). D'autres auteurs au contraire décident que ce texte doit s'appliquer même au cas où le gage a été constitué sur les biens d'un tiers (4).

Voici comment s'expriment à cet égard MM. Lyon-Caen et Renault: « Aucun de ces deux systèmes ne doit « être admis. Une distinction doit être faite. S'il s'agit « d'une hypothèque constituée par un tiers sur son im- « meuble, on ne voit pas comment le vote du créancier « au concordat de son débiteur le priverait de cette « hypothèque..... Au contraire, s'il s'agit d'une hypo-

(1) Dans notre sens : Demolombe, t. XXV, n°s 661, 663, 699. Namur t. III, n° 1.670; De Couder, Dict. V° *Faillites* n° 263. — *Lyon* 16 fév. 1881 ; S. 82, 2, 41 ; *Aix* 23 février 1884, *Journ. des Faillites* 1884, p. 405. *Amiens*; 11 février 1892. *Journ. des Faillites* 1893, p. 207.

(2) V. Lyon-Caen et Renault, *Traité*, T. VII, n° 579, p. 472 et les auteurs cités à la note 7. — M. Lyon-Caen, Consultation dans *Journ. des Faill.*, 1888, p. 95 et suivantes. — *Rouen*, 30 mars 1892, D. 92, 2, 445. — *Cass.*, 6 Mars 1894, S. 96, 1, 41 et la note. Adde : *Cass.* 26 août 1851 S. 51, 1, 805 qui déclare inopérantes toutes réserves faites, à ce sujet, par le créancier gagiste, afin d'éviter la déchéance de son privilège.

(3) V. *Cass.*, 20 juin 1851, S. 54, 1, 593, cité par MM. Lyon-Caen et Renault, *Traité, loc. citat.*

(4) Demangeat sur Bravard, T. V., p. 382.

« thèque grevant un immeuble qui a passé entre les mains « d'un tiers acquéreur, l'art. 508 doit être appliqué, « lorsque le tiers peut recourir contre la faillite à raison « du droit de suite exercé contre lui » (1).

En ce qui touche la doctrine elle-même, MM. Lyon-Caen et Renault paraissent bien adopter l'opinion qui limite l'art. 508 au cas où l'objet de l'hypothèque ou du privilège fait partie du patrimoine du failli ; car la distinction qui suit est particulière à l'hypothèque et vise un cas tout spécial.

Si les savants professeurs n'ont parlé que de l'hypothèque, c'est uniquement, pour la brièveté du discours. L'art. 508 s'applique dans les termes les plus généraux à tous ordres de privilèges.

Faisons à notre matière spéciale l'application des règles qui précèdent.

Le porteur d'un effet documentaire, créancier gagiste, peut agir, soit contre le tiré, soit sous les distinctions indiquées précédemment, contre le tireur.

Lorsqu'il agira contre le tiré en faillite, la vente étant résolue par le défaut d'acceptation ou de paiement, le gage portera à ce moment sur les biens du tireur. Par conséquent, les créanciers de la faillite du tiré ne pourront lui opposer l'art. 508 et il devra être admis au concordat avec pouvoir d'y voter.

Si le porteur agit contre le tireur en faillite pour la totalité de son découvert il faut distinguer *dans la forme*.

a. — Le porteur agit comme créancier gagiste. Les

(1) V. Lyon-Caen et Renault, *Traité*, T. VII, n° 585, p. 476.

créanciers du failli pourront lui opposer l'art. 508 pour les raisons sus-énoncées.

b. — Le porteur agit comme simple porteur de traite. La jurisprudence reconnaissant au porteur d'une lettre de change un droit exclusif à la provision, c'est-à-dire un véritable privilège, la solution doit être la même.

Nous avons eu à examiner diverses hypothèses où le gage du créancier pouvait être insuffisant, sans fraude de la part du tireur. Si le porteur réalise son gage et exerce son recours contre le tireur (nous éliminons l'hypothèse d'action contre le tiré, où l'art. 508 est inapplicable), les créanciers de la faillite ne pourront lui opposer l'article précité, car il viendra à la faillite comme chirographaire ; il pourra donc voter au concordat comme tel. Il se trouvera en effet dans la même situation que s'il avait eu deux créances distinctes, l'une garantie parun gage et l'autre simplement chirographaire (1).

Enfin une dernière difficulté reste à élucider. La créance du porteur de la traite documentaire porte intérêt au taux légal ou à un taux spécial stipulé, du jour où le tiré a refusé le paiement (2).

Le tireur est tombé en faillite. Le porteur réalisant son gage se conformera aux dispositions de l'art. 1.254 C. civ. et commencera par imputer la somme réalisée, d'abord sur les intérêts, subsidiairement sur le capital ; puis venant à la faillite, il se présentera comme chirographaire pour le surplus du capital. Mais il est à supposer que les créanciers du failli invoqueront alors contre lui l'art. 445, § 2, C. comm., aux termes duquel les

(1) Cf Lyon-Caen et Renault, *Traité*, T. VII, n° 583, p. 474 ; V. *Paris*. 20 juin 1893, *Journal des faillites*, 1894, p. 100.

(2) V. Ch. I, Sect. III. p. 31.

intérêts des créances garanties ne peuvent être réclamés, que sur les sommes provenant des biens affectés au privilège ou au nantissement. Ils feront le raisonnement d'un arrêt de la Cour de Cassation, suivant lequel, permettre au créancier gagiste d'imputer d'abord les sommes sur les intérêts et ensuite sur le capital, revient à faire supporter indirectement à la masse le paiement des intérêts, sous le nom de capital, sur des biens non affectés au privilège et pour une somme égale à celle du montant des intérêts (1).

Ce raisonnement paraît exact, mais il conduit à cette conséquence que suivant l'art. 445, les intérêts ne devant être payés que sur les biens affectés au gage, si celui-ci est insuffisant, ceux-ci ne seront jamais payés. De plus, l'art. 445, C. comm., n'ayant pas réglé l'ordre d'imputation, l'art. 1.254 du Code civil doit conserver son empire, dès qu'il n'a pas été écarté par une disposition spéciale de la loi commerciale (2).

(1) V. *Cass.*, 17 novembre 1862, S. 63, 1, 205.

(2) Dans notre sens. *Cass.*, 26 décembre 1871, S. 72, 1, 49 et la la note de M. Labbé, dans le même sens; *Cass.*, 12 juillet 1876, S. 78, 1, 68; *Cass.*, 13 juillet 1896, *Rec. Mars.*, 96, 2, 175.

CHAPITRE VII

DES FRAUDES EN MATIÈRE D'EFFETS DOCUMENTAIRES ET DES RÉFORMES SUSCEPTIBLES DE LES PRÉVENIR.

Actuellement, toutes les législations commerciales laissent au chargeur la faculté de créer un nombre illimité d'exemplaires du connaissement. Cette pluralité des titres permet à l'expéditeur de commettre les fraudes dont nous avons parlé, en traitant des conflits entre différents porteurs d'un même connaissement.

Aucune législation étrangère n'a jusqu'ici recherché les moyens de prévenir ces fraudes (1). Quelques-unes seulement ont édicté des mesures pour le cas où, à l'arrivée du navire, plusieurs porteurs d'un même connaissement se présenteraient au capitaine.

Nous citons les textes :

Code de commerce allemand :

Art. 648. — Si plusieurs porteurs légitimes de connaissements se font connaître, le capitaine est tenu de repousser

(1) Sur les conséquences des fraudes du chargeur, V. *De la Possion*, p. 167 et suivantes.

toutes leurs réclamations, d'effectuer judiciairement ou de toute autre manière sûre le dépôt des marchandises et d'avertir les porteurs qui se sont présentés en leur faisant connaître les motifs qui l'ont fait agir.

Lorsque le dépôt n'est pas effectué judiciairement, le capitaine est en droit de faire dresser procès-verbal officiel des mesures qu'il a prises et des raisons qui ont motivé ces mesures. Pour les frais qui en résultent, il a sur les marchandises le même droit que pour le fret.

Art. 651. — Si avant la livraison de la cargaison, plusieurs porteurs de connaissements se présentent au capitaine et si les droits qu'ils entendent faire valoir sur les marchandises, en se basant sur la remise du connaissement, entrent en conflit, celui là sera préféré — dans la limite du conflit — qui, le premier aura reçu d'un transmetteur ayant passé plusieurs exemplaires du connaissement aux divers porteurs, un connaissement donnant qualité pour retirer la marchandise.

Code de commerce Espagnol :

Art. 716. — Si plusieurs personnes présentent des connaissements au porteur ou à ordre, endossés à leur profit, et réclament les mêmes marchandises, le capitaine donnera la préférence pour effectuer la remise desdites marchandises à celui qui présentera l'exemplaire qui a été délivré le premier, sauf le cas où l'exemplaire postérieur aura été délivré à celui qui présentera l'exemplaire qui été délivré, sur la justication que le premier avait été égaré, et où ces deux exemplaires se trouvent dans des mains différentes.

Dans ce cas, comme dans celui où l'on représentera des seconds ou autres exemplaires postérieurement délivrés sans que cette justification ait été faite, le capitaine s'adressera au juge ou au Tribunal pour faire ordonner le dépôt des marchandises et leur livraison par son intermédiaire à qui il appartient.

L'art. 791 du Code de Commerce Mexicain est la reproduction littérale du texte qui précède.

Code de Commerce Argentin :

Art. 1.041. — Si le capitaine constate qu'il y a plusieurs porteurs des différents exemplaires d'un connaissement de la même cargaison, ou s'il survient une saisie, il est tenu de demander le dépôt judiciaire.

Code de commerce Chilien :

Art. 1.059. — Il est interdit au capitaine d'opérer la livraison du chargement, toutes les fois qu'il se présente pour la réclamer, plusieurs personnes porteurs de connaissements applicables aux mêmes marchandises.

Art. 1.060. — Dans le cas prévu par l'article précédent, le capitaine, mettra le chargement à la disposition du Tribunal de Commerce, pour que celui-ci ordonne d'en effectuer le dépôt, en portant ladite mesure à la connaissance des intéressés et que, ceux-ci entendus, il tranche la difficulté relative à la propriété et à la livraison des marchandises.

Les intéressés et le dépositaire devront requérir la vente des marchandises qui, à raison de leur nature, ou de leur état, sont exposées à souffrir quelques détériorations.

Le produit de la vente, après déduction des frais et de la commission de dépôt, seront consignés judiciairement.

Code de commerce suédois :

Art. 165. — Lorsque diverses personnes possèdent, en vertu de l'endossement, des exemplaires du connaissement et qu'il n'y a pas d'accord entre elles sur celle qui doit être préférée, c'est le porteur du premier exemplaire transféré par le cédant qui doit l'être, si la transmission a été faite en se conformant à l'art. 134, de manière à autoriser à recevoir livraison. Cependant, si, conformément à l'art. 133, on a numéroté les exemplaires, on donnera la préférence à celui qui porte le numéro antérieur. Si, avant que se soit présenté celui qui a le droit de prendre livraison, celle-ci se fait au port de destination à celui qui est porteur d'un autre connaissement, ce dernier ne sera plus tenu de rendre ce qu'il aura reçu, à moins qu'on n'établisse sa mauvaise foi au moment où le connaissement lui a été transmis ou qu'il n'ait commis une négligence grave.

Code néerlandais du 23 mars 1826 :

Art. 516. — Si différents individus sont porteurs chacun d'un connaissement pour les mêmes marchandises, celui qui présente un connaissement en son nom est préféré pour la délivrance provisoire à celui qui n'a qu'un connaissement à ordre ou au porteur.

Art. 517. — Si tous les connaissements de la même marchandise portent les noms des porteurs respectifs ou s'il sont tous à ordre ou au porteur, le juge décidera auquel d'entre eux la délivrance provisoire sera faite.

Art 518. — Il est interdit au capitaine de décharger les marchandises sans autorisation du tribunal d'arrondissement, s'il lui est connu que plusieurs individus sont porteurs d'un connaissement pour les mêmes effets, ou qu'il a été fait saisie-arrêt sur les marchandises.

Dans ces cas, il peut demander, sous réserve des droits de tout intéressé, une ordonnance, à l'effet d'être autorisé à déposer les marchandises dans un tel lieu ou entre les mains de tel individu qui sera désigné par le juge. V. également les art. 519 et 520.

L'art. 44 de la loi belge du 21 août 1879, laquelle forme le livre II du Code de Commerce, dit :

S'il est produit plusieurs exemplaires d'un connaissement le capitaine doit s'adresser, en Belgique, au Tribunal de Commerce; en pays étranger, au consul de Belgique ou au magistrat du lieu pour faire nommer un consignataire auquel il fera la délivrance du chargement contre le paiement du fret).

Voir en outre l'art. 557 du Code de Commerce Italien, l'art. 539 du Code de Commerce Portugais, et l'art. 567 du Code de Commerce Roumain.

Il ressort de ces différents textes que le système adopté par tous les Codes récents, consiste à imposer au capitaine, en présence des réclamations de porteurs différents du connaissement sur la marchandise, la consignation de celle-ci par l'entremise du Tribunal du lieu d'arrivée du navire.

C'est là, assurément, une excellente mesure ; elle corrige en partie les graves inconvénients de la délivrance des marchandises, faite hâtivement par le capitaine, à l'un des porteurs qui pourrait se trouver être précisément le second endossataire. Une disposition analogue serait d'autant plus nécessaire dans nos lois, que le Code de Commerce (art. 281) ne prescrit pas que le connaissement soit daté.

Mais les législations qui ont réglementé la délivrance des marchandises n'ont établi, en quelque sorte, qu'un correctif aux conséquences regrettables qu'entraînent les endossements successifs d'un même connaissement à des personnes différentes.

Indépendamment de ces réglementations légales, le commerce s'est efforcé d'établir des usages tendant au même but.

Nous avons signalé précédemment l'envoi au tiré, d'une « Lettre de garantie » dans laquelle le signataire prend l'engagement de faire parvenir à l'intéressé tous les originaux du connaissement et à défaut, le garantit contre toutes les conséquences qui pourraient en résulter à son détriment (1). La Lettre de garantie est utile, mais elle n'empêche pas la fraude du chargeur. Si celle-ci se produit, et qu'un second porteur prenne effectivement

(1) V. *suprà*, Ch. V, Sect. I. Art. 2.

livraison des marchandises, les intéressés qui ont ajouté foi aux affirmations du tireur n'auront d'autre ressource que d'exercer contre ce dernier des actions récursoires dont le succès sera douteux. En tous cas, l'opération aura perdu toute sa régularité et son règlement entraînera des délais dont il est superflu d'énumérer les inconvénients.

Mais les lois et usages ci-dessus rapportés ne sont que des correctifs aux conséquences de la fraude déjà perpétrée. La sécurité du commerce exigerait l'adoption de moyens préventifs efficaces.

On a imaginé, notamment dans les pays de langue anglaise, d'inscrire sur l'exemplaire du capitaine, au moyen d'un timbre gras, l'indication « Ships copy, not negotiable » (1). Cette mention ne permet pas au capitaine de tenter une fraude et de négocier son exemplaire en se présentant à un banquier comme chargeur. Mais ce n'est pas de ce côté que le danger existe. Le capitaine a une situation à sauvegarder et il ferait difficilement illusion à un banquier sur sa qualité.

C'est du côté du chargeur que la fraude peut s'exercer le plus librement.

Les gouvernements sont depuis longtemps déjà sollicités d'y pourvoir.

En 1889, le Congrès International du Commerce et de l'Industrie, se faisant l'interprète de réclamations justifiées, émettait le vœu qu'une réglementation légale intervînt pour mettre un terme à ces fraudes.

(1) Trois connaissements sont émis. Un quatrième porte la mention suivante : « The fourth of this set (série) of Bills of Lading is retained by ship and is not transferable » (Chargeurs réunis, Nouvelle-Orléans).

Il proposait, n'espérant pas que des dispositions législatives, même particulières à certains pays, puissent aboutir assez rapidement, que les chargeurs insérassent dans leurs connaissements la formule suivante :

« Le capitaine du susdit navire déclare avoir établi, en plus « d'une copie pour lui, X connaissements tous de même teneur « et dont un seul est transférable. Celui-ci accompli, les autres « deviendront nuls » (1).

En 1890, M. A. Grousset, directeur du Comptoir des Entrepôts et Magasins Généraux a adressé à la Chambre des députés une pétition tendant à obtenir le vote d'une loi, qui établirait la division des originaux du connaissement en exemplaires « transférables » et exemplaires « non transférables », sans limiter le nombre des originaux transférables.

Le 22 octobre 1895, le gouvernement, qui avait senti toute l'importance de la réforme proposée, présenta au Parlement un projet de loi ayant pour objet de modifier le titre VII du livre II du Code de commerce sur le connaissement. Indépendamment d'autres questions du plus grand intérêt, ce projet prévoit spécialement celle qui nous occupe.

Il adopte, sous l'art. 282 nouveau, la distinction indiquée et, comme dans la proposition de M. Grousset, ne limite pas le nombre des originaux transférables.

« Nous avons pensé, dit l'*Exposé des Motifs*, page 2, « *in fine*, qu'il valait mieux laisser au chargeur la

(1) Remarquons que ce système était, déjà alors, employé par la pratique et il continue de l'être. Mais il ne s'est pas généralisé, la mention précitée semblant impliquer une certaine défiance. D'ailleurs, quand la distinction est appliquée, le nombre des originaux transférables est très exceptionnellement d'un seul.

« liberté de déterminer le nombre des connaissements « transférables à établir, conformément aux circons- « tances et à ses convenances personnelles.

« Il faut le moins possible restreindre la liberté des « conventions. »

Nous pensons que le projet de loi fait ici fausse route, car autoriser la création de plusieurs originaux transférables, c'est retomber dans les inconvénients auxquels on veut précisément porter remède. Qui empêchera, en effet, le chargeur de créer autant de connaissements transférables qu'il voudra et de les négocier, comme cela peut se faire actuellement, à des personnes différentes ?

C'est apparement en se fondant sur ce raisonnement que la Chambre de Commerce d'Anvers a émis l'avis de fixer le nombre des originaux transférables à deux. On peut faire à cette solution la même objection qu'à la précédente. Il n'est jamais arrivé, en pratique, à notre connaissance, qu'un chargeur négocie frauduleusement ses connaissements à plus de deux banquiers. Or, avec le nombre des originaux fixé à deux, on laisse cette fraude toujours possible.

Aussi, presque toutes les Chambres de Commerce, notamment celles de Rouen, Saint-Nazaire, Cette, Alger, ont-elles demandé qu'un seul exemplaire du connaissement fût transférable.

Le projet de loi invoque, comme nous l'avons vu, la liberté des conventions pour ne pas limiter le nombre des originaux transférables. Mais la liberté des conventions ne saurait s'exercer que sous les restrictions que les lois estiment devoir lui imposer dans l'intérêt général. Or, l'intérêt général est évident ici.

Le projet de loi, et il semble bien que ses auteurs

aient senti la nécessité de le justifier sur ce point, ajoute que « l'adoption d'un original transférable unique, se heurterait aux législations des pays étrangers, aux usages de toutes les marines ». Il est regrettable, dans un pays qui, comme le nôtre, possède, de l'aveu unanime, un des Codes de Commerce les plus arriérés du monde, de rencontrer chez le législateur de semblables préoccupations. Lorsque l'Allemagne, l'Italie, la République Argentine, la Roumanie et nombre d'autres pays ont rédigé leurs Codes de Commerce, assurément leurs législateurs ont étudié avec le soin le plus attentif les lois alors existantes à l'étranger. Mais n'eût-ce pas été de leur part faire abdication de toute idée de progrès et de tout esprit critique, que de ne pas adopter des idées neuves, lorsqu'ils estimaient que jusqu'alors aucune loi n'avait envisagé la question sous son véritable jour ou dans tous ses détails (1).

Il importe, cela est exact, « de choisir le système qui présente le plus de chances d'être adopté par les autres pays » ; mais ce système ne saurait, à notre avis, consister qu'à mettre en pratique les idées qui paraissent les plus satisfaisantes et auxquelles se rangeront tout naturellement les autres pays, si leur législation est défectueuse.

En ce qui touche la question spéciale qui nous occupe, il n'est donc donné par le projet de loi aucun argument sérieux en faveur du système qu'il propose, à savoir la pluralité des originaux transférables.

(1) Cf. La suppression de la provision en matière de Lettre de Change opérée en Allemagne, puis en Italie, Roumanie, etc., la suppression en droit italien de l'obligation pour le juge de proposer le concordat en cas de faillite.

Est-ce à dire qu'une solution contraire doive être adoptée ? Nous ne le pensons pas.

Si l'on peut estimer, en général, que l'existence des duplicatas suffit pour parer au cas de perte d'un connaissement supposé exemplaire unique transférable, il n'en est pas moins vrai, que les duplicatas ne produisent pas tous les effets du connaissement. Ce titre, outre qu'il sert à constater les conditions du transport, permet également, et c'est à ce point de vue que nous nous sommes placés dans tout le cours de cette étude, de procurer à l'escompteur de l'effet documentaire, créancier gagiste, la possession des marchandises. Or, il peut arriver que le tireur vendeur ne trouve pas de banquier disposé à escompter sa traite et les documents pour la totalité. Cela se présentera lorsque le tireur, habitant un lieu où n'existent pas de banquiers, sera contraint de rechercher l'escompte des effets auprès de différents commerçants. Il en sera de même si le tireur ne trouve à négocier les effets qu'à des banquiers ne faisant que des opérations restreintes et si le montant de la traite dépasse le chiffre habituel de leurs affaires d'escompte.

Dans ces deux hypothèses, le tireur pourra se trouver contraint d'émettre plusieurs traites, dont l'ensemble s'élève au montant total de l'opération et de négocier chacune d'elles avec un connaissement spécial à des escompteurs différents.

L'existence d'un exemplaire unique transférable rendrait ce mode de procéder impossible, car les duplicatas ne seraient certainement pas acceptés par les escompteurs, aux lieu et place d'un original de connaissement. Le duplicata suppose en effet, pour pouvoir conduire à la délivrance des marchandises, que la preuve de la perte des originaux est administrée vis-à-vis du capitaine.

Il suit de ce qui précède, que le connaissement ne peut pas être rédigé en un seul exemplaire transférable.

La raison n'en est point, comme on l'a dit, qu'un second original servira en cas de perte du premier à le remplacer. Les duplicatas sont précisément chargés de remplir ce rôle. La raison n'en est pas davantage dans les considérations invoquées par les auteurs du projet de loi et que nous avons discutées. Elle nous paraît être dans les nécessités du commerce, envisagées spécialement au point de vue du chargeur, comme nous venons de le montrer.

Nous considérons donc que le connaissement doit être rédigé en plusieurs originaux transférables. Mais nous avons dit plus haut, qu'admettre cette solution, c'était retomber dans les inconvénients auxquels on veut porter remède. Il n'y a pas là de contradiction, car si nous avons repoussé le projet de loi et la théorie formulée dans la pétition de M. A. Grousset, c'est d'abord que les raisons invoquées à l'appui ne nous paraissent pas convaincantes et surtout qu'aucune mesure n'a été prise pour parer aux dangers qui subsistent, malgré la mention « non transférable » inscrite sur les divers exemplaires non négociables.

Avant de montrer combien serait insuffisante l'adoption pure et simple de la distinction en originaux transférables et non transférables, une question préliminaire mérite d'être examinée.

D'après le projet de loi, le chargeur demandera au capitaine la délivrance du nombre d'originaux transférables qu'il jugera nécessaires. Le capitaine peut commettre une erreur et lui en délivrer un nombre supérieur, ou bien, lui ayant remis le nombre d'originaux réclamés, trois par exemple, inscrire sur chacun qu'il en a été émis deux seulement.

En outre, le capitaine peut être de complicité avec le chargeur et indiquer *volontairement*, sur chacun de deux ou de trois originaux transférables, qu'il n'en a été créé qu'un seul.

Dans les deux cas, erreur ou fraude personnelle, la responsabilité du capitaine serait engagée.

Or, à l'heure actuelle, le capitaine est l'agent de Compagnies de navigation puissantes. Sa responsabilité retombera donc sur elles. Nous ne croyons pas qu'elles consentent facilement à accepter d'avoir à répondre de sommes considérables, comme celles qui devraient être remboursées au premier endossataire, lorsque le second aura trouvé le moyen d'acquérir l'émolument représenté par le chargement.

Leur résistance nous paraît justifiée, car ce qu'on demande au capitaine et à elles-mêmes par contre-coup, c'est d'intervenir dans un intérêt étranger au contrat de transport : l'intérêt du chargeur, afin de lui faciliter l'escompte de ses effets.

Cette idée a été produite par la Chambre de Commerce du Havre qui s'exprime ainsi :

« Pourquoi le capitaine se chargerait-il dans l'intérêt de « tiers qu'il ne connaît pas de la responsabilité gratuite « d'attestations que ne comporte pas le contrat de trans- « port ? »

L'exposé des motifs du projet de loi (page 12), s'exprime dans les termes suivants :

« Dire que d'après la législation existante, le capitaine n'a « que l'obligation de transporter les marchandises à destina- « tion et qu'il n'a aucune obligation vis-à-vis des prêteurs sur « connaissements, c'est soutenir une thèse contraire à tous « les principes du droit, sur les obligations de quiconque « souscrit ou accepte un titre à ordre ou au porteur. En « effet, dès qu'il signe et délivre des connaissements à ordre « ou au porteur, le capitaine s'oblige par cela même envers « les tiers qui deviendront possesseurs de ces connaissements. « D'après le nouveau projet de loi, le capitaine n'aura pas « plus à intervenir dans le contrat de gage que sous le régime « de la législation actuelle. Il n'y a que cette différence, que, « par suite du projet de loi, le capitaine ne pourra délivrer la « marchandise qu'au possesseur de l'un des originaux trans- « férables, tandis que, sous le régime actuel, il peut la délivrer « au possesseur de tout original ».

Ces raisons semblent faibles. La Chambre de Commerce du Havre, objecte qu'on impose au capitaine une obligation en dehors du contrat de transport, le seul dont il ait à s'occuper dans la nature de ses fonctions. Le projet répond que le capitaine, en vertu du connaissement à ordre, sera tenu comme autrefois de délivrer à l'endossataire qui se présentera ; cela est certain, mais c'est là précisément une obligation dérivant de sa qualité de transporteur. Il faudrait prouver que l'obligation nouvelle qu'on lui impose, est, elle aussi, liée au contrat de transport ; il ne nous semble pas qu'on l'ait fait.

Ces observations présentées, il nous faut maintenant exposer comment il serait possible, en admettant la pluralité d'exemplaires transférables (mais non pour les motifs indiqués au projet), de réglementer leur usage, de manière à éviter les fraudes auxquelles la loi proposée laisse toutes portes ouvertes.

En effet, dans le système du projet de loi, le chargeur

pourra créer autant d'originaux transférables qu'il le voudra et peu importera alors, qu'il existe des originaux non transférables ; la fraude s'exercera au moyen des originaux transférables.

Sans doute, avec la distinction en originaux transférables et non transférables, et la différence de couleur de leur papier, le banquier escompteur saura mieux qu'à l'heure actuelle — en apparence — le nombre des originaux transférables qu'il devra exiger pour se couvrir de la fraude du chargeur ; elle restera possible.

Le chargeur s'étant fait délivrer trois originaux transférables pourra, sur l'exemplaire qu'il présentera au banquier, modifier le chiffre manuscrit indiquant qu'il a été fait trois originaux transférables et remplacer le nombre 3 par le nombre 1. Le banquier, obligé de s'en rapporter aux renseignements fournis par le chargeur et à sa bonne foi, sera trompé et ne pourra exiger la remise des autres exemplaires transférables dont il ignorera l'existence. Cette hypothèse n'est pas purement spéculative ; la jurisprudence sur les chèques montre assez qu'il y a là un danger des plus sérieux.

Indépendamment de la fraude consistant dans l'altération du titre, il pourra arriver également que le capitaine, étant complice du chargeur, délivre plusieurs originaux tranférables et inscrive sur chacun la mention qu'il n'en a été émis qu'un seul.

Le projet de loi dit, qu'au cas de complicité du capitaine, celui-ci pourra être poursuivi. Il en est de même du chargeur ; mais ce n'est pas là la solution que l'on recherche et qui a pour but d'assurer la régularité des opérations et d'éviter précisément les recours auxquels on fait allusion.

Puisque nous admettons la pluralité des exemplaires transférables, il s'agit de déterminer la réglementation indispensable pour prévenir les inconvénients résultant de cette pluralité d'originaux.

Nous rappelons que les transporteurs déclinent des responsabilités dont il n'est pas dans la nature de leur profession qu'ils soient tenus.

Il faut donc trouver, soit une personne, soit une administration qui, par sa profession ou ses attributions, puisse empêcher la fraude du chargeur.

Nous ne voyons pas de personne privée susceptible de remplir ce rôle. L'autorité qui nous paraît toute désignée est la Douane du port d'embarquement.

Tout expéditeur est obligé de faire à la douane une déclaration d'exportation dans les bureaux des ports. La douane transcrit cette déclaration sur un registre *ad hoc*. Le fait du chargement et son expédition sont ainsi officiellement constatés.

Cette constatation pourrait servir de base à un système de contrôle efficace.

La douane serait tenue de recevoir également, mais du banquier escompteur cette fois, une déclaration indiquant que le connaissement afférent à une expédition déterminée a été endossé pour telle ou telle valeur.

Au vu de cette déclaration, appuyée du connaissement, dont elle donnerait reçu, la douane inscrirait simplement en marge de la déclartion d'exportation une date et les mots « Connaissement endossé pour frs...., valeur déclarée ».

Ce système aurait, croyons-nous, les chances les plus sérieuses d'être adopté par la pratique, car il serait de l'intérêt de tout banquier escompteur d'en user.

En effet, du jour où ceux-ci prendraient l'habitude d'user de la faculté qui leur serait ainsi conférée, ils se rendraient un mutuel service. Si en effet la déclaration faite par le banquier A est susceptible d'être éventuellement utile au banquier B., il en sera de même au profit du premier, en cas de déclaration de la part du second.

Les banquiers, ce système adopté, se présenteraient, avant d'accepter tout escompte d'effets documentaires, au Bureau de la Douane chargé de ce service et il leur serait délivré, soit un certificat négatif constatant l'absence de transmission antérieure à un tiers du droit au chargement, soit un certificat affirmatif. Ce dernier porterait mention de la somme pour laquelle a été déjà constaté l'endossement d'un exemplaire du connaissement. Si cette somme se trouve être inférieure à la valeur totale de la cargaison, le banquier verra s'il juge à propos d'escompter un effet documentaire pour la valeur des marchandises libres encore de tout droit de gage.

Si le certificat signale l'endossement pour une valeur telle, qu'elle apparaisse au banquier représenter celle du chargement tout entier, celui-ci se rendra compte immédiatement qu'il est victime d'une tentative de fraude.

Le certificat affirmatif pourrait être d'un modèle analogue au suivant :

Il a été chargé par M. N.......... le........... (Déclaration de sortie par mer N°).

Consignataire M. R.......... à ....

Par navire A......... Capitaine S........., Tonnes.........

(Désignation de la marchandise)

Un connaissement afférent aux marchandises ci-dessus désignées nous a été présenté et nous avons constaté, qu'il a été passé à l'ordre d'un tiers, le ...., pour la somme de frs. 5.600.

Sans aucune responsabilité de la part de l'administration des douanes pour erreurs ou omissions.

Fait à ....le ....

On remarquera que cette déclaration ne serait pas obligatoire. La loi offrirait simplement aux intéressés un moyen facile d'assurer aux opérations commerciales et financières la sincérité dont elles ont besoin. Le seul fait d'avoir à leur disposition le contrôle d'une administration inaccessible aux fraudes et la conviction de l'utilité attachée au mode de procéder établi, suffiraient à rendre dès l'abord les banquiers disposés à adopter cette combinaison. Ceux-ci du reste, si cela était nécessaire, ne reculeraient pas devant le paiement d'un minime droit destiné à rémunérer le service rendu.

La mention finale du certificat affirmatif indiquerait que l'administration ne répondrait aucunement des conséquences pouvant dériver des erreurs ou omissions commises dans les inscriptions aux registres. En effet, le seul fait de la constatation d'endossement, opérée par les soins des Bureaux de la Douane, aurait une autorité suffisante, pour qu'il fut inutile de rendre l'administration responsable, comme l'est le capitaine dans le projet du gouvernement. L'existence de cette responsabilité, inutile à notre avis, pourrait être de nature à faire échouer l'adoption de cette réglementation (1).

(1) Si l'on tenait à ce que la douane fut responsable, il faudrait alors établir sur toute déclaration un droit fixe ou mieux proportionnel, destiné à former le fonds qui supporterait les recours des intéressés en cas d'erreur des préposés.

Enfin, le certificat porterait qu'il a été constaté que le connaissement a été endossé à l'ordre *d'un tiers*, sans porter le nom de celui au profit duquel aurait été passé le premier endossement. Le secret des opérations des banquiers, nécessaire à l'exercice de leur profession, serait violé, si le certificat délivré indiquait le nom de l'endossataire antérieur sur le même chargement ; le banquier qui l'obtiendrait serait au courant de l'opération pratiquée par un concurrent.

On pourrait craindre néanmoins que le secret ne fût pas suffisamment gardé par l'agent chargé du service au bureau des douanes. Mais il faut remarquer que pour obtenir la délivrance d'un certificat, il serait nécessaire de présenter à l'appui de la demande, le connaissement confié au banquier par le tireur. Il serait donc impossible qu'un banquier quelconque se fit un système de la demande de certificats, pour se tenir au courant des opérations de ses concurrents.

L'absence de noms sur les certificats affirmatifs n'aurait du reste aucune influence sur l'utilité effective qui résulterait de leur délivrance.

Si l'effet est présenté à l'escompte sur une place autre que le port de chargement du navire, le banquier obtiendra facilement les renseignements nécessaires, par l'entremise de son correspondant dans cette dernière ville.

Le système qui précède nous paraîtrait réunir les avantages suivants.

Il n'imposerait au capitaine ni à la Compagnie de transport elle-même, aucune des responsabilités qui leur incomberaient dans le système du projet de loi.

Le résultat cherché serait obtenu, par l'intervention

d'une autorité dont les attestations offrent une assez grande garantie, pour qu'il soit inutile et sans danger de lui imposer aucune responsabilité.

Le système ne serait pas obligatoire. Il laisserait donc aux intéressés la faculté de profiter ou non des avantages qui leur seraient offerts.

Le banquier n'aurait plus à se faire représenter tous les originaux transférables ou non qui auraient émis. Le connaissement resterait en effet ce qu'il est actuellement.

Dans le même ordre d'idées que celui auquel se rattache notre question spéciale, remarquons que la loi a établi en ce qui concerne les diverses sûretés conférées à des créanciers, le Bureau des hypothèques pour le gage immobilier, le Bureau de la douane pour l'hypothèque sur les navires et récemment enfin une réglementation spéciale pour l'inscription au Greffe de la Justice de Paix des nantissements consentis par un cultivateur fermier ou propriétaire sous le nom de gage agricole (Loi du 18 juillet 1898).

Ainsi, actuellement, le législateur ne se contente plus de prescrire l'intervention d'une autorité établie pour assurer la parfaite régularité des opérations sur sûretés immobilières, il intervient pour assurer les mêmes bénéfices aux créanciers gagistes ayant obtenu de leurs débiteurs, des sûretés portant sur des objets mobiliers.

Pourquoi ce qui a été jugé utile et nécessaire dans l'intérêt commun pour le gage agricole, ne serait-il pas également justifié en ce qui concerne le gage sur marchandises expédiées par mer ? Serait-ce parce que le débiteur réside en pays étranger et que l'objet du gage quitte le territoire ? Mais l'intérêt des créanciers que la loi a surtout pour but de protéger n'en mériterait que plus de sollicitude.

Enfin — et cette considération nous paraît des plus importantes — le système qui précède aurait l'avantage capital de ne pas exiger la modification des lois internes des divers pays du monde commercial. Il offre en effet, simplement aux intéressés, à titre facultatif, le moyen d'organiser le contrôle réciproque de leurs opérations ; il n'est en rien impératif. D'un autre côté, comme la douane serait exonérée de toute responsabilité, des règlements ministériels suffiraient pour l'autoriser à donner son concours à de simples constatations.

Il serait donc facile d'établir universellement les moyens de contrôle dont il s'agit, par voie diplomatique et en négociant une convention internationale, dans les formes que dictent les heureuses expériences déjà faites en matière de transport par chemins de fer, de postes, de télégraphes, etc...

La conclusion d'une telle convention paraîtrait d'autant plus facile, que l'entente à intervenir n'aurait peut-être pas besoin, pour devenir définitive, de l'agrément des législatures, puisqu'elle paraît rester dans la limite des attributions réglementaires du pouvoir exécutif.

CHAPITRE VIII

LÉGISLATION COMPARÉE ET CONFLIT DES LOIS

SECTION I

LÉGISLATION COMPARÉE

Nous ne pouvons entrer ici dans l'examen comparatif détaillé des diverses législations étrangères, sur la lettre de change, le connaissement ou la police d'assurance. Chacun de ces titres pourrait faire l'objet d'une étude spéciale fort étendue. Nous nous bornerons à donner un certain nombre de notions sur celui d'entre eux qui est le plus important, c'est-à-dire la lettre de change. Nous exposerons ensuite l'état des dispositions législatives qui concernent le contrat de gage, dans différents pays.

ARTICLE I

Lettre de change.

1° Clause à ordre.

Il est utile aux escompteurs d'effets émis à l'étranger de savoir si la clause à ordre est nécessaire dans une lettre de change pour qu'elle soit transmissible par endossement. En effet, si l'on suppose la traite émise sous l'empire d'une législation qui exige l'insertion de la mention « à ordre » et que le titre ne la contienne pas, les exceptions opposables au cédant seront opposables au bénéficiaire. On se trouvera, en effet, en face d'une simple cession civile et le titre ne conférera plus au porteur les bénéfices qui dérivent du droit de change.

A. — Législations dans lesquelles la clause à ordre doit être exprimée.

La loi française, tout d'abord, dispose art. 110, C. comm., que la lettre de change est « à l'ordre d'un tiers ou à l'ordre du tireur lui-même ».

Il en est de même, en Belgique. (Art. 1er de la loi du 20 mai 1872) et en Hollande (art. 139, C. comm.).

L'art. 446 du Code de Commerce espagnol suit également la même règle et déclare que « ne pourront pas être endossées les lettres qui ne sont pas à ordre ».

L'art. 634 du Code de Commerce Chilien adopte la même solution.

En Amérique, et à la différence du droit anglais, les mots « or order » sont exigés pour donner à la lettre le caractère d'effet négociable (1).

B. — Législations qui n'exigent pas l'insertion de la clause à ordre.

Le Code de commerce italien, art. 257, suppose nécessairement que la clause à ordre n'est pas requise, en déclarant que le tireur peut interdire la transmission de

(1) V. Daniel. *Negotiables instruments,* T. I, p. 92. Cf. Barclay et Dainville, *op. citat.* Introduction, p. 9 et Chapitre premier, p. 11. note d.

la Lettre de Change par endossement au moyen de la clause « non all'ordine od altra equivalente »,

Ce système est suivi par la loi allemande, art. 9.

L'Act anglais du 18 août 1882 déclare également dans l'art. 8, § 4, que « Est payable à ordre, la lettre dont le libellé indique ce mode de paiement ou le paiement à une personne déterminée, sans qu'aucune mention ne prohibe le transfert ou indique l'intention de rendre l'effet non transmissible ».

La loi suédoise du 7 mai 1880, art. 9, s'exprime ainsi : « La Lettre de Change peut être transmise à une autre personne (endossataire), quoique cela ne soit point expressément permis par la lettre. Mais si le tireur a dans le texte défendu l'endossement par les mots « non à ordre » ou toute autre expression équivalente, l'endossement qui aurait lieu ne serait pas valable par droit de change ».

D'après le Code de commerce mexicain, la clause à ordre est sous-entendue dans une Lettre de Change bien qu'elle n'y soit pas exprimée.

Le Code suisse, art. 727, et la loi hongroise, art. 8, suivant également le système adopté par les législations qui précèdent.

En résumé, les pays dont la législation exige la clause à ordre sont : la France, la Hollande, l'Espagne, le Chili, les États-Unis.

Ceux dont les lois ne l'exigent point sont : l'Italie, l'Angleterre, l'Allemagne, la Suède, le Mexique, la Suisse, la Hongrie.

2° Provision.

Les législations les plus récentes sont, en général, disposées à abandonner le théorie française qui exige que le tireur fasse provision, et accorde au porteur un droit de propriété sur celle-ci.

C'est ainsi, qu'actuellement, la nécessité de la provision est abolie dans les lois allemande (qui a été l'initiatrice de la mesure), anglaise, italienne, suédoise, roumaine, etc., etc.

Les lois postérieures au Code de commerce français, qui ont maintenu l'exigence de la provision, sont les lois Belge (art. 4), Hollandaise (art. 106, C. comm.), Espagnole (art. 456, C. comm.), Mexicaine (art. 469, C. comm.) et Guatemalienne (art. 552, C. comm.)

3° Endossement en blanc.

Nous avons eu à nous occuper fréquemment déjà de l'endossement en blanc. Nous avons vu que la loi française le considère comme une simple procuration, ce qui peut entraîner, le cas échéant, pour le porteur qui a fourni la valeur et ne peut en administrer la preuve, de graves inconvénients. Aussi, la plupart des législations modernes ont-elles adopté une règle plus large et plus favorable au commerce, suivant laquelle, l'endossement en blanc est assimilé à l'endossement régulier et est au même titre translatif de la propriété de la Lettre de Change.

L'art. 661 du Code de commerce Chilien est particulièrement net à cet égard. Il déclare que « L'endossement en blanc, avec ou sans date, vaut reconnaissance que le cédant a reçu la valeur de la Lettre Change ; il transfère la propriété au porteur légal et l'autorise à le remplir seul ».

De même, l'art. 627 du Code de commerce Argentin dispose que, « Lorsque l'endosseur se borne à apposer sa signature ou sa raison sociale, il est présumé endosser la Lettre de Change à l'ordre du porteur et cet endossement est présumé contenir la reconnaissance de la valeur reçue ».

L'endossement en blanc suit les mêmes règles en Espagne : « Les endossements signés en blanc et ceux dans lesquels il n'est pas fait mention de la valeur, transmettent la propriété des Lettres de Change et produisent les mêmes effets que ceux dans lesquels il a été écrit, valeur reçue ».

Ces diverses législations ont ainsi adopté la théorie allemande, (loi allemande, art. 13), suivie depuis en Europe, par l'Angleterre où l'endossement en blanc est employé à peu près uniquement, par l'Italie, art. 258, C. comm., la Belgique, art. 27 de la loi du 20 mai 1872 (1), la Hollande, art. 136 C. comm et la Suède art. 12 et 13.

La législation française est donc aujourd'hui à peu près la seule dans laquelle l'endossement en blanc continue à être considéré comme une simple procuration.

4° Expression de la valeur fournie.

La mention de la valeur reçue est exigée par le Code de commerce français, non seulement dans le corps de la lettre de change elle-même, art. 110, C. comm., mais encore dans l'endossement (art. 137).

Ici, comme en ce qui concerne la provision, les législations des peuples d'origine latine, sauf l'Italie, ont suivi les principes posés par le Code de commerce français.

(1) Cf. l'art. 5, § 2 de la loi belge du 18 novembre 1862 sur les warrants, plus net que le texte même de la loi sur les lettres de change.

La mention de la valeur fournie est nécessaire dans les lettres de change émises en Espagne (art. 444, § 5, C. comm.), au Chili (art. 633, § 4), au Mexique (art. 452, § 6). Il en est de même en Hollande (art. 100, C. comm.). La même exigence s'applique aux endossements : Espagne (art. 462), Chili (art. 658 et 660), Mexique (art. 478), Hollande (art. 134).

L'indication de la valeur reçue n'est pas obligatoire en Italie (art. 251), en Belgique (art 1 de la loi du 20 mai 1872), en Suède (art. 1 de la loi du 7 mai 1880), dans la République Argentine (art. 602, C. comm.), enfin, en Allemagne (art. 4 de la loi de 1848), et en Angleterre (art. 3, § 4 de l'Act du 18 août 1882).

Nous verrons, plus loin, en examinant le Conflit des lois, que la *lex loci contractus* s'appliquant aux formes des titres, l'absence de la mention de valeur fournie serait de nature à faire considérer le porteur comme un mandataire, dans le pays d'exécution, même si cette mention n'y était pas imposée par la législation intérieure.

Faisons observer que la necessité d'indiquer la valeur reçue paraît peu justifiée, dans les pays qui, comme l'Espagne et le Chili, assimilent l'endossement en blanc à l'endossement régulier.

5° Paiement anticipé.

Les indications que nous donnons ici sont utiles à l'escompteur de traites émises sur l'étranger. Elles lui permettent de juger si ce mode de règlement de la traite est admis, de plein droit, dans les pays où le tiré est domicilié, ou si une stipulation *ad hoc* est nécessaire pour l'autoriser.

La faculté du paiement anticipé est refusée au tiré, à

peu près par toutes les législations. Le Code de commerce italien (art. 294), la loi belge (art. 34), la loi suédoise (art. 40), les Codes espagnol (art. 493), argentin (art. 687), mexicain (art. 500). La loi allemande ne prévoit pas le cas spécialement, mais on suit la même doctrine que celle qui est adoptée par les codes ou les lois qui précèdent (1). La loi anglaise ne contient pas non plus de disposition spéciale sur le paiement anticipé. Elle paraît également l'interdire.

6° Paiement partiel.

Le paiement partiel est généralement considéré comme un droit pour le débiteur de la lettre de change. En France, la question est discutée. Nous l'avons examinée précédemment. (V. *suprà*, ch. III, p. 77.)

Le porteur d'une Lettre de Change peut être contraint de recevoir un paiement partiel du tiré en Allemagne (art. 38), en Italie (art. 292) : « Il possessore della cambiale non può rifiutare un pagamento parziale, quantunque la cambiale sia stata accettata per l'intiera somma ; ma per conservare l'azione di regresso per la somma non pagata deve accertare la mancanza parziale nel pagamento. » Même solution en Belgique (art. 46), en Suède (art. 38), au Mexique (art. 503), qui est identique à l'art. 292 du Code italien. L'art. 697 du Code argentin n'est pas suffisamment précis ; il paraît conforme conforme à ceux qui précèdent.

Le Code chilien, au contraire, dispose que « le porteur d'une Lettre de Change ne peut être obligé, dans aucun cas, à recevoir son montant, soit avant l'échéance, soit

(1) V. Waechter, *Encyclopædie*, p. 1.047.

partiellement ». Il admet que le créancier puisse accepter un paiement partiel, à la condition de lever le protêt pour le surplus.

L'art. 494 du Code de commerce espagnol est identique au texte précédent.

Enfin, la loi anglaise est muette sur le paiement partiel. Les auteurs décident qu'il peut être refusé par le créancier (1).

ARTICLE II

Du Contrat de Gage.

Nous terminerons ces notions de droit comparé, par l'exposé sommaire de quelques législations sur le gage commercial.

ALLEMAGNE

La constitution du gage n'est soumise à aucune forme.

L'article 1.205 du C. civ. (2) dispose : « Pour constituer le droit de gage, il faut que le propriétaire délivre la chose au créancier et qu'ils soient d'accord que le créancier aura un droit de gage. »

La condition de la possession de l'objet donné en nantissement paraît beaucoup moins stricte qu'en France. Les art. 1.205 et 1.206 admettent, en effet, qu'il suffit au créancier d'avoir la *copossession* avec le débiteur. Cette doctrine ne paraît pas aussi logique et aussi protectrice des droits des tiers que celle qui trouve son expression dans l'art. 2.076 de notre Code civil.

(1) V. Chitty, *Bills*, p. 303.

(2) Ces textes sont ceux du Code civil allemand du 18 août 1896 et qui entrera en vigueur le 1er janvier 1900. Les textes cités du Code de commerce sont ceux du nouveau Code du 10 mai 1897.

En ce qui concerne la réalisation du gage, l'art. 1.220 s'exprime ainsi : « La vente du gage aux enchères ne peut avoir lieu qu'après mise en demeure du constituant; cette mise en demeure peut être omise lorsque le gage est sujet à dépérissement et qu'il y a péril à ajourner la vente. En cas de diminution de valeur, outre la mise en demeure, le créancier doit fixer au constituant un délai convenable pour fournir d'autres sûretés et ce délai doit être écoulé.

« Le créancier gagiste doit immédiatement avertir le constituant de la vente publique, sinon il lui doit des dommages-intérêts.

« La mise en demeure, la fixation de délai et l'avis de vente ne doivent pas avoir lieu lorsqu'ils ne sont pas possibles. »

Art. 1.221 : « Si le gage est coté à la Bourse ou au marché, le créancier gagiste peut effectuer la vente au prix courant, par l'intermédiaire d'un courtier de commerce officiellement autorisé à faire pareilles ventes, ou par une personne compétente pour les ventes publiques. »

L'art. 1.229 déclare nulle la *lex commissoria*, c'est-à-dire la convention suivant laquelle le créancier serait autorisé à s'approprier le gage au cas de non paiement à l'échéance. Mais ce texte admet la validité de cette stipulation lorsqu'elle est postérieure « à l'existence des conditions autorisant la vente ».(1)

Le Code allemand contient deux textes qui sont à peu de chose près la reproduction l'un de l'autre, l'art. 1.220 que nous avons cité précédemment et l'art. 1.234. Le

(1) Même solution dans la jurisprudence française.

premier détermine les formalités nécessaires à la vente du gage, lorsqu'avant l'échéance de la dette, la réalisation devient nécessaire par suite du dépérissement de l'objet « engagé ». Le second établit, dans des termes à peu près identiques, les mêmes formalités, lorsque la vente a lieu à l'échéance. Ce dernier texte toutefois ajoute que la vente ne peut avoir lieu avant l'expiration du mois qui suit la mise en demeure. C'est là le délai imparti par la loi civile. La réalisation du gage commercial, d'après l'art. 368 du nouveau Code de commerce peut avoir lieu *huit jours* seulement après la mise en demeure signifiée au créancier.

Le texte est ainsi conçu : « Bei dem Verkauf eines Pfandes, tritt wenn die Verpfändung auf der Seite des Plandglaübigers und des Verpfanders ein Handelsgeschäft ist, an die Stelle der im, § 1.234 des bürgerlichen Gesetzbuchs bestimmte Frist von einem Monat, eine solche von einer Woche. »

L'art 1.236, C. civ., déclare que la vente aux enchères doit avoir lieu, en règle générale, à l'endroit où le gage est conservé. Toutefois si l'on redoute qu'elle ne donne pas, en ce lieu, un résultat favorable, on *doit* opérer la vente en un autre lieu plus convenable.

Enfin, les art. 1.237 et 1.246 établissent la nécessité de publier la date et le lieu de la vente et de donner au créancier avis du résultat obtenu. Ces textes prennent soin de spécifier comme lorsqu'il s'agit de la vente avant l'échéance, que les formalités qu'ils établissent seront omises lorsqu'elles ne seront pas possibles.

La législation allemande sur le gage est, on le voit, établie avec la plus grande précision et fournit l'ensemble de dispositions le plus complet qui existe dans aucune législation. Nous avons cru intéressant de l'exposer dans ses détails. En dehors des renseignements pratiques que cet exposé peut fournir, il permet à un point de vue plus général d'apercevoir les imperfections qui se rencontrent dans les législations des autres pays et confirme les progrès que l'Allemagne a accomplis dans le domaine juridique, comme ceux qu'elle réalise tous les jours dans le domaine commercial et industriel.

La réglementation du nantissement, telle qu'elle ressort des textes qui précèdent, nous semble particulièrement heureuse sur deux points qui touchent à la réalisation du gage : l'absence de toute intervention de justice (gerichtliches Verfahren) et la faculté pour les parties (art. 1.245, Bürgerl. Gesetzb.) de convenir d'un mode de vente du gage s'écartant des dispositions des art. 1.234 à 1.240.

Nous avons eu à indiquer précédemment que la faculté de vente privée accordée au créancier dans certains « Certificate of hypothecation » ne pouvait sortir à effet en France. Elle serait valable en Allemagne.

ANGLETERRE

Les règles suivies dans ce pays sont à peu près les mêmes que celle du Code de Commerce français.

La constitution du gage n'est soumise à aucune forme. Le créancier doit posséder privativement l'objet donné en nantissement, mais une délivrance matérielle n'est pas nécessaire. Ainsi le connaissement met valablement le créancier en possession. Sa remise au débiteur ou à un tiers entraîne l'extinction du privilège.

« And as possession is necessary to complete the title by pledge, so, by the common law, the positive loss or delivery back of the possession of the thing, with the consent of the pledgee, terminates his title » (1).

Ceci est l'expression de la règle universellement admise, en ce qui concerne la perte de la possession par le créancier gagiste.

Mais le même auteur ajoute : « However, if the thing is delivered back to the owner, for a temporary purpose only, and it is agreed to be redelivered to him, the pledgee may recover it against the owner, if he refuses to restore it after the purpose is fulfilled ».

Cette doctrine est beaucoup plus large que celle qui est suivie en France. Nous avons eu à discuter en détail les hypothèses où le porteur de l'effet documentaire doit être considéré comme ayant perdu la possession de son gage. Rappelons ici que la jurisprudence, à laquelle nous avons adhéré, estime que la remise à un tiers ou au débiteur du titre ou des marchandises, fait perdre au créancier son privilège, même dans le cas où une convention spéciale est intervenue pour stipuler le maintien des droits du gagiste (2). Le porteur d'un effet documentaire paraît jouir en Angleterre d'une latitude beaucoup plus grande. Mais la loi française nous semble plus protectrice de l'intérêt des tiers.

Le gage, aussi bien en Angleterre qu'en France, est considéré comme indivisible (3).

La réalisation du gage peut avoir lieu par autorité de justice, ou en vente privée.

Le créancier gagiste a le choix. Nous ne saurions

(1) Story, Commentaries on the Laws of Bailments, § 299, p. 202.
(2) V. *Suprà*, p. 151 et s. et p. 161 et s.
(3) Story, *op. citat.* § 301, p. 204.

mieux faire que de citer ici une fois encore l'ouvrage de Story :

« The law leaves an election to the pawnee. He may file à Bill in equity against the pawner for a foreclosure and sale ; or he may proceed to sell *ex mero motu,* upon giving due notice of his intention to the pledger. And in the latter case, it the sale is *bonâ fide* and reasonably made, it will be equally as obligatory as in the first case. But a judicial sale is most advisable in pledges of large values ; as the Courts watch any other sale with uncommon jealousy and vigilance, and any irregularity may bring its validity into question. With the exception of Louisiana, where the civil law prevails, the English rule seems generally adopted in America » (1).

La vente privée du gage est donc licite en Angleterre, mais il paraît plus sûr de recourir à une vente judiciaire.

ITALIE

La législation italienne impose pour la constitution du gage la confection d'un écrit, si la somme pour laquelle le nantissement est conféré excède cinq cents lires. (Art. 454, C. comm.).

La possession de l'objet donné en gage est nécessaire. Cette condition, indispensable au maintien du privilège du créancier gagiste, y est même plus stricte qu'en France. L'art. 456 du Code de Commerce prévoit précisément la possession de marchandises en cours de route au moyen du connaissement.

Ce texte reproduit à peu près l'art. 92, § 2, du Code de Commerce français : « Le créancier est réputé avoir les marchandises en sa possession lorsqu'elles sont à sa disposition dans ses magasins ou ceux de son com-

(1) Story, § 310 p. 208.

missionnaire, sur ses navires, en douane ou dans un autre lieu de dépôt public », mais le texte ajoute : « ou si avant leur arrivée, il est en possession du connaissement « unique » ou « premier. » (della polizza di carico « sola » o « prima »).

Par conséquent, l'escompteur d'un effet documentaire émis en Italie, n'est pas considéré comme valablement mis en possession de la marchandise, si le connaissement ayant été émis en plusieurs exemplaires, celui qui lui a été endossé n'est pas « premier ». Il y a là le désir d'éviter les fraudes dont nous avons parlé. Cependant, la disposition qui précède, ne nous paraît pas les empêcher avec efficacité (1).

A défaut de paiement à l'échéance, le créancier peut faire vendre le gage (Art. 148, C. comm.).

Il faut faire notifier judiciairement au débiteur la somme pour laquelle le paiement est réclamé et lui faire commandement de payer dans les trois jours. Le débiteur peut faire opposition (Art. 363, C. comm.). Si elle est rejetée, la vente peut être opérée par le créancier sans autres formalités. Elle est faite aux enchères (al pubblico incanto), ou au prix courant, si la chose a un prix de bourse ou de marché, par un officier public autorisé (Art. 68, C. comm.).

La loi italienne prohibe, comme la nôtre, le pacte commissoire. Elle ne donne pas aux parties la faculté de convenir que la vente aura lieu en dehors des formalités établies par elle, comme le fait la loi allemande (Art. 1.245, Bürg. Gesetzb.). La vente privée du gage ne peut donc être pratiquée en Italie.

(1) V. *suprà* le ch. VII.

BELGIQUE

La loi sur le gage commercial porte la date du 5 mai 1872.

Elle n'exige pas pour la constitution du gage la rédaction d'un écrit. Elle reproduit, en ce qui concerne la nécessité pour le créancier de posséder l'objet donné en nantissement, l'art. 92, C. comm. français.

Le pacte commissoire est interdit (Art. 10).

Les règles qui s'appliquent à la réalisation du gage sont les suivantes :

Art. 4. — A défaut de paiement à l'échéance de la créance garantie par le gage, le créancier peut, après une mise en demeure signifiée à l'emprunteur et au tiers bailleur de gage, s'il y en a un, et en s'adressant par requête au président du Tribunal de commerce, obtenir l'autorisation de faire vendre le gage, soit publiquement, *soit de gré à gré, au choix du président* et par la personne qu'il désigne.

Le débiteur peut faire opposition dans les trois jours.

Remarquons que la loi belge autorise la vente de gré à gré, comme la loi allemande et contrairement aux lois française et italienne. Mais alors qu'en droit allemand la vente privée peut résulter d'une simple stipulation entre les parties, l'intervention du président du tribunal est nécessaire en Belgique.

HOLLANDE

La constitution du gage n'est soumise à aucune forme (art. 1.198, C. civ.).

Le nantissement ne peut exister sur des choses qui sont restées aux mains du débiteur ou de celui qui donne le gage, ou qui leur sont restituées du consentement du créancier.

Cette doctrine est celle de la loi française. Nous avons vu que les lois allemande et anglaise sont moins sévères.

Voici comment la réalisation du gage est réglementée.

1201. — Dans le cas où le débiteur ou celui qui a donné le gage ne remplit pas ses obligations, le créancier, sauf convention contraire, a la faculté, à l'échéance du terme, ou après sommation, si aucun terme n'a été stipulé, de faire vendre le gage publiquement, *suivant les usages du lieu*, et sous les conditions usitées, pour se payer sur le prix, du principal de la créance, des intérêts et des frais.

Si le gage consiste en marchandises ou obligations réalisables au marché ou à la Bourse, la vente ne peut avoir lieu de cette manière, que par l'entremise de deux courtiers.

1202. — Dès que le débiteur ou la personne qui a fourni le gage est en défaut de remplir ses obligations, le créancier peut faire ordonner par justice la vente du gage, dans les formes déterminées par le juge, pour obtenir le paiement de sa dette avec les intérêts et les frais.

Le juge pourra autoriser le créancier sur sa demande à conserver le gage pour une somme fixée dans le jugement à concurrence de la dette des intérêts des frais.

Dans les cas prévus par le présent article et le précédent, le créancier est tenu, au plus tard le lendemain de la vente, d'en avertir celui qui a donné le gage. Cet avertissement peut être donné par télégramme ou lettre chargée.

ESPAGNE

Le Code de Commerce ne contient pas de dispositions particulières sur le gage. La loi civile (art. 1.865) décide, que « le gage n'aura pas d'effet contre les tiers si sa date n'est pas établie par un acte public ».

La possession de l'objet donné en gage est nécessaire au maintien du privilège du créancier gagiste (Art. 1.863).

Enfin, la vente du gage doit se faire par adjudication

publique. (Art. 1.872). La partie finale de ce texte, dispose, qu'après une première et une seconde adjudication infructueuses, « le créancier pourra s'approprier le gage ».

PORTUGAL

La disposition la plus saillante de la loi portugaise est relative à la constitution du gage. L'art. 398, § 4, est ainsi conçu : « Pour que le nantissement commercial entre négociants, pour une somme excédant 200.000 Reis, produise ses effets à l'égard des tiers, il suffit qu'il soit prouvé par écrit ».

La rédaction d'un *instrumentum* est donc nécessaire en Portugal pour la validité de la constitution du gage à l'égard des tiers. Cette condition n'est généralement pas imposée par les diverses législations commerciales. Cependant l'Italie (art. 454, C. comm., exige également un écrit lorsque la somme garantie excède 500 lires (V. *suprà*).

Voici les textes qui ont trait à la réalisation du gage.

Art. 401, C. comm. « Si faute de paiement il y a lieu de procéder à la vente du gage commercial, cette vente pourra être effectuée par l'entremise d'un courtier, après notification du débiteur ».

La vente amiable est d'autre part autorisée par le Code civil (art. 864).

SECTION II

COMPÉTENCE

Lorsque le porteur d'un effet documentaire émis sur la France ne peut régler amiablement les difficultés qui s'élèvent entre lui et le capitaine au sujet du contrat de transport, ou entre lui et le tiré au sujet de la Lettre de Change, les Tribunaux français sont-ils dans tous les cas compétents, quelle que soit la nationalité des parties ?

Par application de la règle *Actor sequitur forum rei,* le porteur, quelle que soit sa nationalité, pourra citer devant les Tribunaux français son débiteur français (Art 15, C. civ.). C'est ainsi que le porteur pourra agir devant les juridictions de France, contre le tiré en ce qui concerne le règlement de la Lettre de Change, contre le capitaine pour toutes contestations ayant trait à la délivrance des marchandises, au paiement du fret, etc.

Mais si le débiteur, tiré ou capitaine, est étranger, la même règle est-elle applicable? L'art. 14, C. civ., par une disposition que des auteurs éminents s'accordent à trouver exorbitante, autorise le *Français* à citer devant les Tribunaux de France l'étranger avec lequel il a contracté en pays étranger, même dans le cas où ce dernier ne réside pas en France.

Par conséquent, bien qu'étrangers, le tiré accepteur d'une Lettre de Change, le souscripteur d'un billet à ordre, peuvent être cités devant les Tribunaux français, même s'ils sont domiciliés à l'étranger, à plus forte raison s'ils résident en France (1). Même solution en ce qui touche les difficultés qui surviendraient entre le porteur et le transporteur.

De l'application des art. 14 et 15, C. civ., ressort donc cette conclusion que, lorsque l'une des parties est étrangère et l'autre française, tous les litiges qui s'élèveraient entre elles sont susceptibles d'être portés par la partie française devant les Tribunaux Français.

Quid enfin dans une dernière hypothèse, celle où le porteur et le tiré, le capitaine et le tireur étant tous étrangers, l'intervention d'un Tribunal français est demandée?

En principe, les Tribunaux français sont incompétents pour s'occuper de litiges entre étrangers. Mais les auteurs, comme la jurisprudence, décident que cette règle absolue souffre exception en matière commerciale, dans tous les cas où l'art. 420, C. proc. civ., donne aux Tribunaux français qualité pour connaître des litiges entre français (2).

Par conséquent, un porteur américain, par exemple, pourra actionner devant les Tribunaux français un tiré anglais résidant en France (art. 420, § 1 Code procéd. civ.) (3).

(1) Cf. Weiss, *Traité élémentaire de droit international privé'* p. 733. — Massé, T. II, n° 196. — Foelix, T. I, n° 352. — Sirey, Code Civil annoté sous les art. 14 et 15, C. civ. — *Cass.*, 18 août 1856, S. 57, 1, 586 ; Paris, 30 juin 1888, D. 89, 2, 88 et les renvois.

(2) V. Weiss, *op. citat.*, p. 782, n° 5. — Lyon-Caen et Renault, *Manuel de Droit Commercial*, n° 1372, p. 994. — Aubry et Rau, T. VIII, p. 146. — Bodin. *De la compétence des Tribunaux français entre Étrangers,* Thèse Paris, 1898, p. 120 et suivantes. — *Cass.*, 19 décembre 1881, *Journ. du Drt. International privé,* 1882, p. 288, D. 82, 1, 279 ; *Bordeaux,* 10 avril 1883, S. 83, 12, 60 ; *Paris,* 21 mai 1885, D. 86, 2, 14 ; *Bordeaux,* 13 octobre 1888, *Gaz. Pal.*, 19 mai 1889.

(3) D'après la jurisprudence un simple domicile de fait est suffisant.

De même, le porteur étranger pourra actionner le capitaine d'un navire étranger en délivrance des marchandises ou pour toute contestation sur le fret. Il pourra être lui-même cité devant les Tribunaux français pour toute réclamation de la part de ce capitaine. Art. 420, § 2, C. Procéd. civ.

Dans les rapports du porteur et du tireur, on ne peut baser la compétence des Tribunaux français ni sur ce que l'acte a été contracté en France ni sur ce que le défendeur y est domicilié. Le fait que l'exécution d'une obligation doit avoir lieu en France est sans doute suffisant, suivant la jurisprudence, pour que, même entre étrangers, les Tribunaux français soient compétents. On conçoit assez bien ce dernier motif, lorsqu'il s'agit, par exemple, d'un litige entre le tiré étranger habitant la France et le porteur même étranger. Mais le porteur étranger ne saurait, croyons-nous, citer le tireur domicilié à l'étranger devant un Tribunal français pour l'exercice de ses recours, bien qu'il s'agisse là indirectement du règlement de la Lettre de Change. En pareil cas, le Tribunal français devrait se déclarer incompétent, car le remboursement opéré sur le recours du porteur doit être opéré en pays étranger.

SECTION III

CONFLIT DES LOIS.

La compétence des Tribunaux français étant déterminée, d'après quelle loi la contestation portée devant eux doit-elle être tranchée?

Sauf les restrictions que nous verrons plus loin, la règle générale, adoptée en matière de droit international privé, consiste à suivre la loi à laquelle les parties dans leur liberté ont expressément soumis les rapports de droit qui les ont unies, ou à défaut d'une stipulation de ce genre, à rechercher de la manière la plus large quelle a été leur intention commune.

En ce qui concerne l'interprétation de la volonté des parties, dans chaque cas particulier, elle sera susceptible de varier suivant leur nationalité et le pays dans lequel le contrat aura été passé.

Le connaissement sera créé contradictoirement entre les deux parties intéressées et dans le pays de résidence du chargeur. On appliquera les présomptionscitées plus haut et l'on recherchera si c'est la loi nationale de l'un ou de l'autre des contractants, ou la *lex loci contractus,* ou, par stipulation spéciale, une législation déterminée, qui a été adoptée. En dehors d'une manifestation particulière de la volonté des parties, c'est la *lex loci contractus* qui constitue la présomption habituelle.

L'examen de la loi qui régit l'assurance se fera dans les mêmes conditions.

Signalons enfin qu'en ce qui concerne les connaissements et la police d'assurances, il est assez fréquent que le titre spécifie que toutes les questions litigieuses seront tranchées en se référant à telle ou telle loi, ordinairement la loi nationale du transporteur ou de l'assureur.

La détermination de la loi sous le régime de laquelle la Lettre de Change se trouve, peut résulter d'une convention synallagmatique, si le tiré convient, par exemple, avec le tireur, que ladite Lettre de Change sera émise en se conformant aux dispositions de telle ou telle législation.

Mais le plus fréquemment, la création de la Lettre de Change sera un acte unilatéral de la part du tireur.

On peut alors envisager deux hypothèses : celle où le tireur étranger réside dans son pays et y émet la Lettre de Change, celle où le tireur, étranger également, crée ce titre dans un pays autre que sa patrie d'origine.

Dans le premier cas, il y a une probabilité équivalent presque à une certitude, que le tireur a suivi sa loi nationale. Néanmoins, sa liberté est entière et il peut administrer la preuve qu'il a entendu soumettre la forme et les effets du titre par lui créé, à une loi déterminée.

Dans la seconde hypothèse, il y aura lieu de discerner si le tireur a entendu suivre sa loi nationale ou, ce qui est plus vraisemblable, celle du pays où il réside, la *lex loci contractus*.

Nous venons d'indiquer d'une manière générale et au point de vue théorique, qu'un contrat était soumis à la loi choisie par les parties laquelle en l'absence de clause *ad hoc* sera le plus fréquemment la *lex loci contractus*.

Au point de vue pratique, en ce qui concerne le connaissement, sa forme, les conditions du transport, le taux du fret, la responsabilité du transporteur, seront déterminés par les Tribunaux français, en cas de contestation, suivant la *lex loci contractus*. Ceux-ci ont, du reste, un pouvoir souverain d'appréciation pour interpréter les clauses du connaissement les unes par les autres et pour tenir le plus grand compte des usages locaux (1).

(1) Lyon-Caen et Renault, *Précis*, T. 2. n° 2.000. — Desjardins, T. IV, n° 924. — *Cass.*, 4 juin 1878, S. 80. 1. 428; *Cass.*, 24 juin

La *lex loci contractus* régit également la forme de la Police d'Assurances, les conditions du paiement, la prime, le cas de déchéance, l'étendue du risque couvert (1).

Enfin la même loi est applicable à la Lettre de Change. Elle règle la forme du titre, détermine s'il est nécessaire qu'une provision ait été faite et quels sont les droits du porteur à cet égard (2), si l'absence de certaines formalités entraîne la nullité du titre (absence de timbre pour les traites émises dans le Royaume-Uni) ; elle régit la forme des endossements et, si plusieurs endossements sont passés dans des pays différents, le caractère et les effets de chacun d'eux, notamment au point de vue de la garantie solidaire (3).

C'est par application de cette règle qu'il a été fréquemment jugé que l'endossement en blanc, passé dans un pays qui le considère comme l'équivalent d'un endossement régulier, doit produire en France les mêmes effets (4).

Remarquons que l'empire de la *lex loci contractus*

1884, D. 85, 1, 137 ; *Anvers*, 4 mai 1873. *Rec. Anvers*, 73, 1, 213 ; *Lisbonne*, 3 novembre 1885, *Rec. Int. du Drt. Marit.*, 1887-88, p. 230.

(1) V. Desjardins, T. VI, n° 1.307. — Alauzet, T. III, n° 1.389. — *Cass.*, 11 février 1862, S. 62, 1, 376 ; *Lyon*, 17 mars 1881, S. 83, 2, 65 ; *Trib. Havre*, 7 février 1887, *Rec. Int. du Drt. Mar.*, 1886-1887, p. 701. Pour la jurisprudence étrangère V. Haute-Cour du Banc de la Reine, 18 mars 1880, *Journal* 1880, p. 589 ; Gand, 6 mars 1883, *Pasicrisie belge*, 83, 2, 359.

(2) V. Lyon-Caen et Renault, *Traité*, T. IV, n° 643, p. 437, et la note. Contrà : Weiss, p. 662.

(3) V. Weiss, p. 662 et 663. — *Cass.*, 20 mai 1885, *Journal* 1885, p. 435 ; *Cass.*, *Turin*, *Journal*, 1885, p. 457.

(4) Bordeaux 21 janvier 1880, *Journal*, 1881, p. 358 ; Bordeaux, 7 juin 1880, *Ibid.*, p. 155 ; Paris, 22 mars 1884, *Ibid.*, p. 183 et 184 ; Cf. Ancône, 2 février 1887, *Rec. Int. du Drt. Mart.*, T. IV, p. 345.

n'est pas absolu et qu'il est limité par l'intérêt de l'État dans lequel on demande l'exécution du contrat. Lorsque la législation suivant laquelle le contrat a été passé a permis d'y introduire des dispositions qui ne pourraient être reconnues comme valables dans le pays d'exécution, sans porter atteinte à des principes d'intérêts social, protecteurs des droits des tiers, ces dispositons ne peuvent sortir à effet.

C'est ainsi qu'une lettre de change émise en Italie ne saurait être considérée en France, par application des Art. 323 et 324, C. comm. italien, comme un titre exécutoire (1).

Nous avons jusqu'ici raisonné d'une manière très générale et supposé que la *lex loci contractus*, généralement adoptée par les contractants, régissait l'ensemble des rapports juridiques existant entre eux. Mais une autre loi intervient également.

On décide en effet que si la forme des contrats est déterminée par la *lex loci contractus*, d'autre part, tout ce qui a trait à l'exécution du contrat est régi par la *lex loci solutionis ou executionis* (2).

Cette décision est basée ici encore sur l'interprétation de la volonté des parties, lesquelles — après avoir soumis l'émission et les conditions de forme du titre à la *lex loci contractus* et les endossements postérieurs à la loi du pays où ils sont passés — sont présumées s'être référées dans les mêmes conditions à la loi du

(1) V. *Trib. Tunis*, 12 avril 1888, *Revue Algérienne*, 1888, 2, 229 et 231.

(2) Cf. Lawrence on Weaton, III, n° 265. Story, On the conflicts of laws, n° 280; V. également sur la doctrine anglaise, *Westlake Journal*, 1882, p. 12.

pays d'exécution du contrat, pour tout ce qui a trait à cette dernière.

C'est ainsi que l'on décide, conformément à principe, que la *lex loci executonis* s'applique, pour le connaissement, à tout ce qui a trait en général à la délivrance, des marchandises et à leur réception (1).

Les usages du port du chargement (2) seront suivis en ce qui concerne le déchargement lui-même (3), le pesage et le mesurage de la cargaison (4), la livraison de la marchandise (5), etc.

Pour la police d'assurance, la même loi s'applique au règlement d'avaries, aux formes et délais du délaissement. Remarquons, en ce qui concerne le règlement d'avaries, spécialement, que celui-ci, lorsqu'il est fait à l'étranger, entre le capitaine ou un autre représentant de l'armateur et le consignataire, est opposable aux assureurs, sans qu'il soit besoin à cet égard d'un exe-

(1) V. Weiss, *Traité élémentaire*. p. 641. Fiore, p. 435. — *Nîmes*, 9 juillet 1881, *Journal* 1882, p. 216; *Trib. Seine*, 22 mai, 1889. *La loi* du 26 juin 1889. Cf. Despagnet n° 417 qui adopte ici la *lex loci contractus* et *Paris*, 12 juillet 1887. *Gaz des Tribunaux*; 26 août 1887.

(2) V. Desjardins, T. IV, p. 151; de Valroger, T. V, n° 2.173. — Trib. Nantes, 7 août 1886, *Rev. Int. du Droit. Marit:*, 1887-88, p. 51; *Tribunal de l'Empire d'Allemagne*, 6 décembre 1881, *Ibid* 1886-87 p. 50; *Cour suprême de Pensylvanie, Ibid*, 1885, 86, p. 634.

(3) *Trib. Comm. Dunkerque*, 27 décembre 1887, *Rev. Int. du Droit Maritime*, 1887, 88, p. 694. — *Trib. Havre*, 13 mars 1888. *Ibid* p. 706.

(4) *Trib. Comm. Havre*, 28 janvier 1888, *Rev. Int. du Droit Maritime*, 1887-88, p. 701 ; *Trib. Comm. Nantes*, 18 sept. 1888, *Ibid* 1888-89, p. 51.

(5) *Bordeaux*, 13 octobre 1887, *Rev. Int. du Droit Marit*, 1889-88, p. 701.

quatur du tribunal; il ne s'agit pas ici en effet d'un jugement portant condamnation (1). En ce qui concerne la lettre de change, c'est d'après la *lex fori* que l'on déterminera tout ce qui se rapporte à son exécution, c'est-à-dire, si un terme de grâce peut être accordé au débiteur, si le paiement anticipé ou partiel doit être admis, quelles sont les espèces que le créancier sera tenu de recevoir, enfin quel sera le taux des intérêts moratoires (2).

Remarquons, quant au paiement anticipé, que les parties peuvent, lorsque le contrat passé à l'étranger doit être exécuté en France, déroger à l'art. 146, C. comm., Nous l'avons indiqué précédemment. En ce qui concerne le paiement partiel, la difficulté ne s'élève même pas pour ceux qui, adoptant la doctrine très large et très favorable au commerce défendue par MM. Lyon-Caen et Renault, l'estiment autorisé par la loi française (3).

Pour ce qui est des intérêts moratoires, les parties peuvent, par une stipulation *ad hoc*, décider que le taux en sera supérieur à celui fixé par la loi du 3 septembre 1807. Cette loi, en effet, ne s'impose pas nécessairement lorsqu'il s'agit d'un contrat passé à l'étranger (4).

Les espèces que le créancier sera tenu de recevoir seront celles qui ont valeur libératoire au lieu du paie-

(1) V. Desjardins, T. IV, n° 769. — *Cass.*, 25 juillet 1881, D. 82, 1, 366; *Bordeaux*, 27 mai 1885, *Rev. Int. du Drt. Marit.*, 1885-86, p. 16; *Trib. Marseille*, 8 février 1882, *Journal*, 1982. p. 422.

(2) Sur l'ensemble de ces points, V. Weiss, *op. citat.*, 664; sur l'application de la *lex fori* à la détermination du taux des intérêts moratoires. V. spécialement Louis Renault, *Rev. Critique*, 1881, p. 472, et pour la jurisprudence *Cass.*, 10 juin 1857, S. 59, 1, 751; *Cass.*, 13 avril 1885. *Journal*, 1886, p. 459. Cf. *Chambéry*, 19 février 1875, S. 76, 2, 174.

(3) V. *suprà*, ch. , sect. .

(4) V. Louis Renault, Article cité.

ment. Cette règle est tellement impérative, qu'il est admis en général, que le créancier ne peut refuser d'être payé en papier monnaie lorsque ce dernier a cours forcé (1).

Sur le règlement de certaines questions relatives à la lettre de change des divergences se sont élevées entre les auteurs.

C'est ainsi, que suivant les uns, la *lex loci solutionis* doit s'appliquer à la détermination du délai dans lequel le porteur doit faire dresser le protêt et exercer ses recours. D'autres, au contraire appliquent ici la *lex loci contractus*. Mêmes difficultés pour déterminer la loi suivant laquelle on décidera si le tireur doit supporter plusieurs comptes de retour ou plusieurs rechanges.

L'ordre public du pays d'exécution n'est nullement intéressé à ce que sa législation soit nécessairement suivie, sur les points qui nous occupent. D'autre part, l'application de la *lex loci solutionis* est basée sur l'interprétation de la volonté présumée des parties. Cette règle générale, adoptée dans tous les pays, doit être connu des contractants. En dehors d'une manifestation de volonté contraire, de leur part, il est nécessaire de de l'appliquer (2).

(1) V. Nouguier, t. II, n° 1.431. Despagnet, p. 421. — *Cass.*, 11. février 1873, S. 73, 1, 97 et la note de M. Labbé. — *Cass.*, Naples, 18 octobre 1873. *Monitore dei Tribunali*, 1873, p. 1.165, cité par Weiss, *op citat.*, p. 641. — V. d'ailleurs, Vincent et Pénaud, *Dictionnaire de Droit international* privé. V. *Obligations*.

(2) Sur les comptes de retour, dans notre sens : Weiss p. 663, *in fine*. Lyon-Caen et Renault. *Précis*, T. I. p. 726. Contrà. Nouguier T. II. n° 806.— Sur les délais dans lesquels doit-être dressé et notifié le protêt dans notre sens : Weiss, p. 664, Despagnet, p. 460. Contrà : Asser et Rivier, p. 210. — Sur les délais applicables à l'exercice des recours du porteur impayé, dans notre sens : Chrétien, p. 208. Despagnet, p. 460.

La solution contraire s'appuie comme celle que nous adoptons sur l'interprétation de la volonté des parties, mais lui donne un sens opposé. Il faudrait, pour que ses défenseurs fussent logiques avec eux-mêmes, qu'ils adoptassent une règle *générale*, suivant laquelle, *tous les effets des contrats* sont régis par la *lex loci contractus*. Cela, notons le, serait tout aussi justifié, — peut-être plus, — que la distinction entre la *lex loci contractus* et la *lex loci solutionis* (1). Mais ce sont des considérations pratiques qui exigent, pour la bonne administration de la justice, dans l'intérêt même des parties, que la loi du pays d'exécution s'applique, sauf stipulation spéciale des parties et dans les limites de l'ordre public, à tout ce qui touche à cette exécution même.

Terminons les indications que nous venons de donner, en faisant observer qu'un certain nombre de législations étrangères contiennent des dispositions spéciales concernant le conflit des lois en matière de lettres de change. Il en est ainsi notamment, des lois : allemande art. 84 à 86, scandinave, art. 84 à 86, anglaise, art. 72.

Nous citons à raison de son importance, le texte de la loi anglaise du 18 août 1882 (An Act to codify the law relating to Bills of Exchange Cheques and Promissory. Notes 45 et 46, *Victoria*, ch. 61.)

Art. 72. — Lorsqu'une lettre de change tirée d'un état est négociée, acceptée ou payable dans un autre, les droits, devoirs et obligations des parteis sont déterminées comme suit :

1. — La validité d'une lettre de change, quant aux condi-

(1) C'est ainsi que la loi allemande, art. 86, le Code espagnol, art. 486 et un certain nombre d'autres législations, appliquent, par une disposition spéciale, la *lex loci contractus* à la détermination des délais dans lesquels le protêt doit être dressé et notifié.

tions de forme, est déterminée par la loi du lieu d'émission et la validité quant aux conditions de forme des contrats qui surviennent ultérieurement, tels que l'acceptation ou l'endossement ou l'acceptation par intervention, est déterminée par la loi du lieu où ces contrats ont été faits. Toutefois :

a) — Une lettre de change émise hors du Royaume-Uni reste valable bien qu'elle ne soit pas timbrée conformément à la loi du lieu d'émission ;

b) — Une lettre de change, émise hors du Royaume-Uni, dans les formes exigées par la loi du Royaume-Uni peut, pour paiement en être obtenu dans ce Royaume, être traitée comme étant valable entre toutes personnes qui la négocient, détiennent ou sont liées par elle dans le Royaume-Uni.

2. — Sans déroger aux dispositions de cette loi, l'interprétation de la lettre (drawing), de l'endossement, de l'acceptation ou de l'acceptation par intervention, est régie par la loi du lieu où est fait chacun de ces contrats. Toutefois, l'endossement, à l'étranger, d'une lettre de change intérieure doit, quant au payeur, être interprété suivant la loi du Royaume-Uni (1).

3. — Les devoirs du porteur, quant à la présentation à l'acceptation ou au paiement et à la nécessité ou la suffisance d'un protêt ou d'une notification de non acceptation ou de non paiement ou autre formalité, sont déterminés par la loi du lieu où le fait est consommé ou la lettre déshonorée.

4. — Lorsqu'une lettre de change est tirée hors du Royaume-Uni, mais qu'elle y est payable et que la somme à payer n'est pas exprimée dans la monnaie courante du Royaume-Uni, on doit en calculer le montant, en l'absence de toute stipulation expresse, d'après le taux du change pour les traites à vue au lieu du payement au jour de l'échéance de la lettre de change.

(1) La seule différence entre la lettre de change intérieure et la lettre de change extérieure, consiste en ce que pour cette dernière, il est nécessaire, au cas de non paiement, de dresser un protêt, ce qui n'est pas indispensable pour la première.

5. — L'échéance d'une lettre de change tirée d'un État et payable dans un autre est déterminée d'après la loi du lieu où elle doit être payée.

Après avoir examiné la manière dont se règlent le conflit des lois relativement à la Lettre de Change, au connaissement et à la police d'assurance, il nous reste à examiner la même question en ce qui concerne le contrat de gage. Nous aurons ainsi un ensemble d'observations sur le règlement des questions litigieuses susceptibles de s'élever à propos des effets documentaires.

Voici comment Fiore, s'exprime à cet égard (1) :

« Examinant la loi qui doit régir le gage et les rapports qui en résultent, nous noterons, qu'à l'égard de la constitution du gage et des droits qui en dérivent, il faut bien distinguer ce qui concerne les rapports entre le débiteur, le créancier et la chose donnée en gage, de ce qui concerne les rapports de ces personnes et de cette chose avec les tiers qui ont des droits sur cette même chose » (2).

« Pour ce qui est de la constitution du gage, poursuit Fiore, on doit en principe respecter l'autonomie des parties et on doit reconnaître l'autonomie de la loi étrangère si le gage a été constitué sous l'empire de cette loi ».

Mais, lorsque le créancier veut réclamer, dans un pays étranger les bénéfices qui dérivent du nantissement constitué à son profit, l'autonomie de la loi du lieu du contrat sera limitée, suivant le même auteur, par ce qu'il appelle la loi sociale, et l'intérêt des tiers, et ce que d'autres

(1) V. *Fiore*, 2e édition, T, 2, p. 514, n° 923 et suivants.
(2) Cette distinction est adoptée par MM. Lyon-Caen et Renault, *Traité*, T. III, p. 220.

nomment, l'ordre public international (1). C'est à dire que si la loi du lieu d'exécution considère par exemple comme essentielle la condition de la possession par le créancier, de l'objet donné en gage, ce créancier, s'il est étranger, ne pourra prétendre à exercer son privilège en France, si en fait il n'a pas possédé son gage, d'une manière continue et non interrompue, paisible, publique et non équivoque. (Art. 2.229, C. civ. français).

De même en Italie, l'art. 454, C. comm. disposant : « Il contratto di pegno, rispetto ai terzi, *dev'essere provato per iscritto, se la somma per la quale il pegno è costituito eccede le lire cinquecento,* ancorchè sià dato da un commerciante », si le contrat est dressé dans un pays qui, comme la France, n'exige aucun écrit pour la constitution du gage commercial, celui-ci ne pourra sortir à effet dans le royaume d'Italie, s'il s'applique à une dette d'une somme supérieure à cinq cents francs (2).

Enfin en ce que concerne la réalisation du gage, la loi du pays où elle doit avoir lieu s'impose nécessairement au créancier gagiste. Les dispositions qui la réglementent sont d'ordre public. Une stipulation du contrat tendant à autoriser la vente privée, en France, ne pourrait donc en aucune façon être accueillie. Nous avons déjà eu antérieurement à signaler la nullité d'une telle clause insérée dans certains certificats de gage.

La même disposition serait, au contraire, valable en Allemagne.

(1) V. Sur la notion de l'ordre public international, Weiss, *op. citat.*, p. 245 et suivantes.

(2) La même solution s'appliquerait en Portugal. V. *suprà*, Sect. I, art. 2.

ANNEXE

Conditions Générales.

1°. — Les expéditeurs garantissent la qualité de l'expédition pour autant que la valeur moyenne en soit égale à celle du ou des types pris pour base de l'affaire.

2°. — Toute contestation quant à la qualité de la marchandise ne pourra donner lieu qu'à une bonification et sera payée en dernier ressort par arbitrage (les parties contractantes s'engageant à se soumettre à cette décision).

Cet arbitrage se fera entre les vendeurs et les acheteurs si l'expédition est faite au nom de M. V. S. et pour toute autre expédition entre les expéditeurs et le vendeur (ces derniers agissant alors pour compte de leurs acheteurs qui déclarent accepter à l'avance la décision à intervenir sans devoir être personnellement mis en cause).

L'arbitrage doit être demandé, au plus tard, trois jours après entier débarquement de steamer.

3°. — En aucun cas, la signature de M. S. V. ne pourra rester en souffrance, ni les expéditions laissées pour compte soit en partie, soit en entier.

4°. — Par embarquement « prompt », on entend expédition endéans le mois et la date du marché.

L'expédition pourra se faire par un ou plusieurs steamers.

5°. — Le nombre de sacs s'entend « environ », les expéditeurs se réservant de livrer 10 0/0 en plus ou en moins.

6°. — Les vendeurs ne sont pas responsables du fait de ne pouvoir exécuter le présent contrat, soit en partie, soit en entier, par suite de force majeure telle que guerre, trouble, blocus, destruction par le feu ou toute autre cause.

7°. — L'assurance maritime sera couverte par les vendeurs, à leurs frais, mais aux risques des acheteurs, auprès de bonnes Compagnies d'assurance, avec franchise d'avaries particulières de 3 0/0 par série de 25 sacs et ce jusqu'à concurrence du montant de la facture augmenté de 5 0/0.

En cas d'avaries, les vendeurs feront dans l'intérêt des acheteurs et à leurs risques et périls, les formalités nécessaires pour le recouvrement du dommage.

Toute somme recouvrée des assureurs sera remboursée immédiatement aux acheteurs.

8°. — Les vendeurs n'assument aucune responsabilité ni pour erreur télégraphique, ni pour retard du courrier apportant les documents.

9°. — La facture étant payable à Anvers, les parties contractantes se soumettent à la juridiction du Tribunal de commerce de cette ville pour toute contestation en dehors de l'arbitrage sur la qualité.

Vu : Le président de la thèse,

L. RENAULT.

Vu : Le Doyen,

GARSONNET.

Vu et permis d'imprimer :

Le Vice-Recteur de l'Académie de Paris,

GRÉARD.

TABLE DES MATIÈRES

CHAPITRE III

Éléments essentiels de la Traite documentaire

CHAPITRE IV

De la possession des marchandises constituées en gage.

CHAPITRE V

Droits et Devoirs du porteur.

CHAPITRE VI

Du porteur impayé.

CHAPITRE VII

Des fraudes en matière d'effets documentaires, et des réformes susceptibles de les prévenir.

CHAPITRE VIII

Législation comparée et Conflit des lois.

IMPRIMERIE DEVERDUN ET JAGUIN, BUZANÇAIS (INDRE)

BUZANÇAIS (INDRE), IMPRIMERIE DEVERDUN & JAGUIN

www.ingramcontent.com/pod-product-compliance
Ingram Content Group UK Ltd.
Pitfield, Milton Keynes, MK11 3LW, UK
UKHW020129220726
13923UKWH00001B/77